Geheimnisse
aus Omas Küche

GEHEIMNISSE
aus Omas Küche

Bewährte und beliebte Rezepte aus der guten alten Zeit

Reader's Digest

DEUTSCHLAND · SCHWEIZ · ÖSTERREICH

Autorin und fachliche Beratung:
Dr. Irmela Arnsperger
Foodfotografie: Fotostudio Teubner

Reader's Digest
Redaktion: Joachim Zeller (Projektleitung),
Dr. Birgit Gläser
Grafik: Cornelia Hammer
Bildredaktion: Christina Horut
Prepress: Andreas Engländer
Produktion: Andreas Schabert

Ressort Buch
Redaktionsdirektorin: Suzanne Koranyi-Esser
Redaktionsleiterin: Dr. Renate Mangold
Art Director: Rudi K. F. Schmidt

Operations
Leitung Produktion Buch: Joachim Spillner

Satz und Reproduktion: Lihs GmbH,
Medienhaus, Ludwigsburg
Druck und Binden: Mateu Cromo Artes Gráficas
S.A., Pinto (Madrid)

Erster Nachdruck 2003
© 2002 Reader's Digest –
Deutschland, Schweiz, Österreich
Verlag Das Beste GmbH – Stuttgart, Zürich, Wien

GR 0909/IC

Printed in Spain
ISBN 3-87070-997-9

Dieses Buch ist mehr als ein übliches Kochbuch – es gleicht vielmehr einer Schatztruhe, denn auf jeder Seite entdecken Sie ein Gericht aus der guten alten Zeit und mit jedem der stimmungsvollen Bilder wird die Erinnerung an Omas Küche geweckt. Dafür haben wir viele alte Kochbücher zurate gezogen und die besten Rezepte ausgewählt. Um möglichst viele davon unterzubringen, sind die Anleitungen relativ knapp gehalten – ein wenig Küchenerfahrung ist daher bei der Zubereitung einiger Gerichte durchaus von Nutzen. Hilfestellung bieten die zahlreichen Tipps und Kniffe sowie das Lexikon der Begriffe am Ende des Buches.

Etwas Zeit und Liebe zum Detail sind bei diesen Rezepten ebenfalls erforderlich, denn Großmutter hat viele Dinge noch selbst hergestellt, die es heute fertig zu kaufen gibt. In manchen Fällen haben wir nicht mehr übliche Zutaten ersetzt oder es sind Alternativen angegeben. Und noch etwas ist wichtig: Weit mehr als früher muss man heutzutage auf die Qualität und Herkunft der Produkte achten, insbesondere beim Kauf von Fleisch. Großmutters Gerichte sind meist gehaltvoll und bodenständig, aber an Festtagen wusste sie auch die feinen Gaumen zu begeistern. Daher gibt es für jeden Monat ein besonderes Menü, mit dem Sie Ihre Familie überraschen können – also viel Spaß beim Kochen und guten Appetit beim Essen!

Die Redaktion

Inhalt

Fleischgerichte
Seite 104

Gemüse und Salate
Seite 178

Süßspeisen
Seite 222

Backwerk
Seite 272

Suppen

Fleischbrühe

Eine kräftige Fleischbrühe können Sie z. B. als
Grundlage für viele Suppen oder auch als Genesungskost verwenden.
Deshalb ist es zu empfehlen, eine größere Menge zu kochen
und in Flaschen an einem kühlen Ort aufzubewahren.

1 Das Rindfleisch waschen. Das Wasser in einen großen Suppentopf füllen und das Fleisch hineinlegen. Dann bei mittlerer Hitze langsam zum Kochen bringen. In der Zwischenzeit die Zwiebel abziehen und in Scheiben schneiden. In eine Pfanne ohne Fett geben und darin kurz rösten lassen.

2 Das Suppengrün waschen, schälen, kurz abspülen und in kleine Scheiben bzw. Stücke schneiden. In ein Säckchen oder ein Küchennetz füllen. Wenn in

15 Portionen
1 kg Rindfleisch
zum Kochen
5 l Wasser
1 Zwiebel
1 Suppengrün
2 EL Salz
Pfeffer nach Belieben

der Brühe Bläschen zu sehen sind, die Zwiebeln, das Salz und das Suppengrün zugeben. Nach Belieben mit Pfeffer würzen.

3 Den Deckel auflegen und zugedeckt bei schwacher Hitze etwa 2 Stunden kochen lassen. Das Säckchen oder Netz herausnehmen. Die Brühe durch ein Sieb passieren oder, wenn sie klar sein soll, durch ein Küchentuch gießen. Das gekochte Fleisch anderweitig verwenden, z. B. für ein Rezept mit Resten (siehe S. 147).

siehe S. 147

Kraftbrühe

Die Kraftbrühe ist auch unter dem französischen Namen
Consommé bekannt. Stellen Sie etwas mehr her und frieren Sie dann
die übrige Brühe in Eiswürfelbehältern ein. So haben Sie immer
passende Portionen zur Verfeinerung von Saucen.

1 Das Fleisch waschen, in kleine Stücke schneiden und durch den Fleischwolf drehen.

2 Das Suppengrün schälen, waschen und in Scheiben oder Stücke schneiden. Die Zwiebel abziehen und in Viertel schneiden.

3 Das Eiweiß verquirlen. Fleisch, Gemüse, Zwiebel, Eiweiß, Wasser und Salz in einen großen Topf geben.

4 Bei mittlerer Hitze unter gelegentlichem Rühren etwa 20 Minuten erhitzen. Dann die Fleischbrühe in einem zweiten Topf erhitzen und zur Fleisch-Gemüse-Mischung

10–12 Portionen
500 g Rindfleisch,
z. B. ein Wadenstück
1 Suppengrün
1 Zwiebel
1 Eiweiß
500 ml kaltes Wasser
Salz
3 l Fleischbrühe

gießen. Bei sehr schwacher Hitze etwa 1 Stunde ziehen lassen.

Variante mit Klößchen: Für die Klößchen 1 gestrichenen EL Butter schaumig rühren. Nacheinander 1 Ei und 2 gestrichene EL Mehl darunter mischen. Den Teig zudecken und 10 Minuten ruhen lassen. Ein Küchentuch in kochendes Wasser tunken. Die Kraftbrühe durch das Tuch gießen und erhitzen. Mit zwei Teelöffeln Klößchen abstechen. In die Brühe geben und 5 Minuten bei schwacher Hitze garen.

Knochenbrühe

Fragen Sie Ihren Fleischer, ob und wann er Knochen
vorrätig hat, denn sie sind nicht immer im Angebot vorhanden.
Knochen sollte man dabei nur in einem absolut
vertrauenswürdigen Fachgeschäft kaufen.

1 Die Knochenstücke waschen. In einen großen Topf legen und das Wasser zugießen. Aufkochen lassen. In der Zwischenzeit die Lauchstange von den äußeren Blättern befreien, gründlich waschen und in Stücke schneiden.

2 Die Möhre und den Sellerie schälen und waschen. Die Möhre in Scheiben und den Sellerie in Stücke schneiden. Die Zwiebel abziehen und vierteln. Wenn die Brühe kocht, den Schaum abschöpfen. Das Gemüse, die Zwiebel und etwas Salz hinzufügen.

3 Die Brühe bei schwacher Hitze 1¹⁄₂ Stunden kochen lassen. Durch ein Sieb gießen. Um eine klarere Brühe zu erhalten, danach noch durch ein Küchentuch gießen.

4 Nochmals kurz erwärmen, in eine Schüssel füllen und nach Belieben Suppenfleisch dazugeben. Die übrig gebliebenen Portionen an Brühe in Flaschen kalt aufbewahren.

15 Portionen
1–1¹⁄₂ kg Markknochen-
stücke
5 l Wasser
1 Lauchstange
1 Möhre
¹⁄₄ Knolle Sellerie, 1 Zwiebel
Salz
Suppenfleisch nach
Belieben

GUT ZU WISSEN

Nach dem Aufkochen schöpft man den Schaum ab, dann bleibt die Brühe klar. In der restlichen Kochzeit sollte der Deckel nicht abgenommen werden, denn das spart Energie. Um den kräftigen Geschmack zu bewahren, sollte auch kein Wasser zugefügt werden.

Hühnerbrühe mit Gemüse

Die Hühnerbrühe ist eine hervorragende Grundlage,
um daraus eine sättigende Suppe zu machen – beispielsweise wenn
man Gemüse, Reis oder Nudeln zufügt.

Die Kochkiste war eine große Arbeitserleichterung für Großmutter. Denn sie brauchte am Morgen nur schnell eine einfache Suppe oder Milchreis vorzubereiten und kurz aufzukochen. Dann kam das Essen in die Kochkiste, in der es weitergarte. Nun konnte sich Großmutter beruhigt anderen Arbeiten zuwenden, beispielsweise der großen Wäsche. Zur Mittagszeit wurde das Essen dann aus der Kochkiste herausgeholt. Auch heute kann diese Vorrichtung noch sehr nützlich sein, wenn etwa die Hühnerbrühe etwas länger köcheln muss.

1 Das Huhn innen und außen waschen. Das Suppengrün putzen, waschen und in Scheiben schneiden. Den Blumenkohl waschen, Röschen abtrennen, den nicht verholzten Strunk klein schneiden und drei Viertel davon beiseite stellen. Den Spargel von den Enden befreien, schälen, waschen, in Stücke schneiden und drei Viertel beiseite stellen.

2 Das Huhn und das übrige Gemüse in einen Topf geben. Das Wasser zugießen und mit Salz würzen. Bei mittlerer Hitze zum Kochen

15 Portionen
1 Suppenhuhn, etwa 2 kg
1 Suppengrün
1 Blumenkohl
500 g Spargelstangen
5 l Wasser
1 TL Salz

bringen, den Schaum abschöpfen und bei schwacher Hitze gut 2 Stunden köcheln lassen.

3 Inzwischen den beiseite gestellten Blumenkohl und den beiseite gestellten Spargel getrennt in Salzwasser bei mittlerer Hitze etwa 20 Minuten kochen lassen.

4 Das Huhn herausnehmen und die Brühe durch ein Sieb oder ein Küchentuch gießen. Dann den Spargel und den Blumenkohl zufügen. In einer vorgewärmten Suppenterrine servieren.

Weiße Grundsuppe

Viele gebundene Suppen werden auf der Basis dieser Grundsuppe zubereitet. Sie dient auch zur Verfeinerung von Saucen. Mit etwas Einlage verwandelt sie sich zu einer sättigenden Suppe.

1 Für die Mehlschwitze Butter oder Margarine in einem Topf erhitzen. Das Mehl zufügen und verrühren. Bei schwacher Hitze unter ständigem Rühren die Fett-Mehl-Masse rösten, bis sie Farbe annimmt.

2 Die Brühe esslöffelweise zugeben, dabei kräftig umrühren, damit keine Klümpchen entstehen. Etwa 5 Minuten kochen lassen, bis das Mehl gequollen und die Suppe dick geworden ist. Durch ein feines Haarsieb streichen.

8 Portionen

60 g Butter oder Margarine
80 g Mehl
2 l Fleisch- oder Knochenbrühe
100 ml Schlagsahne, 1 Eigelb
Als Einlage nach Belieben:
Hühnerfleischreste, Reis
oder Nudeln

3 Die Schlagsahne und das Eigelb verrühren. Zur Suppe gießen und unterziehen. Dann sofort von der Kochstelle nehmen. Einlagen, z. B. Hühnerfleischreste, Reis oder Suppennudeln zugeben.

Variante: Wenn die Suppe weniger fett sein soll, die Mehlschwitze weglassen. Stattdessen das Mehl mit etwas Wasser oder Milch verrühren. In die aufgekochte Brühe einrühren. 15 Minuten ziehen lassen.

Omas Empfehlung

Am besten nehmen Sie den Topf von der Kochstelle, bevor Sie das Eigelb unter die Suppe rühren, weil es sonst gerinnt. Das Einrühren nennt man Legieren oder Binden.

Hamburger Aalsuppe

Aalsuppe mit Klößen gehört zu den berühmtesten Gerichten der Hansestadt. Das ist kein Wunder, wird Aal doch besonders gern in Norddeutschland und in Skandinavien gegessen.

Ursprünglich soll in der Aalsuppe überhaupt kein Aal gewesen sein. Vielmehr war sie eine Restesuppe, in die alles hineingetan wurde, also „aal's bin" (alles drin) war. Weil sich Fremde immer gewundert haben, warum in der „Aalsuppe" der vermeintliche Hauptbestandteil fehlte, haben die Hamburger irgendwann, um ihre Ruhe vor den Fragern zu haben, Aalstücke zugefügt.

1 Den Schinkenknochen über Nacht in reichlich kaltem Wasser liegen lassen. Am nächsten Tag das Wasser abschütten und 3 l Wasser zugießen. Zum Kochen bringen und 1 Stunde köcheln lassen.

2 In der Zwischenzeit das Backobst in lauwarmem Wasser einweichen. Sellerie, Möhren, Kohlrabi, Petersilienwurzel schälen, waschen und in kleine Würfel schneiden. Den Lauch von den äußeren Blättern befreien, waschen und in dünne Stücke schneiden. Die Erbsen auspalen und waschen.

3 Das Gemüse in die Brühe geben und weitere 20 Minuten köcheln lassen. Den Aal in fingerlange Stücke schneiden. 2 EL Butter erhitzen,

10–12 Portionen

1 Schinkenknochen
je 250 g Backpflaumen,
getrocknete Birnen und Äpfel
1/4 Knolle Sellerie
2 Möhren, 1 Kohlrabi
2 Petersilienwurzeln
1 Stange Lauch, 100 g Palerbsen
2 kleine Aale, je etwa 300 g
50 g Butter
1 Lorbeerblatt, 2 Gewürznelken
6 Pfefferkörner, Salz
2 EL Weinessig
250 ml Milch, 250 g Mehl
3 Eier
Muskatnuss
1 EL TK-Kräuter

den Aal und die Gewürze darin kurz anbraten, Essig und so viel Wasser zugeben, bis der Aal bedeckt ist. 10 Minuten köcheln lassen.

4 Für die Klöße die restliche Butter und die Milch aufkochen. Das Mehl unterrühren, bis sich der Teig vom Topf löst. Abkühlen lassen. Die Eier untermischen. Mit Salz und Muskat würzen. Den Teig mit einem Teelöffel abstechen. In die Suppe geben.

5 Weitere 15 Minuten köcheln lassen. Das Backobst abtropfen lassen und mit den Kräutern in die Suppe geben. Den Schinkenknochen herausnehmen und das Fleisch in Stücke schneiden. Fleisch und Aal zur Suppe reichen.

Krabbensuppe

An der Nordseeküste gibt es immer frische Krabben, deren korrekte Bezeichnung Garnelen ist. Ihr Fleisch ist fein und sehr delikat. Das Auslösen des Fleisches verlangt allerdings etwas Zeit.

1 100 g Butter in einem Topf mit dickem Boden schmelzen. Das Mehl zufügen und unter ständigem Rühren rösten. Nach und nach die Fleisch- oder Fischbrühe zugießen, dabei kräftig rühren.

2 Falls die Suppe zu dick wird, noch etwas Brühe zugießen. Zugedeckt bei schwacher Hitze etwa 10 Minuten köcheln lassen.

7–8 Portionen

120 g Butter
100 g Mehl
2 l Fleisch- oder Fischbrühe
120 g Krabben
100 g Schlagsahne
1 Eigelb, 2 TL Cognac

3 Das Krabbenfleisch aus der Schale auslösen. Die restliche Butter in einer Pfanne erhitzen und die Krabben darin von allen Seiten anbraten.

4 Die angebratenen Krabben zur Suppe geben. Sahne und Eigelb verrühren und unter die Suppe ziehen. Den Cognac zugießen. In eine Suppenterrine füllen und servieren.

Omas Empfehlung

Restliche Suppe sollten Sie nicht auf-kochen lassen, son-dern nur vorsichtig erhitzen. Sie verliert sonst an Geschmack und die Einlagen wer-den leicht zu weich.

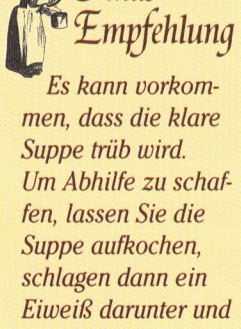
Klare Suppe mit Klößchen

Sie können für die Fleischklößchen das Hackfleisch
selbst herstellen oder fertiges Rinderhack vom Fleischer nehmen.
Es sollte unbedingt am selben Tag verwendet werden.

1 Nach Belieben eine Fleisch- oder Kraftbrühe (siehe S. 10) oder eine Hühnerbrühe (siehe S. 12) ohne die jeweilige Einlage zubereiten.

2 Das Brötchen in eine Schüssel geben und die Milch darüber gießen. Etwa 15 Minuten einweichen und dann ausdrücken. Die Butter bei Zimmertemperatur weich werden lassen.

3 Das Fleisch von den Sehnen und den Häutchen befreien. In nicht zu große Stücke schneiden und durch den Fleischwolf drehen.

8 Portionen

2 l Fleisch-, Kraft- oder
Hühnerbrühe nach Belieben
1 Brötchen vom Vortag
200 ml Milch
70 g Butter
250 g Rindfleisch
2 Eier
1 EL Schlagsahne
Salz
Muskatnuss
Mehl zum Formen

4 Die Eier trennen. Die Butter etwa 3 Minuten schaumig rühren und die Eigelbe einzeln darunter mischen.

5 Das Brötchen zugeben. Die Eiweiße steif schlagen. Dann die Butter-Eigelb-Masse, das Fleisch, die Sahne, das Salz und geriebenen Muskat gut verrühren und den Eischnee unterziehen.

6 Die Hände mit Mehl bestreuen, die Klößchen formen und mit einem Löffel in die kochende Brühe geben. Bei schwacher Hitze 10 Minuten garen.

Lebersuppe

Innereien sind schnell verderblich, achten Sie deshalb besonders auf Qualität. Am besten fragen Sie Ihren Fleischer, wann er frische Kalbsleber bekommt. Bitten Sie ihn beim Kauf, die Haut von der Leber abzuziehen.

1 Die Leber waschen, trockentupfen und in dünne Scheiben schneiden. Das Mehl auf einen Teller geben und die Leber darin wälzen, das überflüssige Mehl abschütteln.

2 Die Brötchen in sehr kleine Würfel schneiden. 60 g Butter erhitzen, zuerst die Leber, dann die Brotstücke darin braun braten.

3 Leber und Brötchen im Mixer pürieren. Das Suppengrün putzen, waschen und in kleine Stücke

5–6 Portionen

250 g Kalbsleber
40 g Mehl
2 Brötchen
120 g Butter
1 Suppengrün
1½ l Fleischbrühe
Salz
Pfeffer
4 Weißbrotscheiben

schneiden. Die Fleischbrühe (siehe S. 10), das Leberpüree und das Suppengrün etwa 40 Minuten köcheln lassen. Durch ein Haarsieb streichen. Mit Salz und Pfeffer würzen.

4 Das Weißbrot in Würfel schneiden. Die restliche Butter erhitzen und die Brotwürfel darin goldgelb braten. Zwei Drittel der Würfel in eine Suppenterrine geben und die Suppe darüber gießen. Die restlichen Würfel dazu servieren.

GUT ZU WISSEN

Suppengrün besteht aus einer Möhre, einem kleinen Stück Knollensellerie, einer kleinen Lauchstange, einer kleinen Zwiebel und einigen Petersilienstängeln. Es ist fertig abgepackt in Supermärkten oder Obst- und Gemüseläden erhältlich. Der Inhalt sollte auf die Frische des Gemüses kontrolliert werden.

Omas Januarmenü

Als die Großmutter noch jung und der Gefrierschrank unüblich war, richtete sich die Speisenfolge nach dem Angebot der jeweiligen Jahreszeit. Im Januar gab es kaum frische Zutaten, dafür aber beispielsweise Möhren, die im Oktober zuvor geerntet und in Sand eingelagert wurden.

Möhrensuppe

750 g Möhren
1 Zwiebel
100 g magerer roher Schinken
130 g Butter
1^1/$_2$ l Fleisch- oder Knochenbrühe
1 Bund Petersilie, 2 Brötchen
Salz, Cayennepfeffer

● Die Möhren schälen, waschen und fein reiben. Die Zwiebel abziehen und fein hacken. Den Schinken in kleine Würfel schneiden.

● In einem Topf 100 g Butter erhitzen und die Zwiebel darin anbraten. Die Möhren und den Schinken zufügen.

● Unter ständigem Rühren bei mittlerer Hitze etwa 5 Minuten anbraten. Die Brühe zugießen und 50 Minuten köcheln lassen.

● Inzwischen die Petersilie waschen, trockentupfen und fein hacken. Die Brötchen in Würfel schneiden. Die restliche Butter in der Pfanne erhitzen und die Würfel darin goldgelb braten.

● Die Suppe durch ein Sieb in eine Suppenterrine gießen. Mit etwas Salz und Cayennepfeffer würzen. Die Petersilie darüber streuen und die Brötchenwürfel dazu servieren.

Kasseler mit Burgundersauce

800 g Kasseler mit Knochen
1 Möhre, 1 Zwiebel
8 Pfefferkörner, 5 Wacholderbeeren
1/2 l Wasser, 1 Lorbeerblatt
4 EL Burgunder
1 TL Stärkemehl
1^1/$_2$ EL saure Sahne
Pfeffer

● Den Backofen auf 180–200 °C (Gas Stufe 3) vorheizen. Das Kasselerstück abspülen, abtupfen und in eine Bratenpfanne mit dem Fett nach unten legen.

● Die Möhre schälen, waschen und in Stücke schneiden. Die Zwiebel abziehen und vierteln.

● Die Pfeffer- und Wacholderbeeren im Mörser zerstoßen. Das Wasser zum Kochen bringen. Möhre, Zwiebel, Pfeffer- und Wacholderbeeren und Lorbeerblatt zum Fleisch geben.

● Das Wasser darüber gießen. Im Backofen bei 180–200 °C (Gas Stufe 3) 40 Minuten braten, dabei nach 30 Minuten das Fleisch wenden. Bei Bedarf etwas kochendes Wasser zugießen.

● Das Fleisch herausnehmen, vom Knochen lösen und warm stellen. Die Knochen zerkleinern und dann kurz im Bratenfond anbraten. Den Fond durch ein Sieb gießen. Mit dem Rotwein kurz aufkochen. Das Stärkemehl mit der sauren Sahne verrühren und unter den Fond rühren. Die Sauce mit Pfeffer würzen.

● Das Fleisch in Scheiben schneiden und ein Drittel der Sauce darüber gießen. Die restliche Sauce in einer Sauciere servieren. Dazu passen Sauerkraut, Erbsenpüree und Salzkartoffeln.

Ostfriesische Teecreme

125 ml Wasser
1 gehäufter TL Teeblätter
(ostfriesische Mischung)
250 ml Milch, 6 Blatt Gelatine
2 Eier, 70 g Zucker
125 g Schlagsahne
1 EL Vanillezucker

● Das Wasser aufkochen. Über die Teeblätter gießen und 5 Minuten ziehen lassen. Dann durch ein Sieb in einen Topf gießen. Die Milch zugeben und aufkochen, dann von der Kochstelle nehmen. Die Gelatine in kaltem Wasser einweichen.

● Die Eier trennen. Die Eigelbe und den Zucker in eine Schüssel geben. In einem warmen Wasserbad schaumig schlagen.

● Die Milch-Tee-Mischung nach und nach zugießen. Die Gelatine zugeben und auflösen. Von der Kochstelle nehmen und etwas abkühlen lassen. Die Eiweiße steif schlagen und unter die Creme ziehen.

● In kleine Formen füllen und im Kühlschrank fest werden lassen. Die Sahne steif schlagen und den Vanillezucker einrieseln lassen. Die Teecreme auf Dessertteller stürzen und mit der Sahne verzieren.

Kräftige Kalbfleischsuppe

Die Suppe ist nicht nur kräftig, sondern auch kräftigend
und eignet sich daher gut als Genesungsmahlzeit. Dazu passen gebratene
Stifte aus Weißbrot oder Semmelklößchen.

1 Das Fleisch waschen, trockentupfen und in kleine Stücke schneiden. Möhren, Petersilienwurzel und Sellerie schälen, waschen und in kleine Stücke schneiden.

2 60 g Butter in einem Topf, am besten einer eisernen Kasserolle, erhitzen. Das Fleisch und das Gemüse zugeben. Bei schwacher Hitze etwa 30 Minuten weich braten.

3 Inzwischen die Brötchen klein schneiden, im Wasser einweichen und dann zur Fleisch-Gemüse-Masse geben. Salz zugeben und 1½ Stunden kochen lassen.

4 Durch ein Haarsieb streichen. Die Eigelbe verquirlen und zur Suppe geben, nicht mehr aufkochen. Nach Belieben den Wein zugießen.

5 Die Brotscheiben in gleichmäßig dicke Stifte schneiden. Die restliche Butter in der Pfanne erhitzen und die Stifte darin goldgelb braten. Die Petersilie waschen, trocknen und fein hacken. Stifte und Petersilie zur Suppe servieren.

4 Portionen

500 g Kalbfleisch, Keule
3 Möhren, 1 Petersilienwurzel
1 Stück Sellerieknolle
110 g Butter
2 Brötchen
1 l Wasser, Salz
2 Eigelb
3 EL Rotwein nach Belieben
3 Brotscheiben
½ Bund Petersilie

Im Jahr 1909 wurde vom Internationalen Verband der Köche in Frankfurt ein Kochmuseum gegründet. Es enthielt neben einer Lehrküche Schau- und Lehrmittelsammlungen. Dazu gehörte auch die küchentechnische Abteilung mit altertümlichen Küchengeräten, in der beispielsweise die Herstellung einer Kasserolle dargestellt wurde. Kasserollen waren – und sind – unter Profiköchen sehr beliebt, weil sie die Hitze gut halten können.

Wildbretpüreesuppe

Nicht nur passionierte Jäger genießen diese herzhafte
Suppe mit dem Fleisch von Reh, Hirsch oder Hase. Knusprig gebratene
Croûtons geben der Suppe den letzten Schliff.

1 Die Zwiebel abziehen und vierteln. Die Möhre schälen, waschen und in Stücke schneiden. Den Speck in dünne Scheiben schneiden. Das Fleisch waschen. Mit Lorbeer, Zwiebel, Möhre, Speck, Nelken, Pfefferkörnern, Salz und Fleischbrühe etwa 1 Stunde bei schwacher Hitze kochen lassen, bis das Fleisch weich ist.

2 Das Fleisch aus der Kochflüssigkeit nehmen, kalt werden lassen und ganz fein hacken. 3 EL Butter erhitzen, das Mehl zugeben und hellbraun braten. Die Koch-

8–10 Portionen

1 Zwiebel
1 Möhre
50 g Speck
1 kg Wildfleisch
1 Lorbeerblatt, 3 Gewürznelken
6 Pfefferkörner, Salz
2 l Fleischbrühe
100 g Butter, 3 EL Mehl
1/2 l Kraftbrühe oder Fleischfond
Weißbrot, Portwein

flüssigkeit, die Brühe oder den Fond zugießen und 30 Minuten kochen lassen. Durch ein Sieb gießen und das Fleisch zufügen.

3 Etwa 45 Minuten köcheln lassen. Währenddessen aus einigen Weißbrotscheiben Croûtons schneiden.

4 Die restliche Butter erhitzen und die Croûtons darin goldgelb braten. Die Suppe durch ein Haarsieb streichen. In eine Suppenterrine gießen und nach Belieben etwas Portwein zufügen. Die Croûtons zur Suppe servieren.

Flädlesuppe

Da die Flädle eine schwäbische Erfindung sind, zweigen die sparsamen Schwäbinnen meist ein paar Pfannkuchen für die Suppe am nächsten Tag ab. Für eine feine Flädlesuppe macht man die Pfannkuchen aber ganz frisch und etwas dünner.

1 Das Mehl mit der Milch glatt rühren, etwas Salz und die Eier zufügen. Eine Pfanne erhitzen, den Speck auf eine Gabel stecken und die Pfanne damit einreiben.

2 Die Teigmasse in die Pfanne gießen und den Teig gleichmäßg dünn verteilen. Dann bei mittlerer bis starker Hitze backen.

3 Wenn der Rand sich gelb zu färben beginnt, den Pfannkuchen vorsichtig wenden. Die zweite Seite hellgelb braten. Dann den restlichen Teig auf die gleiche Weise zu Pfannkuchen verarbeiten.

8 Portionen
125 g Mehl
375 ml Milch
Salz
2 Eier
1 Stück Speck
1 kleines Bund Schnittlauch
2 l Fleischbrühe
Muskatnuss

4 Die Pfannkuchen aufrollen, abkühlen lassen und dann in schmale Streifen schneiden. In eine Suppenterrine füllen. Den Schnittlauch waschen, trockentupfen und in kleine Röllchen schneiden.

5 Die Fleischbrühe (siehe S. 10) aufkochen lassen und über die Flädle gießen. Die Suppe mit etwas geriebenem Muskat und bei Bedarf mit Salz nachwürzen.

6 Den Schnittlauch darüber streuen. Anstatt Pfannkuchenstreifen zu machen, kann man auch kleine runde Stücke ausstechen.

Omas Empfehlung

Die hohe Kunst der Flädlezubereitung besteht darin, einen gleichmäßig dünnen Pfannkuchen (0,5 cm dick) zu backen. Dazu nehmen Sie einen halben Schöpflöffel Teig, gießen ihn in die Pfanne und kippen sie dann leicht in alle Richtungen, bis der Pfannenboden dünn bedeckt ist.

Fleckerlsuppe

Die Fleckerl werden aus einem Nudelteig hergestellt und – je nach Geschmack – mehr oder weniger reichlich in der Suppe verwendet, frei nach dem Motto: „Manche Menschen sind erst zufrieden, wenn der Löffel in der Suppe stecken bleibt."

1 200 g Mehl auf ein Backbrett geben und in die Mitte eine Vertiefung drücken. Die Eier hineinschlagen, das Salz zufügen und das Ganze mit einem Löffel oder Rührbesen zügig verrühren bzw. zu einem glatten Teig verkneten. Bei Bedarf Wasser zufügen.

2 Mit der Hand so lange weiterkneten, bis der Teig glänzt. Mit einem Tuch bedeckt 30 Minuten ruhen lassen. Die Arbeitsfläche mit dem restlichen Mehl bestreuen, den Teig messerrückendick ausrollen.

8–10 Portionen
230 g Mehl
3 Eier
1 Prise Salz
etwas kaltes Wasser bei Bedarf
2 l Fleischbrühe
$1/2$ Bund Petersilie

3 Den Teig zu „Fleckerln" reißen oder ausstechen. Reichlich Salzwasser aufkochen, die Fleckerl zugeben und sofort mit einer Gabel oder einem Kochlöffel auflockern, damit sie nicht zusammenkleben. 5 Minuten sprudelnd kochen und dann abtropfen lassen.

4 Die Brühe aufkochen lassen. Inzwischen die Petersilie waschen, trocknen und fein hacken. Die Brühe in eine Suppenterrine gießen, die Fleckerl zugeben und mit der Petersilie bestreuen.

GUT ZU WISSEN

Es gibt zwar fertig geriebenen Emmentaler in Läden und Supermärkten, doch sollte man den Käse am Stück kaufen und selbst reiben. Er hat dann noch seinen vollen Geschmack, während dieser nach dem Reiben sehr schnell verloren geht. Auch hart gewordenen Emmentaler kann man ohne Bedenken reiben und verwenden.

Zwiebelsuppe

In Deutschland gibt es verschiedene Rezepte für die Zwiebelsuppe. Dieses Rezept stammt aus Baden und spiegelt die Nähe der elsässischen Küche wider, in der die bäuerliche Zwiebelsuppe überaus beliebt ist.

1 Die Zwiebeln abziehen, in Scheiben und dann in gleichmäßige Streifen schneiden.

2 Die Butter in einem Topf schmelzen lassen und die Zwiebeln darin zugedeckt bei schwacher Hitze so lange dünsten, bis sie glasig sind.

3 Die Fleischbrühe (siehe auch S. 10) erhitzen, zu den Zwiebeln gießen und 20 Minuten bei schwacher Hitze ziehen lassen. Dann mit dem – vorzugsweise badischen – Wein, dem Salz und dem Pfeffer

4 Portionen

500 g Zwiebeln
2 EL Butter
1 l Fleischbrühe
1 EL Weißwein
Salz, Pfeffer
Muskatnuss nach Belieben
150 g Emmentaler
4 Weißbrotscheiben

würzen. Nach Belieben Muskatnuss reiben und zugeben.

4 Die Suppe in eine ofenfeste Schüssel oder besser noch in vier kleine ofenfeste Förmchen füllen. Dann den Käse fein reiben.

5 Die Brotscheiben mit dem Käse bestreuen und auf die Suppe legen. Im Backofen bei großer Oberhitze oder unter dem Grill etwa 3 Minuten überbacken, bis der Käse geschmolzen und goldgelb geworden ist.

GUT ZU WISSEN

Am besten lässt sich das Frühlingsgemüse mit dem so genannten Juliennereißer zerkleinern, der in Haushaltswarenläden oder entsprechenden Kaufhausabteilungen erhältlich ist.

Frühlingssuppe

Zu Großmutters Zeiten freute man sich besonders
auf den Frühling, denn die Vorräte gingen allmählich zu Ende und
man wartete sehnlichst auf frisches Gemüse.

1 Die Kohlrabi schälen, die kleinen Blätter abzupfen und beiseite legen. Die Kohlrabi waschen. Die Möhren schälen und waschen. Kohlrabi und Möhren in feine Streifen – auch Julienne genannt – schneiden.

2 Die Bohnen von den Enden befreien, waschen und in dünne schräge Stücke schneiden. Die Erbsen auspalen und waschen.

3 Den Spargel von den holzigen Enden befreien, schälen, waschen und in Stücke schneiden. Den Blumenkohl waschen und in kleine Röschen

8 Portionen

2 junge Kohlrabi
4 kleine junge Möhren
200 g grüne Bohnen
300 g Palerbsen
5 Spargelstangen
$1/3$ Blumenkohlkopf
$1^{1}/_{2}$ l Wasser
Salz
$^{1}/_{2}$ l kräftige Fleischbrühe

teilen. In einem Topf das Wasser mit dem Salz aufkochen. Kohlrabi und Möhren zugeben und kochen, bis sie halbweich sind.

4 Das restliche Gemüse zufügen und kochen lassen, bis es weich ist. Die Kohlrabiblättchen waschen, trockentupfen und nach Belieben etwas zerpflücken.

5 Die Fleischbrühe zur Suppe gießen und aufkochen lassen. Die Suppe in eine Suppenterrine füllen, mit den Kohlrabiblättchen verzieren und sofort heiß servieren.

Erbsensuppe mit Klößchen

Die hier verwendeten Erbsen sind die noch unreifen,
grünen Kerne der Erbsenschoten. Sie sind auch unter dem Namen
Brokel-, Pflück- oder Palerbsen bekannt.

1 Die Erbsen auspalen, waschen und in 2 l Wasser 1 Stunde weich kochen.

2 Für die Semmelklößchen die Brötchen in wenig lauwarmem Wasser etwa 20 Minuten einweichen und dann ausdrücken. 50 g Butter in einem Topf schmelzen und die Brötchen darin erhitzen. Dann abkühlen lassen.

3 Semmelbrösel, Eier, 5 Tropfen Bittermandelöl, 2 EL Mehl, Salz und geriebenen Muskat untermischen. Salzwasser aufkochen, aus dem Teig Klößchen abstechen, ins Wasser geben und bei schwacher Hitze 10 Minuten ziehen lassen.

4 In der Zwischenzeit 40 g Butter erhitzen, 2 EL Mehl darin hellgelb braten. Den Fond, den Zucker und die Erbsen mit dem Wasser zufügen. 10 Minuten bei schwacher Hitze köcheln lassen.

5 Die Petersilie waschen, auf Küchenpapier etwas trocknen lassen und fein hacken. Die Klöße in die Suppe geben und die Petersilie darüber streuen.

8–10 Portionen

600 g grüne Erbsen
2 l Wasser, 40 g Butter
2 EL Mehl, 200 ml Fleischfond
1 TL Zucker, ½ Bund Petersilie

Für die Semmelklößchen:
3 Brötchen vom Vortag
50 g Butter, 30 g Semmelbrösel
2 Eier, Bittermandelöl
2 EL Mehl, Salz, Muskat

Omas Empfehlung

Stechen Sie die Semmelklößchen am besten mit einem Suppenlöffel aus und lassen Sie sie vorsichtig in das Kochwasser gleiten, damit sie nicht auseinander fallen.

Pfälzer Kartoffelsuppe

„Grumbeeresupp un Quetschekuche", also Kartoffelsuppe und Zwetschgenkuchen – diese Zusammenstellung erscheint auf den ersten Blick etwas fremdartig. Zur Zeit der Zwetschgenernte ist sie jedoch in der Pfalz, im Elsass und in Baden sehr beliebt.

Sir Francis Drake ist als großer Seefahrer und Entdecker bekannt, doch in Offenburg stand von 1853 bis 1939 ein Denkmal, das ihn auch als „Einführer und Verbreiter der Kartoffel in Europa" darstellte – diese Motivation hatte zumindest der Bildhauer Andreas Friedrich, der die Skulptur Offenburg schenkte. Tatsächlich hat der Spanier Pizarro als Erster die Nachricht von einer in Südamerika wachsenden „wohlschmeckenden Trüffel" nach Europa übermittelt. Doch erst im 18. Jh. konnte sich die Kartoffel als Nahrungsmittel hierzulande durchsetzen.

1 Kartoffeln, Möhren, Sellerie schälen, waschen und in Würfel schneiden. Den Lauch von den äußeren Blättern befreien, waschen und in Stücke schneiden. Die Zwiebel abziehen und klein hacken. Den Speck in Würfel schneiden und in einem Topf auslassen. Zuerst die Zwiebel, dann das Gemüse darin anbraten. Zuletzt die Kartoffeln zufügen und unter Rühren etwa 2 Minuten anbraten.

2 Die Brühe zugießen. Mit Majoran, Salz und Pfeffer würzen. Bei schwacher Hitze zugedeckt 25 Minuten köcheln lassen. Die Petersilie waschen, trockentupfen und fein hacken.

3 Die Suppe durch ein Sieb streichen oder im Mixer pürieren und in eine Suppenterrine füllen. Nach Belieben die Würstchen zugeben, entweder am Stück oder in Scheiben geschnitten. Die Sahne zugießen und die Petersilie darüber streuen. Die Brotscheiben in Würfel schneiden. Die Butter in einer Pfanne erhitzen und die Würfel darin goldbraun braten. Zur Suppe servieren.

4 Für den Zwetschgenkuchen zunächst 3 EL lauwarme Milch und 1 TL Zucker vermischen. Die Hefe in die Zuckermilch bröckeln und unter Rühren auflösen. Das zimmerwarme Mehl in eine Schüssel geben und in der Mitte eine Vertiefung formen.

5 Die Hefemischung hineingießen, mit etwas Mehl bestreuen und gehen lassen, bis sich Risse im Mehl bilden. Die restliche Milch, das Ei, die Butter, den restlichen Zucker, bis auf 4 EL, und das Salz darunter mischen. Den Teig

6 Portionen

Für die Suppe:
1 kg Kartoffeln
2 Möhren
1 Stück Knollensellerie (etwa 80 g)
1 kleine Stange Lauch
1 Zwiebel
50 g durchwachsener Speck
1¹/₂ l Fleischbrühe
1 TL getrockneter Majoran
Salz, Pfeffer
¹/₂ Bund Petersilie
150 g Schlagsahne
oder saure Sahne
6 Würstchen (Frankfurter oder Nürnberger) nach Belieben
4 Scheiben Weißbrot
1 EL Butter

Für den Zwetschgenkuchen:
200 ml Milch
50 g Zucker
1 Würfel frische Hefe (42 g)
375 g Weizenmehl
1 Ei, 75 g weiche Butter
1 Prise Salz
1 TL Vanillezucker
2 kg Zwetschgen
Fett für das Blech

kneten, bis er Blasen wirft und sich von der Schüssel löst.

6 Dann den Vanillezucker zugeben und zugedeckt warm stellen, bis sich das Volumen verdoppelt hat. Ein Backblech einfetten. Den Teig ausrollen und auf das Blech legen.

7 Mit einem Tuch bedecken und nochmals mindestens 20 Minuten gehen lassen. Inzwischen die Zwetschgen waschen, an einer Seite aufschneiden, vom Stein befreien und oben etwa 0,5 cm lange Schlitze einschneiden. Den Teig mit den Zwetschgen belegen.

8 Im Backofen etwa 30 Minuten backen. Dann herausnehmen und sofort mit Zucker bestreuen. Noch lauwarm zur Suppe oder danach als Dessert servieren, wenn die Zusammenstellung der beiden Gerichte doch etwas zu gewagt erscheint.

Variante: Für die badische Version der Kartoffelsuppe 1 kg Kartoffeln schälen, waschen und in kleine Würfel schneiden. In 1¹/₂ l Fleischbrühe weich kochen. Durch ein Sieb streichen und in die Brühe zurückgeben. 6 Eigelbe und 6 EL saure Sahne verrühren. In die Suppe geben und den Topf von der Kochstelle nehmen. 2 Brötchen in dünne Scheiben schneiden, in 2 EL Butter braun braten und dann in die Teller legen. Die Suppe darüber gießen. Für den Kuchen am besten Bühler Zwetschgen nehmen.

🔥 **Ober-/Unterhitze: 180 °C**
🔥 **Gas: Stufe 2–3**

Omas Empfehlung

Sie können aus übrig gebliebenen Kartoffeln oder aus Kartoffelbrei die Badener Kartoffelsuppe zubereiten.

Brotsuppe

Früher war Brot ein Grundnahrungsmittel und in Gegenden
mit sehr frommer Bevölkerung galt es als Sünde, Brot wegzuwerfen.
Daher hatte die Großmutter selbstverständlich ein Rezept,
um auch Brotreste noch zu verwenden.

1 Die Kerbelblätter vorsichtig waschen und trockentupfen. Den Schnittlauch waschen und in Röllchen schneiden.

2 Die Zwiebeln abziehen und fein hacken. Das Schmalz in einer Pfanne erhitzen, die Zwiebel zugeben und darin braten, bis sie goldbraun sind.

3 Die Fleischbrühe aufkochen lassen. Das Schwarzbrot in 8 Scheiben schneiden. Mit den Zwiebeln in eine Suppenterrine legen.

4 Portionen

1 Hand voll frische
Kerbelblätter
$\frac{1}{2}$ Bund Schnittlauch
2 Zwiebeln
2 EL Schmalz
1 l Fleischbrühe
$\frac{1}{2}$ Schwarzbrot (nicht frisch)
Salz, Pfeffer

4 Die Brühe darüber gießen. Mit Salz und Pfeffer würzen. Kerbel und Schnittlauch darüber streuen.

Variante: Ein halbes altbackenes Schwarzbrot in dünne Scheiben schneiden. Diese in 1 l Fleischbrühe aufkochen, bis sie weich sind. Mit Salz und Kümmel würzen. $\frac{1}{2}$ Bund Schnittlauch waschen, schneiden und in ein verquirltes Ei mischen, dann in die Suppe geben.

GUT ZU WISSEN

Sehr hart gewordene Schwarzbrotreste lassen sich reiben oder im Mixer zerkleinern. Dann kann man sie in die aufgekochte Fleischbrühe geben, die man am besten noch einmal kurz aufkochen lässt. Wenn man nur frisches Schwarzbrot hat, röstet man die Brotscheiben im Toaster oder auf dem Backblech im Backofen.

Leberknödelsuppe

Knödel ist der süddeutsche und österreichische Name für Klöße. Leberknödel kann man auch als Beilage für andere Gerichte nehmen, dann werden sie jedoch etwas größer geformt.

1 Die Brötchen in dünne Scheiben schneiden und in eine Schüssel legen. Die Zwiebel abziehen und fein hacken.

2 Die Petersilie waschen, trockentupfen und fein hacken. Butter bzw. Öl erhitzen. Die Zwiebel, die Petersilie und das Mark darin bei schwacher Hitze 4 Minuten braten, ohne dass die Zwiebel Farbe annimmt. 50 ml Fleischbrühe darüber gießen.

3 Die Brühe über die Brötchenscheiben gießen. Dann etwa 30 Mi-

nuten einweichen lassen. Die Leber waschen, trockentupfen und fein hacken.

4 Die Leber zur Mischung geben. Die Eier, den getrockneten Majoran, etwas geriebene Muskatnuss, Salz und Pfeffer untermischen.

5 Mit einem Teelöffel Knödel formen. Die restliche Brühe aufkochen und die Knödel darin etwa 20 Minuten garen. Zum Schluss einige frische Majoranblätter waschen, trocknen und über die Suppe streuen.

10–12 Portionen

7 Brötchen vom Vortag
1 kleine Zwiebel
$^{1}/_{2}$ Bund Petersilie
1 EL Butter oder Öl
250 g Rinderknochenmark
2 $^{3}/_{4}$ l Fleischbrühe
250 g Rinderleber, 4 Eier
$^{1}/_{2}$ TL getrockneter Majoran
Muskatnuss, Salz, Pfeffer
frische Majoranblätter

Omas Empfehlung

In Bayern war die Leberknödelsuppe früher eine „Hochzeitssuppe" und wurde als erster Gang gereicht. Doch zwei oder drei Teller davon reichen durchaus für eine Hauptmahlzeit.

Schwammerlsuppe

„Schwammerl" stammt aus dem bayerisch-österreichischen
Raum und bedeutet Pilze. Früher war die Schwammerlsuppe eine
einfache Mahlzeit, weil es viele Wildpilze gab – heutzutage
gilt sie schon als eine Delikatesse.

GUT ZU WISSEN

*Am besten schmeckt die
Suppe mit selbst gesam-
melten Pilzen. Leider gibt
es nicht mehr so viele in
unseren Wäldern und
diese sind oft durch Um-
weltgifte belastet. Wenn
man allerdings nicht mehr
als vier oder fünf Wild-
pilzmahlzeiten im Jahr zu
sich nimmt, kann man
wilde Pilze ohne Beden-
ken essen – man muss
sich in der Bestimmung
der Pilze aber absolut
sicher sein.*

1 Die Steinpilze von den erdigen Enden befreien, waschen und in dünne Scheiben schneiden, größere Pilze zuvor halbieren oder vierteln. Die Petersilie waschen und fein hacken.

2 2 EL Butter erhitzen, bis sie hellbraun ist. Das Mehl zufügen und unter ständigem Rühren rösten, bis es goldbraun ist. 1 EL Pilze beiseite stellen. Die restlichen Pilze und zwei Drittel der Petersilie zu der But-

6 Portionen

380 g Steinpilze
1 Bund Petersilie
50 g Butter, 50 g Mehl
1 l Gemüsebrühe
200 g saure Sahne
Salz, Pfeffer
2 TL Weißwein

ter-Mehl-Masse geben. Die Gemüse-brühe zugießen und aufkochen lassen.

3 Die Suppe mit der Sahne binden. Mit Salz, Pfeffer und Wein würzen. In eine angewärmte Terrine füllen.

4 1/2 EL Butter erhitzen, die restlichen Pilze darin kurz anbraten und mit der restlichen Petersilie über die Suppe streuen. Dazu passen Semmelklößchen (siehe S. 25).

Königinsuppe

Diese sehr feine Hühnersuppe ist für große Feste
geeignet. Wenn Sie weniger zubereiten möchten, reduzieren
Sie die Zutaten oder frieren Sie die restliche Suppe ein.

1 Das Huhn ohne Innereien waschen. Das Suppengrün putzen, waschen und in Stücke schneiden. Mit dem Huhn in einen Topf legen und 1 l Fleischbrühe darüber gießen.

2 1 1/2 Stunden kochen lassen. Das Fleisch auslösen. Die Bruststücke in feine Streifen schneiden. In eine Schüssel geben, etwas Brühe zugießen und beiseite stellen.

3 Das restliche Fleisch ganz fein schneiden, mit 250 g Sahne und 75 g weicher Butter durch ein Haarsieb streichen. Dieses Mus kalt stellen. Die restliche Butter und das Mehl erhitzen, bis die Masse hellgelb ist. 2 l Fleischbrühe dazugießen. Hühnerknochen und

12–14 Portionen

1 Suppenhuhn
1 Suppengrün
3 l Fleischbrühe
400 g Schlagsahne
135 g Butter, 60 g Mehl
2 Eigelb
1 EL trockener Weißwein
nach Belieben

-sehnen darin 30 Minuten kochen. Dann durch ein Sieb gießen.

4 Das Mus mit der Suppe vermischen und erhitzen, aber nicht mehr kochen lassen, da sie sonst gerinnt.

5 Die Eigelbe und die restliche Sahne verquirlen. In die Suppe geben und verrühren. Die Fleischstreifen dazugeben. Nach Belieben Weißwein zugießen.

Variante: Zu dieser Suppe passen kleine Hühnerklöße. 250 g Hühnerfleisch fein hacken, mit 100 g Semmelbrösel, 1 Ei, Salz und Pfeffer verrühren. Wasser aufkochen. Kleine Klöße formen, zugeben und 15 Minuten garen.

GUT ZU WISSEN

Damit Mehl möglichst locker bleibt, sollte es nicht mit den Händen angefasst werden. Am besten füllt man das Mehl in eine Schütte und nimmt es mit einem Löffel oder einer Schaufel heraus.

Biersuppe

Mit Bier kochen – das war früher eher üblich, als es noch mehr „Selbstgebrautes" gab. Seit das Bierbrauen in jüngster Zeit als Hobby in Mode kommt, gelangt auch die Biersuppe wieder zu neuen Ehren.

Eine geradezu königliche Würdigung erhielt die Biersuppe durch Friedrich den Großen, der in einem Brief 1779 an den Magistrat von Halberstadt schrieb: „Übrigens sind Se. Majestät höchstselbst in Deren Jugend mit Biersuppe erzogen, mithin können die Leute dorten eben so gut mit Biersuppe erzogen werden. Das ist weit gesunder wie der Caffee."

1 Das Bier in einen Topf geben und erhitzen. Den Zucker unter ständigem Rühren darin auflösen, dann den Topf von der Kochstelle nehmen.

2 Die Eigelbe, die Sahne und etwas Wasser oder alternativ etwas Bier verquirlen. Die Flüssigkeit unter die Suppe rühren.

3 Mit je 1 Prise Salz, Pfeffer, Zimt und nach Belieben mit 1 Msp. Kardamom würzen. Die Suppe nochmals erhitzen, aber nicht mehr kochen lassen, dann warm stellen.

3 Portionen

250 ml helles Bier
100 g Zucker
4 Eigelb
125 ml saure Sahne
je 1 Prise Salz, Pfeffer, Zimt
1 Msp. Kardamom nach Belieben
3 Weißbrotscheiben
2 TL Butter

4 Die Brotscheiben in Würfel schneiden. Die Butter erhitzen und die Würfel darin goldbraun braten.

5 Die Suppe in Suppenteller füllen und die Brotwürfel darüber streuen.

Variante: Die Suppe mit Schneeklößchen als Beigabe zubereiten. 4 Eiweiße steif schlagen und 50 g Zucker zugeben. Den Eischnee mit einem Esslöffel vorsichtig auf die Suppe setzen und etwa 5 Minuten ziehen lassen, bis der Schnee gar ist.

Weinsuppe

Wer meint, er könne sich mit dieser Weinsuppe unter der Hand einen zusätzlichen Schoppen zu Gemüte führen, liegt falsch, denn bei den angegebenen Mengen und Portionen kann sich kaum eine „berauschende" Wirkung entfalten.

1 Die Zitrone waschen, trockentupfen und ein Stück Schale abschneiden.

2 Das Wasser, die Zitronenschale, die Zimtstange und den Zucker aufkochen. Den Sago einrieseln lassen. Etwa 3 Minuten sprudelnd kochen lassen.

3 Dann die Kochflüssigkeit 15 Minuten bei schwacher Hitze köcheln lassen, bis der Sago weich ist. Oder das Stärkemehl mit wenig Wasser verrühren, zur Suppe geben und kurz aufkochen. Den Weißwein zugießen.

8 Portionen

1 unbehandelte Zitrone
$\frac{1}{2}$ l Wasser
1 kleine Zimtstange
50 g Zucker
50–60 g Sago
oder 30 g Stärkemehl
$\frac{1}{2}$ l Weißwein
2 Eigelb

4 Die Eigelbe mit etwas Wasser oder Kochflüssigkeit verquirlen. Zur Suppe gießen, verrühren und sofort von der Kochstelle nehmen. Die Zimtstange herausnehmen und die Suppe servieren.

Variante: Für eine Weinschaumsuppe 3 Eier, 380 ml Weißwein, $\frac{1}{2}$ l Wasser, 1 Prise Zimt, 50 g Zucker und die Schale einer halben Zitrone aufkochen. Mit dem Schneebesen schlagen, bis die Suppe schaumig ist, vom Herd nehmen.

Milchsuppe

Diese Variante einer „getränkehaltigen" Suppe ist ursprünglich eine ganz einfache Zwischenmahlzeit gewesen – vorwiegend für die Bevölkerung auf dem Land. Großmutter hat das Rezept mit einigen Zutaten zu einer Vorspeise verfeinert.

1 3 EL Milch beiseite stellen. Die restliche Milch aufkochen. Den Zucker, das Bittermandelöl, die Bourbon-Vanille und etwas Salz zugeben.

2 In der Zwischenzeit das Stärkemehl mit etwas Milch verrühren.

3 Wenn die Suppe kocht, die Mehlmischung zugeben, gut verrühren und nochmals aufkochen lassen. Das Eigelb mit der restlichen Milch verquirlen und zur Suppe gießen. Sofort von der Kochstelle neh-

4 Portionen

1 l Milch
50 g Zucker
3 Tropfen Bittermandelöl
1 Msp. Bourbon-Vanille
Salz
1 EL Stärkemehl
1 Eigelb
Zwieback nach Belieben

men. In eine Suppenterrine füllen und servieren. Nach Belieben Zwieback in kleine Stücke brechen und über die Suppe streuen.

Variante: Für eine Milchsuppe mit Arrowroot 2 EL Arrowroot in etwas kalter Milch verquirlen. 1 l Milch aufkochen, 1 Prise Salz, 1 EL Zucker und ½ Vanilleschote in die Suppe geben. 10 Minuten ziehen lassen. Die Vanilleschote herausnehmen.

GUT ZU WISSEN

Arrowroot ist ein Stärkemehl und wird aus der gleichnamigen tropischen Pflanze – auch Pfeilwurz genannt – gewonnen. Früher war Arrowroot sehr beliebt, da es einen sehr zarten Schleim ergibt. Heute werden aus Kostengründen Stärkemehle aus anderen Pflanzen bevorzugt.

Omas Empfehlung

Die Milch brennt beim Kochen nicht so schnell an, wenn Sie den Topf kurz zuvor mit sehr kaltem Wasser ausspülen.

34

Hagebuttensuppe

Hagebutten sind die Früchte verschiedener Rosenarten.
Sie werden im Spätherbst gepflückt und gewöhnlich zu Trockenfrüchten,
Mark, Mus, Fruchtwein und Likör verarbeitet. Aber auch eine
leckere Suppe lässt sich daraus zaubern.

1 Die Hagebutten etwa 2 Stunden in Wasser einweichen. Durch ein Sieb gießen. Die Früchte vom Stielansatz und der schwarzen Blüte befreien.

2 Die Früchte halbieren, von den Kernen befreien und mit warmem Wasser abspülen. Die Zitrone waschen, trockentupfen und die Schale abschälen.

3 Das Wasser und den Rotwein mit den Hagebutten aufkochen. Den Zucker und die Zitronenschale zufügen und zugedeckt bei schwacher Hitze 10 Minuten köcheln lassen.

4 Die Zitronenschale entnehmen. Das Stärkemehl mit wenig Wasser verquirlen, in die Suppe gießen und aufkochen lassen.

5 Die Weißbrotscheiben in Würfel schneiden. Die Butter erhitzen und die Brotwürfel darin goldgelb braten.

6 Die Suppe in Suppenteller gießen, die Brotwürfel darauf verteilen und sofort servieren.

4 Portionen
375 g getrocknete Hagebutten
1 unbehandelte Zitrone
1 l Wasser
1/2 l Rotwein
150 g Zucker
1 TL Stärkemehl
3 Weißbrotscheiben
2 EL Butter

GUT ZU WISSEN

Hagebutten sind selten in Läden erhältlich. Wenn Rosen im Garten vorhanden sind, schneidet man die verwelkten Blüten nicht ab, sondern lässt sie zu Hagebutten reifen. Man kann die Früchte aber auch von wilden Sträuchern am Wegesrand pflücken.

Holundersuppe

Holunderbeeren wachsen wild und Sie können sie leicht sammeln. Die Makrönchen als Einlage sollten Sie einige Zeit im Voraus zubereiten, damit sie fest werden können.

1 Die Holunderbeeren waschen und von den Stielen abstreifen. Mit dem Wasser aufkochen, 100 g Zucker hinzufügen und 10 Minuten köcheln lassen. Durch ein Haarsieb streichen und in den Topf zurückgeben.

2 Die Äpfel waschen, schälen, vierteln, vom Kerngehäuse befreien und in dünne Scheiben schneiden.

3 Die Scheiben zur Suppe geben und 5 Minuten köcheln lassen. Das Stärkemehl mit wenig Wasser verquirlen, zur Suppe geben, gut vermischen und aufkochen lassen.

4 Portionen

600 g reife Holunderbeeren
250 ml Wasser
100 g Zucker, 3 Äpfel
1–2 EL Stärkemehl, ½ Zitrone

Für die Makrönchen:
3 Eiweiß, 80 g Zucker
50 g geriebene Mandeln
125 g Semmelbrösel
5 Tropfen Bittermandelöl
Fett für das Backblech

Die Zitrone auspressen, den Saft in die Suppe gießen.

4 Für die Makrönchen die Eiweiße steif schlagen, 80 g Zucker, die Semmelbrösel, die Mandeln und das Öl untermischen. Ein Backblech einfetten und kleine Teighaufen darauf setzen. Im Backofen etwa 15 Minuten backen, bis sie goldbraun sind. Erkalten und fest werden lassen. Auf der Suppe verteilen.

🔥 Ober-/Unterhitze: 180 °C
🔥 Gas: Stufe 2 –3

Kirschsuppe

Kirschen kommen ursprünglich aus Kleinasien und gehören zum saftigsten Steinobst in unseren Breiten. Eine sehr berühmte alte Sorte sind die Weichselkirschen.

1 Die Kirschen waschen und vom Stiel befreien. Ein Drittel entkernen und beiseite stellen. Die Butter in einem Topf erhitzen, das Mehl zufügen und eine dunkle Mehlschwitze zubereiten. Mit dem Wasser ablöschen. Den Zimt und die nicht entkernten Kirschen zugeben.

2 Die Suppe aufkochen und dann bei schwacher Hitze etwa 5 Minuten köcheln lassen. Die Kirschen durch ein Sieb streichen. Einige Kerne aufklopfen, das Innere zerstoßen und zur Suppe geben (siehe Kasten links). Den Zucker und den Portwein zufügen. Wenn die Suppe zu flüssig ist, das Stärke-

4–5 Portionen

750 g Sauerkirschen
50 g Butter
1 EL Mehl
1¹/₄ l Wasser
1 kleine Zimtstange
80 g Zucker
200 ml Portwein
1 TL Stärkemehl nach Bedarf
Dessertbiskuits

mehl mit 1 EL kaltem Wasser verrühren und zugeben.

3 Die restlichen Kirschen in eine Terrine geben und die Suppe darüber gießen. Dazu Dessertbiskuits reichen.

Variante: Für eigene Dessertbiskuits 4 Eiweiße steif schlagen, 2 Eigelbe, dann 4 EL Zucker und 2 EL Mehl untermischen. In eine Spritztüte füllen, die Formen auf ein Backblech spritzen und 20–25 Minuten backen.

🔥 Ober-/Unterhitze: 180 °C
🔥 Gas: Stufe 2–3

Omas Empfehlung

Das Innere von Kirschkernen können Sie zum Würzen verwenden – allerdings sehr sparsam. Die Kerne werden zwischen zwei Tüchern mit einem Hammer aufgeklopft. Pfirsich- und Aprikosenkerne hingegen sind nicht genießbar.

Apfelsuppe

Da es unterschiedlich saure Äpfel gibt, sollten Sie die Apfelsuppe unbedingt abschmecken und nach Bedarf mehr oder weniger Zucker nehmen.

1 Die Äpfel waschen und in Stücke schneiden. Die Zitrone waschen, trockentupfen und die Schale abreiben.

2 Äpfel, Wasser, Zimt, Zitronenschale und Zucker zusammen aufkochen und bei mittlerer Hitze etwa 6 Minuten kochen, bis die Äpfel weich sind.

3 Die Masse durch ein Passiersieb streichen. Den Most zufügen und aufkochen lassen. Das Stärkemehl mit 1 EL kaltem Wasser verrühren und in die Suppe geben.

4 Portionen

500 g Äpfel
1 unbehandelte Zitrone
1 l Wasser
¹/₄ TL Zimt
75 g Zucker
etwa 200 ml Most
20 g Stärkemehl
1 Eigelb
kleine Makronen

4 Das Eigelb verquirlen und unter die Suppe mischen. Sofort von der Kochstelle nehmen.

5 In eine Terrine gießen und mit kleinen Makronen (siehe S. 35) servieren.

Variante: Anstelle der Makronen kann man auch Weißbrotscheiben in Würfel schneiden, in wenig Butter goldgelb braten und über der Suppe verteilen. Oder man rührt als Einlage 5 EL gekochten Milchreis in die Suppe.

Stachelbeersuppe

Stachelbeeren gibt es veredelt in mehr als 100 Arten – je nach Geschmack gelb, rot, grün, groß und klein. In der Küche werden die unreifen Früchte verwendet.

1 Die Stachelbeeren von den Enden befreien und waschen. Die Zitrone waschen, trockentupfen und die Schale abreiben. Stachelbeeren, Wasser, Zimtstange und Zitronenschale aufkochen.

2 Bei schwacher Hitze etwa 10 Minuten kochen lassen, bis die Stachelbeeren weich sind. Von der Kochstelle nehmen.

3 Die Zimtstange entfernen, die Beeren durch ein Sieb streichen. Den Weißwein zugießen, aufkochen lassen. Die Stärke mit 1 EL Wasser verrühren und die Suppe damit binden.

6 Portionen

1 kg unreife Stachelbeeren
1 unbehandelte Zitrone
1 l Wasser
1 kleine Zimtstange
$1/2$ l Weißwein
1 TL Stärkemehl

Variante: Dazu Salonzwieback backen. 50 g Zitronat in kleine Würfel schneiden. 2 Eigelbe mit 100 g Zucker verrühren. Zitronat untermischen und 100 g Mehl zugeben. Eine rechteckige Kuchenform einfetten, den Teig etwa 1,5 cm hoch einfüllen. Zuerst 50 Minuten backen, dann abkühlen lassen. In Scheiben schneiden und im Backofen rösten.

🔥 **Ober-/Unterhitze: 160 °C bzw. 200 °C**
🔥 **Gas: Stufe 2 bzw. Stufe 3–4**

Omas Empfehlung

Auch das Aufschlagen und Trennen von Eiern hat seine Tücken. Damit ein einziges schlechtes Ei nicht alles verdirbt, gehen Sie so vor: Stellen Sie zwei Schalen und eine Tasse vor sich. Schlagen Sie das Ei in der Mitte über der Tasse auf und lassen Sie das Eiweiß hineinlaufen, bis es sich ganz vom Eigelb gelöst hat. Dann füllen Sie Eiweiß und Eigelb in je eine Schale.

Vorspeisen

Bücklingsalat

Die Bücklinge in diesem Salat haben nichts mit der früher oft ausgeübten, tiefen Verbeugung zu tun, sondern es handelt sich um Heringe, die kurz in leichte Salzlauge eingelegt und dann heiß geräuchert werden.

In manchen Gegenden sagt man zu den Bücklingen auch Bückinge. Dazu passt eine Passage aus Heinrich Heines Bericht über seine Harzreise: „Ich bekam Petersiliensuppe … sowie auch eine Art geräucherter Heringe, die Bückinge heißen, nach dem Namen ihres Erfinders Wilhelm Bücking, der 1447 gestorben und um jener Erfindung willen von Karl V. so verehrt wurde, dass derselbe Anno 1556 von Middelburg nach Bievlied in Seeland reiste, bloß um dort das Grab dieses großen Mannes zu sehen."

1 Die Kartoffeln in reichlich Wasser etwa 25 Minuten kochen, bis sie weich sind. Abkühlen lassen und schälen. Das Fleisch von den Bücklingen ablösen.

2 Die Äpfel waschen, schälen, halbieren und vom Kerngehäuse befreien. Die Kartoffeln, die Bücklinge und die Äpfel in kleine Würfel schneiden.

3 Auf eine tiefe Platte geben und vermischen. Essig, Salz und Pfeffer verrühren. Das Öl zugeben und kräftig mit einer Gabel schlagen. Über den Salat gießen und gut umrühren.

4 Den Räucherlachs in Streifen schneiden und gitterartig darüber legen. Die Zitrone waschen, trockentupfen, in dünne Scheiben schneiden und am Rand des Salats verteilen.

5 Die Petersilienstängel waschen, trockentupfen, die Blätter abzupfen und den Salat damit verzieren.

4 Portionen

6 große Kartoffeln
2 Bücklinge
3 Äpfel
1 EL Essig
Salz, Pfeffer
3 EL Öl
50 g Räucherlachs
1 unbehandelte Zitrone
einige Petersilienstängel

Ochsenmaulsalat

Der Salat schmeckt am besten, wenn man ihn 2 Tage lang zugedeckt an einem kühlen Ort stehen lässt, sodass er gut durchzieht. Im Elsass wird er auch „Mül- und Füeß-Salädel" genannt – also Maul- und Fußsalat.

1 Das Ochsenmaul 3 Stunden wässern. Dann herausnehmen, in einen großen Topf geben, reichlich kaltes Wasser zugießen und salzen. Die Möhren schälen, waschen und halbieren.

2 Die Zwiebeln abziehen und in Viertel schneiden. Ein Viertel beiseite legen. Möhren, die restlichen Zwiebeln, Lorbeerblätter und Pfefferkörner zum Fleisch geben.

3 Bei schwacher Hitze 4 Stunden kochen. Dann das Fleisch herausnehmen und die Haut abziehen. Das Fleisch in dünne Scheiben schneiden und in eine Schüssel geben. Die Kapern, den Fleischextrakt, das Öl und den Essig zugeben. Alles gut vermischen.

4 Das beiseite gelegte Zwiebelviertel in kleine Würfel schneiden und darüber streuen. Nach Belieben mit Schnittlauch bestreuen.

Variante: 6 Eier hart kochen, abschrecken, in Scheiben schneiden und zum Schluss auf den Salat legen. Statt des Ochsenmauls kann man auch fertige Ochsenmaulsülze kaufen.

4–6 Portionen

500 g Ochsenmaul
Salz
2 Möhren
4 Zwiebeln
3 Lorbeerblätter
6 Pfefferkörner
2 TL Kapern
2 EL Fleischextrakt
2 EL Öl, 125 ml Essig
Schnittlauch
nach Belieben

Wurstsalat

Diese Vorspeise ist auch als Vesper sehr beliebt und eine schwäbische Spezialität. Im traditionellen Rezept von Großmutter wird für diesen Salat schwarze Wurst verwendet. Dazu trinken die Schwaben ein gutes Viertele oder eine Schorle.

1 Die schwarze Wurst mit Haut in dünne Scheiben schneiden. Die Fleischwurst abziehen und in etwa 0,5 cm dicke Scheiben schneiden. Die Zwiebel abziehen, würfeln und mit der Wurst in eine Schüssel geben.

2 Essig, Wasser, Salz und Pfeffer verrühren, das Öl zufügen und mit der Gabel unterrühren. Die Sauce mit der Wurst und den Zwiebeln mischen und 2–3 Stunden ziehen lassen.

3 Die Salatblätter waschen, trockenschwenken, in eine Schüssel legen und den Wurstsalat darauf geben.

Variante: Für einen Schweizer Wurstsalat die schwarze Wurst und die Fleischwurst durch 400 g Lyoner und 200 g Emmentaler ersetzen. Lyoner und Emmentaler in nicht zu dünne Scheiben und dann in dünne Streifen schneiden.

4–6 Portionen

300 g harte schwarze Wurst
300 g Fleischwurst
1 große Zwiebel
5 EL Apfelessig
5 EL Wasser
Salz, weißer Pfeffer
5 EL Öl
einige Salatblätter

 **Omas Empfehlung**

Weißen Pfeffer sollten Sie sparsam verwenden. Er überdeckt sonst den Geschmack der anderen Zutaten. Frisch gemahlener Pfeffer ist dabei dem fertig erhältlichen Pfefferpulver vorzuziehen, da dieses sehr schnell sein Aroma verliert.

Matjeshering mit Äpfeln

Mit neuen Kartoffeln und grünem Salat wird aus dieser Vorspeise eine Hauptmahlzeit. Servieren Sie dazu reichlich Getränke – denn wie sagt der Volksmund: „Fisch muss schwimmen."

1 Von den Matjesfilets die restlichen Gräten entfernen. In Mineralwasser oder Milch 2 Stunden ziehen lassen.

2 Die Äpfel waschen, schälen, das Kerngehäuse ausstechen, in Scheiben schneiden und mit dem Zitronensaft beträufeln. Die Zwiebeln abziehen, in Scheiben schneiden und zu Ringen formen.

3 Sahne, Joghurt und Zucker verrühren. Die Apfelscheiben und Zwiebelringe untermischen. Die Matjesfilets in breite Streifen schneiden und in die Sahnemischung legen.

4 Portionen

8 Matjesfilets
1/2 l Mineralwasser oder Milch
2 große säuerliche Äpfel
1 TL Zitronensaft
4 Zwiebeln
250 g Schlagsahne
150 g Vollmilchjoghurt
1 gute Prise Zucker
einige Stängel Dill
Schwarzbrot

4 Die Dillstängel waschen und trockenschwenken. Die kleinen Dillblätter abzupfen und die Matjesheringe damit verzieren. Dazu kann man Schwarzbrotscheiben reichen.

Variante: Anstelle des Joghurt Meerrettich für die Sahnemischung verwenden. Die Matjesfilets zusammenrollen und auf je einen Apfelring setzen (auf die Zwiebeln wird verzichtet) und die Filets damit füllen. Mit Preiselbeerkompott und fein gehackten Dillblättchen verzieren.

Huhn in Ölsauce

Ölsauce ist der alte Name für Mayonnaise, die wahrscheinlich aus Frankreich stammt. Einige Experten glauben sogar, mit der Stadt Bayonne den Ursprung noch genauer bestimmen zu können.

1 Die Brustfilets von den Sehnen befreien und in Salzwasser etwa 20 Minuten kochen. Dann abkühlen lassen und in Würfel bzw. Scheiben schneiden.

2 Die Selleriestangen von den Blättern befreien, dabei einige frische grüne beiseite legen. Die Stangen in 2 cm lange Stücke schneiden.

3 Kurz blanchieren und abkühlen lassen. Die Eier hart kochen, schälen und in Viertel schneiden. Die Salatblätter waschen und gründlich trockenschwenken.

4 Portionen

400 g Hühnerfleisch
(z. B. Brustfilets)
Salz
2 Stangen Sellerie
2 Eier, 1 Salatherz
2 Eigelb, Pfeffer
Essig oder Zitronensaft
Nuss- oder Olivenöl
Sardellen und Kapern
nach Belieben

4 Für die Ölsauce die Eigelbe, Salz und Pfeffer mischen, mit dem Schneebesen oder im Mixer schlagen. Einige Tropfen Essig oder Zitronensaft zugeben. Das Öl erst tropfenweise, dann im feinen Strahl zugießen und weiterschlagen, bis die Masse cremig ist.

5 Fleisch, Sellerie und Ölsauce vermischen. Mit dem Salat und den Eivierteln verzieren. Nach Belieben Sardellen rollen, auf den Salat legen und anschließend mit Kapern verzieren.

GUT ZU WISSEN

Die Ölsauce oder Mayonnaise gelingt nur, wenn man sehr hochwertiges Öl verwendet. Dabei gibt man so lange Öl zu, bis die Masse cremig ist (daher lässt sich keine genaue Mengenangabe machen).

Kalbshirn in Kräutersauce

Die Kräutersauce wird besonders pikant durch die
Zugabe von Pimpinelle (auch bekannt als Pimpernell oder
Bibernell), einem würzigen Wiesenkraut.

1 Das Kalbshirn unter fließendem Wasser etwa 1 Stunde klar laufen lassen. Von Haut und Blutresten befreien. Nochmals abspülen. In Salzwasser langsam aufkochen und bei schwacher Hitze 5–6 Minuten garen.

2 Herausnehmen, abschrecken und abkühlen lassen. In 0,5 cm dicke Scheiben schneiden. Essig, 3 EL Öl, Salz und Pfeffer vermischen und über die Scheiben gießen.

3 1 Stunde ziehen lassen. Für die Sauce Estragon, Pimpinelle, Schnittlauch und Petersilie waschen, trockenschwenken und fein hacken. Die Eier hart kochen, abschrecken, pellen und fein hacken.

4 Die Eigelbe mit dem Senf, 1 Prise Salz, Pfeffer und Zitronensaft im Mixer oder mit dem Mixstab verrühren. Das restliche Öl erst tropfenweise, dann in dünnem Strahl zugießen und rühren, bis die Sauce halbfest ist.

5 Die Kräuter und die Eier zugeben. Einige Endivienblätter auf eine Platte legen. Die Hirnscheiben darauf verteilen und die Kräuter-Ei-Sauce zugeben.

6 Portionen

1 großes Kalbshirn
Salz, 2 EL Weißweinessig
250 ml Pflanzenöl, Pfeffer
einige Estragon- und
Pimpinelleblätter
je ¼ Bund Schnittlauch und
Petersilie
2 Eier, 2 Eigelb
1 TL Senf, Salz, Pfeffer
½ TL Zitronensaft
einige Endivienblätter

Omas Empfehlung

Wenn die Kräutersauce zu gerinnen beginnt, fügen Sie unter ständigem Rühren einige Tropfen warmes Wasser zu. Wenn das nicht hilft, rühren Sie noch 1 Eigelb unter die Sauce.

Schinkenrolle

Wenn Sie eine größere Menge von der Schinkenrolle zubereiten, können Sie den Rest etwa 3 Tage lang zugedeckt im Kühlschrank aufbewahren und dann bei Bedarf erwärmen.

1 Die Eier trennen. Die Butter schaumig rühren. Nach und nach 3 Eigelbe zugeben und gut verrühren. Die Eiweiße mit 1 Prise Salz steif schlagen und unter die Butter-Eigelb-Masse heben. Das Mehl zugeben und zu einem glatten Teig kneten.

2 Ein Backblech einfetten. Den Teig darauf in einem Quadrat von 20 cm Kantenlänge glatt streichen. Mit Backtrennpapier abgrenzen. Im Backofen etwa 5 Minuten vorbacken, bis der Teig hellgelb ist. Den Schinken fein würfeln. Die Petersilie waschen, trockenschwenken und hacken. 1 EL beiseite stellen.

3 Das restliche Eigelb mit der Sahne und dem Pfeffer verquirlen. Auf dem Teig verstreichen. Schinken und Petersilie darauf verteilen. Den Teig aufrollen und in etwa 20 Minuten goldgelb backen. Die Rolle in Scheiben schneiden und mit der restlichen Petersilie bestreuen.

4 Portionen

4 Eier
70 g Butter
Salz
50 g Mehl
Fett für das Backblech
100 g gekochter Schinken
1/2 Bund Petersilie
150 g saure Sahne
Pfeffer

🔥 Ober-/Unterhitze: 180 °C
🔥 Gas: Stufe 2–3

Brot backen wie in alten Zeiten

Ein frisches, verführerisch duftendes Brot mit knuspriger Kruste direkt aus dem Backofen ist von jeher bei Alt und Jung beliebt. Mit ein wenig Butter wird es zum wahren Genuss. Dabei ist das Brotbacken gar nicht so schwierig.

Weizenbrot

275 ml Milch, 20 g Hefe
500 g Weizenmehl
50 g Butter
3 Msp. Salz
1 Ei
Fett für die Form

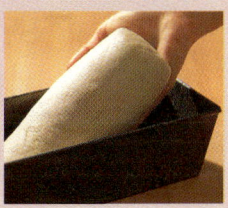

● 125 ml Milch lauwarm erhitzen und die Hefe darin auflösen. 4 EL Mehl unterrühren und den Vorteig zugedeckt an einem warmen Ort 20 Minuten gehen lassen.
● Das restliche Mehl, die restliche Milch, Butter und Salz in eine Schüssel geben. Den Vorteig zufügen. Alles zu einem glatten Teig kneten.
● Eine Kastenform einfetten, den Teig einfüllen. Zugedeckt an einem warmen Ort mindestens 35 Minuten gehen lassen. Das Ei verquirlen und das Brot damit einpinseln. Bei 180 °C etwa 45 Minuten backen.

Kümmelbrot

100 g Sauerteig
1 l Buttermilch
(oder Magermilch bzw. Wasser)
2 1/2 kg Roggenmehl
Salz, Kümmel
Fett für die Form

● Fertigen Sauerteig kaufen oder vom Hefeteig des Landbrots (siehe Rezept unten) 100 g mit etwa 50 g Mehl verkneten, bis ein fester Teig entstanden ist. Dann in ein Baumwollsäckchen einfüllen. Mindestens 5 Tage trocken aufhängen, bis ein Sauerteig entstanden ist.
● Am Vortag den Sauerteig mit 1/2 l lauwarmer Buttermilch auflösen. 200 g Mehl untermischen und 4 Stunden stehen lassen.
● Den kräftig gegorenen Teig mit der Hälfte des restlichen Mehls und der restlichen Milch zu einem mittelfesten Teig verrühren. Über Nacht zugedeckt an einem warmen Ort stehen lassen.
● Am nächsten Tag mit dem restlichen Mehl, Salz und Kümmel verkneten, bis ein fester Teig entstanden ist.
● Den Teig halbieren und zwei runde oder längliche Brote formen. Zugedeckt an einem warmen Ort gehen lassen, bis sich Risse gebildet haben. Backen wie im Rezept Landbrot beschrieben.

Landbrot

850 g Weizenmehl, 350 g Roggenmehl
1/2 l lauwarmes Wasser, 25 g Hefe
1 TL Salz, Fett für die Form

● Weizen- und Roggenmehl mischen. Im Wasser Hefe und Salz auflösen. In die Mitte des Mehls eine Vertiefung drücken. Vorteig hineingeben. 15 Minuten gehen lassen.
● Dann den Teig kneten, eine Kugel formen und dünn mit Mehl bestäuben. Zugedeckt an einem warmen Ort 3 Stunden gehen lassen. So lange kneten, schlagen und walken, bis die Kugel so groß wie vor dem Gehen ist. Eine Backform einfetten. Das Brot hineingeben. 3 Stunden gehen lassen.
● Den Backofen auf 250 °C vorheizen. Das Brot oben mehrfach einschneiden. Zuerst 15 Minuten bei 250 °C, dann bei 150 °C weitere 45 Minuten backen.

Altdeutsches Osterbrot

3/8 l lauwarme Milch, 50 g Hefe
100 g Zucker, 150 g Mandeln
1/2 TL Safran, 2 EL Rum
175 g Butter, 1 kg Weizenmehl
3 Eigelb, 2 Eier
1 TL Salz, 130 g Sultaninen

● Aus 3 EL Milch, der Hefe und 2 TL Zucker einen Vorteig zubereiten.
● Die Haut der Mandeln abziehen. Etwa 30 Mandeln beiseite legen. Die restlichen mahlen. Safran und Rum mischen. Die Butter zerlassen.
● Den Vorteig mit Mehl, 2 Eigelben, den Eiern, restlichem Zucker, restlicher Milch, Butter, Salz, 100 g Sultaninen und gemahlenen Mandeln verkneten. 30 Minuten zugedeckt gehen lassen. Ein Viertel des Teiges zu zwei Rollen formen.
● Den restlichen Teig zu einem Brot formen. Die Rollen darüber legen. Mit dem letzten Eigelb bestreichen. Mit den restlichen Mandeln und Sultaninen verzieren. Bei 180 °C 45 Minuten backen.

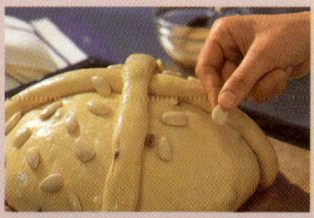

Schinkenauflauf mit Kartoffeln

Dieser Auflauf ist eine einfache und leicht zu bereitende
Vorspeise, da die Zutaten meist zu Hause vorrätig sind. Wenn man
etwas mehr zubereitet, eignet er sich auch als Abendimbiss.

1 Die Kartoffeln waschen und etwa 25 Minuten weich kochen. Dann schälen, erkalten lassen und reiben. 50 g Butter schaumig schlagen. Die Eier trennen. Den Schinken in kleine Würfel schneiden. Den Parmesan fein reiben.

2 Die geschlagene Butter mit den Eigelben, den geriebenen Kartoffeln und dem Schinken vermischen. Die Eiweiße steif schlagen und unter die Kartoffelmasse ziehen.

3 Eine Auflaufform einfetten. Die Masse einfüllen und mit dem Parmesan bestreuen.

4 Portionen

250 g Kartoffeln
80 g Butter
6 Eier
250 g magerer roher Schinken
100 g Parmesan
Fett für die Form

Die restliche Butter in Flöckchen darauf verteilen. Im Backofen etwa 45 Minuten backen.

Variante: Sie können zum Auflauf noch 300 g Brokkoli zugeben. Die Brokkoliröschen abschneiden und in wenig Wasser blanchieren. Abtropfen lassen und unter die Kartoffelmasse ziehen, dann backen wie im Hauptrezept.

🔥 Ober-/Unterhitze: 180 °C
🔥 Gas: Stufe 2–3

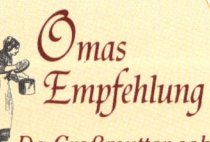

Omas Empfehlung

Da Großmutter sehr findig darin war, keine Reste verderben zu lassen, hat sie diesen Auflauf meist dann in ihren Speiseplan eingebaut, wenn sie gekochte Kartoffeln gerade übrig hatte.

GUT ZU WISSEN

Das Ragout gelingt besonders schmackhaft, wenn das Fleisch in einem Stück geschmort oder gebraten wird.

Ragout fin

Das „gewöhnliche" Ragout ist ein Gericht aus verschiedenen Fleischsorten und habhaftem Gemüse. In der feinen Variante verwendet man vornehmlich Kalbfleisch mit einer pikanten Sauce.

1 Das Kalbfleisch waschen. Dann in Salzwasser bei schwacher Hitze 25 Minuten garen, herausnehmen und etwas abkühlen lassen. Das Fleisch in feine Würfel schneiden.

2 Die Zwiebel abziehen und fein hacken. Die Butter erhitzen und die Zwiebel darin glasig braten.

3 Das Mehl darüber stäuben, anschwitzen und die Brühe unter Rühren nach und nach zugießen, anschließend die Fleischwürfel zugeben.

4-5 Portionen
250 g Kalbfleisch
1 kleine Zwiebel, etwa 60 g
1 1/2 EL Butter
1 EL Mehl
250 ml Kalbfleischbrühe
2 Eigelb
1/2 TL Zitronensaft
Salz, weißer Pfeffer
4-5 fertige Blätterteigpasteten

4 Die Eigelbe und den Zitronensaft zugeben und verrühren. Von der Kochstelle nehmen. Mit Salz und Pfeffer würzen.

5 Die Blätterteigpasteten im Backofen erwärmen. Die Fleischmasse in die Pasteten füllen.

Variante: Zum Ragout fin passen auch Champignons – 50 g davon waschen, in Scheiben schneiden und zugeben. Anstelle des Kalbfleisches kann man auch Wildfleisch verwenden.

Piroggen von Pilzen

Piroggen sind russische Pastetchen aus Hefe- oder Nudelteig,
die mit einer vielfältigen Füllung aus Fleisch, Fisch, Gemüse, Hirse,
Eiern, Pilzen oder Grütze hergestellt werden.

1 Mehl, Öl, 4 Eier und 1 Prise Salz zu einem Nudelteig kneten, ausrollen und 1 Stunde stehen lassen. Den Reis in 100 ml Salzwasser weich kochen.

2 Die restlichen Eier hart kochen. Die Pilze von den erdigen Enden befreien, waschen und in Scheiben schneiden. Die Zwiebeln abziehen und fein hacken.

3 Den Dill waschen, trockenschwenken und fein hacken. Pilze, Zwiebeln, Pfeffer, Salz und Dill in einem Topf erhitzen; sobald die Pilze

4–6 Portionen

500 g Mehl
1 EL Pflanzenöl, 6–7 Eier
Salz
50 g Langkornreis
150 g Pilze
(z. B. Steinpilze, Pfifferlinge)
2 Zwiebeln, 1 Bund Dill
Pfeffer, 40 g Butter
3 EL Schlagsahne
Butterschmalz

anfangen, Saft auszuscheiden, Butter und Sahne zugeben und alles weich dünsten. Den Reis untermischen. Die gekochten Eier hacken und zufügen.

4 Den Teig mit einer Form von etwa 8 cm ⌀ ausstechen, eine Hälfte der Teigkreise mit der Füllung belegen. Die restlichen darauf legen und am Rand gut festdrücken. Reichlich Schmalz in einer tiefen Pfanne oder einer Fritteuse erhitzen. Die Piroggen schwimmend ausbacken.

Käsepastetchen

Käsepastetchen sind eine der klassischen Vorspeisen,
die den Appetit anregen sollen. In einem großen Menü werden sie
entweder vor oder nach der Suppe serviert.

1 Die Eier trennen, den Käse reiben. Die Butter mit den Rührbesen des Handrührgeräts oder der Küchenmaschine schaumig rühren.

2 Die Eigelbe, die saure Sahne, den Käse und das Mehl hinzufügen. Die Eiweiße steif schlagen und unter die Käsemasse ziehen.

3 Kleine Formen einfetten und mit den Semmelbröseln bestreuen. Die Käsemasse in die Formen füllen und mit einem Holzspachtel glatt streichen. Die Formen in den Backofen stellen und 25–30 Minuten backen. Dann aus dem

4 Portionen

4 Eier
125 g Parmesan
oder Schweizer Emmentaler
90 g Butter
350 g saure Sahne
1 EL Mehl
Fett für die Form
2 EL Semmelbrösel

Backofen nehmen und möglichst sofort servieren.

Variante: Für Rahmpastetchen (s. Foto rechts) Förmchen mit Blätterteig auskleiden. 350 g Schlagsahne aufkochen, 100 g Rahmkäse unterrühren, 3 Eigelbe zugeben, dann von der Kochstelle nehmen. 3 Eiweiße steif schlagen, unterziehen, die Masse in die Formen füllen und backen (s. oben).

🔥 **Ober-/Unterhitze: 200 °C**
🔥 **Gas: Stufe 3–4**

Omas Empfehlung

Die Ränder der Piroggen müssen sehr fest angedrückt werden, sonst quillt die Füllung beim Ausbacken heraus. Dass das Fett zum Ausbacken heiß genug ist, erkennt man an den Blasen, die sich am Stiel eines eingetauchten Holzlöffels bilden.

Kartoffelgratin

Das Kartoffelgratin ist eine sehr sättigende Kost, deshalb eignet es sich gut als Vorspeise für ein Menü mit einer leichten Hauptspeise, beispielsweise magerem Fisch.

1 Die Kartoffeln schälen, waschen und in dünne Scheiben schneiden (Gurkenhobel oder Küchenmaschine). Auf Küchenpapier legen und abtupfen. Die Knoblauchzehe abziehen und halbieren. Den Backofen vorheizen. Den Käse reiben. Eine flache feuerfeste Form mit dem Knoblauch einreiben, dann mit dem Öl einpinseln.

2 Eine Schicht Kartoffelscheiben fächerförmig einlegen. 1 Prise Salz, Pfeffer und etwa ein Fünftel des Käses darüber streuen. Nun abwechselnd eine Schicht Kartoffelscheiben und eine Schicht Käse einlegen, bis alle Zutaten verbraucht sind. Die oberste Schicht besteht aus Käse.

3 Eier, Milch, Sahne, etwas Salz, Pfeffer und Muskat kräftig verquirlen. Über das Gratin gießen. Im Backofen etwa 60 Minuten backen, bis die Kartoffeln weich sind. Wenn die Käseschicht zu schnell braun wird, mit Aluminiumfolie bedecken.

4–6 Portionen

1 kg Kartoffeln
1 Knoblauchzehe
200 g Gruyère oder Emmentaler
Öl für die Form
Salz, weißer Pfeffer
2 Eier
250 ml Milch
125 g Schlagsahne
geriebene Muskatnuss

🔥 Ober-/Unterhitze: 180 °C
🔥 Gas: Stufe 2–3

Makkaroniauflauf

Mit dieser gehaltvollen und pikanten Vorspeise kann man
getrost auf eine Suppe verzichten und gleich die Hauptmahlzeit servieren.

1 Die Makkaroni in etwa 4–5 cm lange Stücke brechen. In reichlich Salzwasser etwa 20 Minuten kochen, bis sie fast weich sind. Abtropfen lassen. Die Tomaten mit kochendem Wasser überbrühen, abziehen, in Viertel schneiden, von den Kernen und Stielansätzen befreien und in kleine Würfel schneiden. Die Frühlingszwiebeln von den grünen Blattspitzen befreien, abziehen und fein hacken. Schinken und Zunge in kleine Würfel schneiden.

2 30 g Butter in einer Pfanne erhitzen und die Zwiebeln darin etwa 3 Minuten braten, bis sie glasig sind. Tomaten,

4 Portionen

250 g Makkaroni
300 g Tomaten
2 Frühlingszwiebeln
100 g gekochter Schinken
100 g gekochte, gepökelte Zunge
60 g Butter, Fett für die Form
20 g Kapern, 1 EL TK-Kräuter
100 g Parmesan
200 ml Sahne, 3 Eigelbe
Salz, Pfeffer, Muskatnuss
1 Sardellenfilet
Basilikumblätter

Schinken und Zunge 2–3 Minuten anbraten. Eine feuerfeste Form einfetten und den Pfanneninhalt, die Nudeln, die Kapern und Kräuter zugeben und unterrühren. Den Parmesan reiben. Mit Sahne und Eigelben verrühren, mit Salz, Pfeffer und Muskat würzen.

3 Über die Nudeln gießen. Die Sardelle fein hacken. Mit der restlichen Butter verrühren, auf den Nudeln verteilen. Im Backofen 15–20 Minuten backen. Mit Basilikum verzieren.

🔥 Ober-/Unterhitze: 200 °C
🔥 Gas: Stufe 3–4

GUT ZU WISSEN

Damit beim Zerbrechen keine Makkaroniteile wegspritzen, kann man die Nudeln gleich in der Packung entsprechend zerkleinern.

Kalte Hühnerpastete

Diese Vorspeise ist etwas aufwändig, was die Zutaten und die Zubereitungszeit betrifft. Dafür eignet sich die Pastete zu festlichen Menüs, aber auch für ein edles Buffet oder ein besonderes Picknick.

1 Das Huhn waschen und die Haut abziehen. Die Brustfilets ablösen und mit dem Fleischklopfer breit klopfen. Die Trüffel mit einem nassen Tuch abreiben und in Scheiben schneiden, ein Drittel beiseite legen. Die Filets mit den übrigen Trüffelscheiben mithilfe eines Messers spicken. Mit Salz einreiben. Das restliche Hühnerfleisch ablösen und klein schneiden.

2 Die Zitrone waschen, trockentupfen und ein Stück Schale abschneiden. Die restliche Zitrone für die Zubereitung der Sauce am nächsten Tag beiseite legen. Die Zitronenschale, die Hühnerknochen, das Hühnerklein bis auf die Leber, 1 Prise Pfeffer und ½ l Wasser in einen Topf geben und aufkochen. Bei schwacher Hitze etwa 1½ Stunden zugedeckt kochen, bis die Flüssigkeit auf etwa ein Viertel eingekocht ist.

3 In der Zwischenzeit das Kalb- und Schweinefleisch sowie das Rückenfett und die Hühnerleber waschen, trockentupfen und dann mehrmals durch den Fleischwolf drehen. Die Eigelbe untermischen, die Masse durch ein Sieb streichen und in eine Schüssel geben. Petersilie, Majoran und Thymian waschen und trockenschwenken. Dann die Blätter abzupfen und fein hacken.

4 Nun die restlichen Trüffel fein hacken. Kräuter, Trüffel, Salz und Madeira zum Hackfleisch geben und gut vermischen. Den Speck in ganz dünne Scheiben schneiden. Eine Pastetenform mit etwa drei Viertel der Scheiben auslegen. Ganz unten eine Schicht Hackfleischmasse einfüllen, dann eine Schicht Hühnerfleisch und als Abschluss wieder eine Schicht aus Hackfleischmasse. Darauf die rest-

lichen Speckscheiben legen. Den Deckel darauf legen. In die Bratenpfanne des Backofens Wasser einfüllen, die Pastetenform hineinstellen, 1 Stunde im warmen Wasserbad kochen lassen. Bei Bedarf noch kochendes Wasser zugießen.

5 Die Gelatine 15 Minuten im kalten Wasser auflösen, ausdrücken und zur Brühe (Schritt 2) geben. Durch ein Sieb gießen.

6 Die Pastete aus dem Backofen holen, Deckel abnehmen und mit Spicknadel oder Schaschlikspieß einige Male in die Pastete stechen. Dann die Brühe darüber gießen. Die Pastete zugedeckt an einem kühlen Platz 1 Tag stehen lassen.

7 Am nächsten Tag für die Cumberlandsauce die Orange waschen, trockentupfen, etwa die Hälfte der Schale schälen und in feine Streifen schneiden. Den Saft einer Orangenhälfte auspressen.

8 Die Zitrone vom Vortag durchschneiden und den Saft einer Hälfte auspressen. Senf, Senfpulver, Öl und beide Gelees gut verrühren. Je 1 EL Orangen- und Zitronensaft und die Orangenschale zufügen. Die Sauce und etwas Weißbrot zur Pastete servieren.

Variante: Für die Füllung eignen sich auch Morcheln, Champignons und Krebsschwänze anstelle der teuren Trüffel. Falls die Pastete nicht so gehaltvoll werden soll, können Sie die Form mit Blätterteig anstatt mit Speck auslegen und dann die Füllung zugeben.

🔥 **Ober-/Unterhitze: 200 °C**
🔥 **Gas: Stufe 3–4**

6–8 Portionen

Für die Pastete:
1 küchenfertiges junges Huhn mit Hühnerklein
30 g Trüffel
Salz
1 unbehandelte Zitrone
1 Prise Pfeffer
250 g Kalbfleisch
125 g Schweinefleisch
175 g Rückenfett
2 Eigelb
einige Stängel Petersilie, Majoran und Thymian
Salz
2 EL Madeira
etwa 150 g fetter Speck
3 Blatt Gelatine

Für die Cumberlandsauce:
1 unbehandelte Orange
50 g Senf
½ TL Senfpulver
2 EL Öl
125 g Johannisbeergelee
30 g Himbeergelee

GUT ZU WISSEN

Wenn Sie das Hackfleisch nicht selbst zubereiten möchten, lassen Sie es sich möglichst kurz vor der Zubereitung der Pastete frisch von Ihrem Fleischer herstellen.

Omas Empfehlung

Gelatine wird zum Verdicken von Gelee jeder Art verwendet. Die Flüssigkeit, in die die zuvor eingeweichten Gelatineblätter gegeben werden, darf aber nicht kochen. Sonst erhält sie einen unangenehmen leimartigen Geschmack.

Zwiebelkuchen

„Zwiebelkuchen und neuer Wein sind im Herbst eines der Leibgerichte der Einheimischen" – so die Erkenntnis eines Kochbuchautors, der Stuttgart zu Anfang des vorigen Jahrhunderts besuchte.

Auch der schwäbische Dichter Eduard Mörike widmete ein Gedicht dem Zwiebelkuchen:
„Ganz richtig hört ich sagen dass wer in Zwiebeln schlief hinunter wird getragen in Träume schwer und tief.
Dem Wachen selbst geblieben sei irren Wahnes Spur.
Die Nahen und die Lieben hielt er für Zwiebeln nur.
Und gegen dieses Übel, das gar nicht angenehm, hilft selber nur die Zwiebel nach Hahnemanns System.
Das lass uns gleich versuchen!
Gott gebe, dass es glückt! – Und schafft mir Zwiebel-kuchen!
Sonst werd ich noch verrückt!"

1 Die Hefe in lauwarmer Milch auflösen. 250 g Mehl in eine Schüssel geben, eine Vertiefung formen und die Hefe-Milch-Mischung hineingeben. Mit etwas Mehl bedecken und etwa 20 Minuten an einem warmen Ort gehen lassen. Mehl und Vorteig verkneten.

2 1 EL Butter und 1/4 TL Salz zugeben. Alles zu einem glatten Teig verkneten. Zugedeckt an einem warmen Ort 30 Minuten gehen lassen. Die Zwiebeln abziehen und in Scheiben schneiden. 100 g Butter erhitzen und die Zwiebeln glasig braten. Die restliche Butter und das restliche Mehl verkneten. Die

12–15 Stücke
15 g Hefe, 125 ml Milch
etwa 270 g Mehl
145 g Butter, Salz
2 kg Zwiebeln, 2 Eier
50 g durchwachsener Speck
Fett für die Form
2 Msp. Kümmel
3 Eigelb, Salz
180 g Schlagsahne

Zwiebelmasse damit binden. Die Eier verquirlen und dazugeben.

3 Den Speck fein schneiden. Eine Springform mit 28 cm Ø einfetten. Den Teig ausrollen. Die Form damit belegen. Die Zwiebelmasse einfüllen. Den Speck und den Kümmel darüber streuen. Im Backofen bei großer Hitze 10 Minuten backen. Eigelbe, Salz und Sahne verrühren. Über den Kuchen gießen und etwa 50 Minuten bei kleiner Hitze backen.

🔥 **Ober-/Unterhitze: 220 °C bzw. 180 °C**
🔥 **Gas: Stufe 4 bzw. 2–3**

Omas Empfehlung

Um zu prüfen, ob ein Ei noch frisch ist, kann man folgenden Test machen: Legen Sie das Ei in ein Glas Wasser. Wenn es auf den Boden sinkt, ist es frisch; wenn es sich im Wasser aufrichtet, ist es schon älter; wenn es ganz an die Oberfläche steigt, sollte man es lieber nicht mehr verwenden.

Gefüllte Eier

Die gefüllten Eier eignen sich nicht nur für eine Vorspeise, sondern auch für die Brotzeit oder für ein Buffet.

1 Die Eier je nach Größe 7–8 Minuten hart kochen. Mit kaltem Wasser abschrecken und schälen. Dann in Hälften schneiden. Die Schalotten abziehen. Die Petersilie und den Estragon waschen, trockenschwenken und fein hacken.

2 Die Eigelbe mit einem Löffel auslösen. Schalotten, Eigelbe und 4 Sardellen getrennt fein hacken. Alle drei Zutaten durch ein Sieb streichen.

3 Das rohe Eigelb in einem Mixer oder mit dem Mixstab verrühren und so viel Öl in einem dünnen Strahl zugießen, bis eine Mayonnaise entstanden ist. 2 EL davon beiseite stellen. Den Rest mit Senf, wenig Salz und Pfeffer vermischen.

4 2 EL zur Eigelbmasse geben. Die Eierhälften waschen und trockentupfen. Die Füllung hineingeben.

5 In einer Glasschale die Kresse anrichten. Die Eier darauf setzen. Die restlichen Sardellen in Streifen schneiden. Diese Streifen, die Kapern und einige Tupfer der Mayonnaise zur Verzierung verwenden.

4–6 Portionen

6 Eier
2 Schalotten
einige Stängel Petersilie
und Estragon
6 Sardellen
1 Eigelb, etwa 50 ml Öl
1 knapper TL Senf
Salz, Pfeffer
Kresse
(oder Salatblätter)
1 TL Kapern

GUT ZU WISSEN

Man sollte das Rettichmus nicht zu lange stehen lassen, sonst schmeckt es bitter. Als Rohkost zum Vesper eignen sich die jungen und kleineren Exemplare am besten.

Rettichmus und Radieschen

Diese würzige Vorspeise ist auch als Zwischenmahlzeit geeignet. Dabei werden frische Radieschen besonders im Frühling geschätzt, weil sie – roh mit Salz genossen – die Verdauung fördern und damit Frühjahrsdiäten wirkungsvoll unterstützen.

1 Den Rettich schälen und ganz fein reiben. Die Pellkartoffeln (siehe S. 193) pellen und fein reiben. Die Zwiebel abziehen und fein hacken. Die Petersilie waschen, trockenschwenken und fein hacken. Rettich, Kartoffeln, Zwiebel, ein Drittel der Petersilie und Sahne vermischen. Mit Salz und Pfeffer würzen.

2 Die Radieschen waschen, putzen und in dünne Scheiben schneiden. Die halbe Zitrone auspressen.

3 Zitronensaft, Senf, Salz, Pfeffer und Öl zu einer Sauce verrühren.

Je 4 Portionen

Für das Mus:
1 großer Rettich
200 g Pellkartoffeln
1 kleine Zwiebel, 1 Bund Petersilie
50 g saure Sahne
Salz, Pfeffer

Für den Radieschensalat:
1 Bund Radieschen
1/2 Zitrone, 1/2 TL Senf
Salz, Pfeffer, 2 EL Öl

Die Radieschen und die restliche Petersilie mit der Sauce mischen.

4 Das Rettichmus und den Radieschensalat jeweils in eine Schüssel geben und kurz ziehen lassen. Mit Brotscheiben und Butter servieren.

Variante: 2 Eier etwa 8 Minuten hart kochen, abschrecken, in Scheiben schneiden und auf gerösteten Brotscheiben oder Brötchen gleichmäßig verteilen. Dann mit Radieschenscheiben belegen und mit Schnittlauch bestreuen.

Omas Empfehlung

Beim Braten der Grieben muss man auf den richtigen Zeitpunkt achten: Sind sie zu weich, haben sie noch kein Aroma, sind sie zu hart, bekommen sie einen bitteren Geschmack.

Apfelgriebenschmalz

Eine so habhafte Vorspeise passt am besten zu einem rustikalen Menü. Ein sättigendes Vesper wird daraus, wenn Sie die Schmalzbrote mit Zwiebelringen und Radieschen- oder Rettichscheiben belegen und kräftig salzen.

1 Das Gänsefett mit der Schwarte in kleine Würfel schneiden. Die Zwiebeln abziehen. Die Äpfel waschen, vom Stiel und von der Blume befreien. Dann die Zwiebeln und die Äpfel kreuzförmig einschneiden.

2 Die Fett- und Schwartewürfel in einen Topf mit wenig Milch geben und bei schwacher Hitze etwa 15 Minuten kochen, bis sie anfangen zu schmelzen. Zwiebeln, Äpfel, Thymian, Salz und Zucker nach Belieben zufügen. Bei schwacher Hitze etwa 15 Minuten braten, bis die Äpfel und Zwiebeln weich und etwas braun sind. Äpfel, Zwiebeln und Thymian herausnehmen. Die Äpfel beiseite stellen.

3 Das Fett bei schwacher Hitze 10 Minuten braten, bis die Würfel – auch Grieben genannt – goldgelb, aber nicht ganz ausgebraten sind. Durch ein Sieb streichen.

4 Das Schmalz abkühlen lassen. Den Schnittlauch waschen, trockenschwenken und in etwa 1 cm lange Röllchen schneiden. Brotscheiben mit dem Schmalz bestreichen und den Schnittlauch darauf streuen. Die gebratenen Äpfel dazu servieren.

etwa 30 Portionen

1 kg Gänsefett mit Schwarte
300 g Zwiebeln
2–3 Äpfel
Milch
1 kleines Thymiansträußchen
Salz
Zucker nach Belieben
1/2 Bund Schnittlauch
Brotscheiben

GUT ZU WISSEN

Anstelle des Gänsefetts mit Schwarte können Sie für das Schmalz auch Schweineflomen oder Rückenfett verwenden. Das Schmalz ist mehrere Monate lang haltbar.

Mehl- und Eierspeisen

Spätzle mit Pfifferlingen

Das Besondere an diesen „schwäbischen Nudeln" ist nicht
der Teig, sondern die Form der Nudeln – keine gleicht genau der anderen
und das Spätzleschaben ist eine kleine Kunst für sich.

1 Die Zutaten für die Spätzle in einer Schüssel verrühren und kräftig kneten, bis der Teig Blasen wirft und sich vom Löffel löst.

2 Reichlich Salzwasser zum Kochen bringen. Das Spätzlebrett mit kaltem Wasser abspülen, wenig Teig darauf geben, mit dem Spätzleschaber dünn ausstreichen. Lange, feine Spätzle in das kochende Salzwasser schaben.

3 Frisches Salzwasser erhitzen. Wenn die Spätzle oben schwimmen, mit einem Schaumlöffel herausnehmen. Kurz durch das frische Salzwasser ziehen.

4–5 Portionen

Für die Spätzle:
500 g Mehl
250 ml Wasser, 1 EL Salz
1–3 Eier, 30 g Butter

Für die Pfifferlinge:
300 g Pfifferlinge
100 g durchwachsener Speck
2 kleine Zwiebeln, 2 EL Butter
1/2 EL Zitronensaft
3 EL Schlagsahne
Salz, Pfeffer

4 Die Pfifferlinge putzen und waschen (man kann auch andere Pilze verwenden). Den Speck in kleine Würfel schneiden. Die Zwiebeln abziehen und fein hacken.

5 Die Butter erhitzen, die Pilze, den Speck und die Zwiebeln darin etwa 5 Minuten braten. Die Pilz-Speck-Masse herausnehmen und warm stellen. Die Butter mit dem Zitronensaft und der Sahne ablösen. Mit Salz und Pfeffer würzen. Die Spätzle auf eine Platte legen, die Pilz-Speck-Masse und die Sauce darüber geben.

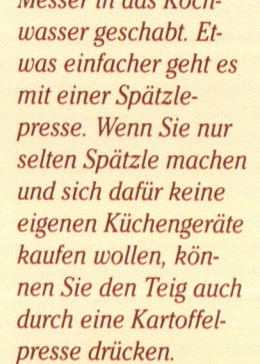

Omas Empfehlung

Es wird jeweils eine kleine Menge Teig auf ein Spätzlebrett gelegt und mit einem Spätzleschaber oder breiten Messer in das Kochwasser geschabt. Etwas einfacher geht es mit einer Spätzlepresse. Wenn Sie nur selten Spätzle machen und sich dafür keine eigenen Küchengeräte kaufen wollen, können Sie den Teig auch durch eine Kartoffelpresse drücken.

Käsespätzle

Mittlerweile sind Spätzle auch fertig als Trockenware
im Handel erhältlich, allerdings schwören Liebhaber des
Geschmackes wegen auf die Selbstgemachten.

1 Den Teig für die Spätzle aus dem Mehl, den Eiern und 1 gehäuften TL Salz zubereiten, wie im obigen Rezept beschrieben.

2 Salzwasser aufkochen lassen. Den Teig schaben oder durch eine Spätzle- oder Kartoffelpresse ins kochende Wasser drücken.

3 Eine Auflaufform einfetten. Den Emmentaler reiben. Die Spätzle abgießen und schichtweise mit dem Käse in die Form füllen. Die Sahne bis auf 3 EL darüber gießen. Im Backofen den Käse schmel-

4–5 Portionen

450 g Mehl
6 Eier
Salz
200 g Emmentaler
130 ml Schlagsahne
2 Zwiebeln
80 g Butter
1/2 Bund Schnittlauch
Fett für die Form

zen lassen. In der Zwischenzeit die Zwiebeln abziehen und in Streifen schneiden. Die Butter in einer Pfanne erhitzen und die Zwiebeln darin braun braten.

4 Die restliche Sahne steif schlagen. Den Schnittlauch waschen und klein schneiden. Zwiebeln und Sahne über die Spätzle geben und 3 Minuten überbacken. Mit dem Schnittlauch bestreuen.

🔥 **Ober-/Unterhitze: 160 °C**
🔥 **Gas: Stufe 2**

Leberspätzle

Besonders fein und gehaltvoll sind diese Spätzle und eignen sich daher für viele Gerichte als Beilage oder auch als Einlage für eine klare Suppe. Zusammen mit einem gemischten Salat und etwas Sauce werden sie sogar zu einer kleinen Mahlzeit.

1 Die Rinder- oder Kalbsleber mit einem spitzen Messer von der Haut befreien. Die Leber durch den Fleischwolf drehen. Mit dem Mehl, den Eiern, dem Majoran, 1 Prise geriebener Muskatnuss, Salz und Pfeffer zu einem Teig verkneten.

2 Die Zwiebel abziehen und fein hacken. Die Butter in einer kleinen Pfanne erhitzen und die Zwiebel darin bei mittlerer Hitze glasig braten. Dann die Zwiebel unter den Spätzleteig mischen

4–5 Portionen
250 g Rinder- oder Kalbsleber
250 g Mehl
2 Eier
1 TL getrockneter Majoran
geriebene Muskatnuss
Salz
Pfeffer
1 Zwiebel
1 EL Butter

und diesen kräftig schlagen, bis er Blasen wirft. 10–15 Minuten ruhen lassen.

3 Die Spätzle schaben und kochen (wie auf S. 62 beschrieben) Sofort servieren.

Variante: In einer großen Pfanne 2–3 EL Butter erhitzen. Die fertig gekochten Leberspätzle darin kurz anbraten, 6 Eier verquirlen und über die Spätzle gießen. Bei schwacher Hitze die Eier stocken lassen.

Schupfnudeln

Schupfnudeln haben ihren Namen von der typischen Bewegung, mit der man sie formt – die Teigstücke werden mit der flachen Hand gerollt und dann vom Backbrett „weggestoßen" oder eben mundartlich „geschupft".

1 Die Kartoffeln schälen und reiben. Mit Mehl, Ei, Majoran, 1 Prise geriebener Muskatnuss und Salz zu einem festen Teig kneten. Die Hände mit Mehl bestreuen und aus dem Teig auf dem Backbrett 1 cm dicke und fingerlange Rollen formen.

2 Reichlich Salzwasser aufkochen. Die Rollen hineingeben, aufkochen und bei schwacher Hitze 10 Minuten ziehen lassen. Herausnehmen und abtropfen lassen.

5–6 Portionen

1 kg gekochte
Pellkartoffeln vom Vortag
150 g Mehl
1 Ei
1 TL getrockneter Majoran
Muskatnuss
Salz
2 EL Butter
Mehl zum Formen

3 Die Butter in einer Pfanne erhitzen und die Nudeln darin unter ständigem Drehen 10 Minuten goldgelb braten.

Variante: Rohe Kartoffeln schälen, waschen, vierteln und in Salzwasser weich kochen. Heiß durch eine Kartoffelpresse drücken. Etwas abkühlen lassen. Mit Muskat, Salz, 30 g Butter, 2 Eigelben und etwa 150 g Mehl verkneten. Dann den Teig wie oben weiterverarbeiten.

GUT ZU WISSEN

Man sollte darauf achten, nur mehlige Kartoffeln für die Schupfnudeln zu verwenden, sonst hält der Teig nicht zusammen.

Die Mehlbeuteltücher verwendet die Hausfrau nur für dieses Gericht. Sie werden zwar nach Gebrauch gewaschen, erhalten aber mit der Zeit in der Mitte einen dunklen, kreisrunden Fleck. Einem Spaziergänger in Dithmarschen fällt es also nicht schwer zu erraten, was es in einem Haus zu Mittag gegeben hat, wenn er die typischen Tücher im Wind flatternd an der Wäscheleine im Garten sieht.

Dithmarscher Mehlbeutel

Schon am Namen ist leicht zu erkennen, dass dieses Gericht
aus dem Norden Deutschlands stammt. Doch auch in anderen Gegenden
ist der Mehlbeutel kein Unbekannter in der Küche.

1 Die Eier trennen. Die Zitrone waschen, trockentupfen und die Schale abreiben. Milch, Salz, Eigelbe, Mehl, 1 EL Zitronenschale und 150 g Butter zu einem glatten Teig verrühren.

2 Die Eiweiße steif schlagen und unterziehen. 1 Stunde stehen lassen. Ein großes Küchentuch oder eine Serviette anfeuchten. Den Teig darin einwickeln und das Tuch oder die Serviette oben verknoten.

3 Einen großen Topf mit reichlich Wasser aufkochen und den Schweinebauch hineingeben. Unter dem Knoten des Mehlbeutels einen Holzlöffel durchschieben und ihn daran in den Topf hängen. Halb zugedeckt 2 Stunden kochen, dabei verdampftes Wasser immer durch kochendes ersetzen.

4 Den Mehlbeutel herausnehmen, umdrehen, 5 Minuten ausdampfen lassen und auswickeln. Schweinebauch und Mehlbeutel in Scheiben schneiden. Auf einer Platte verteilen. Die restliche Butter zerlassen, über die Scheiben gießen und den Zucker darüber streuen. Dazu passt eine Zitronensauce (siehe S. 268).

4 Portionen

4 Eier
1 unbehandelte Zitrone
300 ml Milch
1 TL Salz
500 g Mehl
210 g Butter
375 g geräucherter
Schweinebauch
50 g Zucker

Maultaschen

Not macht erfinderisch und bringt oft ein gelungenes
Ergebnis hervor – die Entstehungsgeschichte der Maultasche ist
dafür ein beredtes Beispiel (siehe links).

Maultaschen gelten in Süddeutschland als Fastenspeise, obwohl sie Fleisch enthalten. Der Grund hierfür liegt in ihrer Entstehungsgeschichte: Als die Mönche des Klosters Maulbronn in den Hungerjahren des Dreißigjährigen Krieges einmal durch Zufall in den Besitz eines großen Stückes Fleisch gerieten, befanden sie sich in einem echten Zwiespalt.

Denn es war gerade Fastenzeit, aber sie wollten diese glückliche Gottesgabe auch nicht verderben lassen. Daher mischten die listigen Mönche das Fleisch mit allerlei Grünzeug und versteckten die Füllung in Teigfladen – in der Hoffnung, dem lieben Gott möge in diesem Falle der rechte Durchblick fehlen.

1 Aus dem Mehl, den 5 Eiern, dem Salz und dem lauwarmen Wasser einen glatten Teig kneten und zu einer Rolle formen. Die Rolle in 6 gleich große Stücke schneiden. Die Arbeitsfläche mit Mehl bestreuen und jedes Teigstück zu einem etwa 18 × 18 cm großen Rechteck ausrollen. Ruhen lassen.

2 In der Zwischenzeit für die Füllung 3 Brötchen in lauwarmem Wasser einweichen. Den Spinat waschen und mit wenig Wasser etwa 5 Minuten weich kochen. Mit dem Wiegemesser zerkleinern. Fleisch und Brät durch den Fleischwolf drehen. 1 Zwiebel abziehen und fein hacken.

3 Die Lauchstange von den äußeren Blättern befreien, waschen und in dünne Scheiben schneiden. Petersilie und Schnittlauch waschen, trockentupfen und klein schneiden. 2 EL Butter in der Pfanne erhitzen und die Zwiebel darin bei mittlerer Hitze glasig braten. Die Petersilie, die Hälfte des Schnittlauchs, den Lauch, das Fleisch und den Spinat zufügen. Etwa 5 Minuten unter Rühren braten, dann von der Kochstelle nehmen. Die Brötchen ausdrücken. Die Gemüse-Fleisch-Masse mit den Brötchen, 4 Eiern, der Milch oder Sahne, Salz, Pfeffer und 1 Prise Muskatnuss gut vermischen.

4 Die Teigrechtecke jeweils in 3 Streifen schneiden. Jeden Streifen bis zur Hälfte mit der Füllung belegen und die Ränder mit dem Eiweiß bestreichen. Dann die unbelegte Streifenhälfte zurückschlagen und die Teigränder fest andrücken. Reichlich Salzwasser aufkochen und die Maultaschen darin 15 Minuten sprudelnd kochen lassen. Das letzte Brötchen von der harten Rinde befreien und fein reiben. Die

6 Portionen

Für den Teig:
500 g Mehl
5 Eier, Salz
etwa 4 EL Wasser

Für Füllung und Bestreuen:
4 Brötchen vom Vortag
400 g Spinat
50 g durchwachsenes Schweinefleisch
50 g durchwachsenes Rindfleisch
100 g Kalbsbratwurstbrät
5 Zwiebeln, 1 kleine Stange Lauch
¹/₂ Bund Petersilie
1¹/₂ Bund Schnittlauch
120 g Butter, 4 Eier
4 EL Milch oder Schlagsahne
Salz, Pfeffer, Muskatnuss
1 Eiweiß

Für den Salat:
300–400 g Blattsalat
6–8 Radieschen
1 Bund Kräuter
2 EL Essig, 6 EL Öl
Salz, Pfeffer

restlichen Zwiebeln abziehen und in kleine Würfel schneiden.

5 Die restliche Butter in der Pfanne erhitzen und die Zwiebeln darin bei schwacher Hitze braten, bis sie hellbraun sind. Die Brotkrümel zufügen und 3 Minuten mitrösten. Die Maultaschen abgießen und mit den Zwiebeln, Brotkrümeln und dem restlichen Schnittlauch servieren.

6 Den Salat waschen und trockenschwenken. Die Radieschen waschen und in dünne Scheiben schneiden. Die Kräuter vorsichtig waschen, trockentupfen, die Blättchen abzupfen und fein hacken. Essig, Öl, Salz und Pfeffer vermischen und über den Salat geben. Zu den Maultaschen servieren.

Variante 1: Für eine Maultaschensuppe den Teig wie im Hauptrezept zubereiten. Für die Füllung aber nur 2 Brötchen und 1 Bund Schnittlauch verwenden, die Zutaten fürs Bestreuen entfallen. 1 l Fleischbrühe aufkochen und die Maultaschen darin 10–12 Minuten bei schwacher Hitze ziehen lassen. Mit Schnittlauch bestreuen.

Variante 2: Für Maultaschen mit Eiern den Teig und die Füllung zubereiten wie im Hauptrezept. 1 l Salzwasser aufkochen und die Maultaschen darin 10–12 Minuten bei schwacher Hitze ziehen lassen. Dann die Maultaschen in ein Sieb geben, abtropfen lassen und in Streifen schneiden. 3 EL Butter in einer großen Pfanne erhitzen und die Maultaschenstreifen darin goldgelb braten. 2 Eier mit 1 Prise Salz verquirlen und über die Streifen gießen. Noch etwa 3 Minuten braten, bis die Eimasse gar, aber noch etwas feucht ist.

Omas Empfehlung

Wenn man die Teigkanten mit Eigelb anstelle von Eiweiß bepinselt, erhalten die Maultaschen noch mehr Geschmack und eine feine Kruste.

Kartoffelklöße

„Urbayern" essen Kartoffelklöße nur zum
Schweinebraten. Man kann sie aber zur Abwechslung auch einmal
mit brauner Butter oder Backobst genießen.

1 Die Kartoffeln waschen und in wenig Wasser etwa 30 Minuten weich kochen. Das Wasser abgießen, die Kartoffeln pellen und zweimal durch die Kartoffelpresse drücken. Das Kartoffelpüree mit der Stärke und einer kräftigen Prise Salz vermischen.

2 Die Weißbrotscheiben in Würfel schneiden. Den Speck auslassen, herausnehmen und die Brotwürfel im Fett goldgelb braten. Die Eier zur Kartoffelmasse geben und verrühren, bis ein glatter, aber nicht an den Fingern klebender Teig entstanden ist. Bei Bedarf etwas Milch zu-

4 Portionen

1 kg Speisekartoffeln
150 g Kartoffelstärke
Salz, 2 Scheiben Weißbrot
40 g fetter Speck in Scheiben
2 Eier
Milch bei Bedarf
etwas gehackte Persilie

geben. 12 Klöße mit den Brotwürfeln in der Mitte formen.

3 Reichlich Salzwasser aufkochen und die Klöße 20 Minuten darin ziehen lassen. Mit einem Schaumlöffel aus dem Wasser nehmen, mit der Petersilie bestreuen.

Variante: Die Kartoffeln einen Tag vorher kochen. Dann die Kartoffeln pellen und fein reiben. Mit Salz, 1 Prise geriebener Muskatnuss, etwa 200 g Mehl und 1–2 Eiern zu einem Teig verkneten. Brötchenwürfel goldgelb braten. Klöße formen und kochen wie oben beschrieben.

Thüringer Klöße

Die Klöße werden aufgrund der Teigfarbe auch grüne
Klöße genannt. Wenn Sie etwas mehr Klöße zubereiten, können Sie sie zum
Abendbrot in Scheiben schneiden und in Butter goldbraun braten.

1 2 kg Kartoffeln schälen, waschen und auf Küchenpapier trocknen. Eine große Schüssel bis zu einem Drittel mit Wasser füllen, die Kartoffeln fein hineinreiben.

2 Dann in einem Küchentuch so trocken wie möglich auspressen, dabei den Kartoffelsaft auffangen. Die restlichen Kartoffeln schälen, waschen und in Würfel schneiden. In einen Topf geben und mit Wasser auffüllen, bis sie bedeckt sind.

3 Die Kartoffeln etwa 30 Minuten weich kochen, dann durch ein Sieb streichen. Nochmals aufkochen lassen, dann mit zwei Gabeln

6–8 Portionen

3 kg große mehlige Kartoffeln
Salz
4 Brötchen
2 EL Butter

auflockern. Die im rohen Kartoffelsaft gebildete Stärke abschöpfen und zum gekochten Kartoffelpüree geben.

4 Das rohe und das gekochte Kartoffelpüree gut mischen. Der Teig sollte eine grünliche Farbe angenommen haben.

5 Die Brötchen würfeln. Die Butter erhitzen und die Würfel darin goldgelb braten. Mit nassen Händen die Klöße formen, mit den Brotwürfeln füllen. Salzwasser aufkochen und die Klöße 20 Minuten ziehen lassen. Mit einem Schaumlöffel aus dem Wasser nehmen und servieren.

Semmelknödel

Semmeln – oder hochdeutsch Brötchen – sind die Grundlage dieser aus dem bayerisch-österreichischen Raum stammenden Knödel. Besonders gesund sind sie mit fein gehacktem Borretsch und Brennnesseln.

1 Die Milch erwärmen. Die Brötchen in dünne Scheiben schneiden, mit Salz bestreuen und die Milch darüber gießen. Zugedeckt 30 Minuten einweichen lassen.

2 Die Zwiebel abziehen und fein hacken. Die Petersilie waschen, trockentupfen und fein hacken. Das Fett erhitzen, Zwiebel und Petersilie anbraten. Zu den Brötchen geben.

3 Die Eier untermischen und alles zu einem Teig kneten. Einen kleinen Probeknödel formen. In einem großen Topf Salzwasser zum Kochen bringen und den Knödel hineingeben. Hat er nicht die richtige Konsistenz, etwas Semmelbrösel zum Teig geben.

4 6–8 Knödel formen. Das Wasser nochmals zum Kochen bringen und die Knödel darin bei schwacher Hitze etwa 20 Minuten ziehen lassen.

Variante: Für Semmelklöße ohne Milch und Eier 7–8 Brötchen in kleine Würfel schneiden. Mit 250 g Grieß, 1 EL zerlassenem Fett, Salz und 1 Prise Muskatnuss mischen. Klöße formen und kochen wie oben beschrieben.

Für 4–6 Portionen

380 ml Milch
10–12 Brötchen vom Vortag
Salz
1 kleine Zwiebel
$1/4$ Bund Petersilie
1 EL Butter oder Öl
3–4 Eier
Semmelbrösel bei Bedarf

Der Legende nach soll mit Semmelknödeln schon einmal eine Schlacht gewonnen worden sein: Das bayerische Deggendorf wurde einst von böhmischen Hussiten belagert. Da den Deggendorfern die Munition ausging, schossen sie mit hart gewordenen Knödeln auf den Feind. Tatsächlich zogen sich die Hussiten zurück – vielleicht weil sie aus ihrer Heimat nur längliche Knödel gewöhnt waren und somit die bayerische Nationalkost für echte Kanonenkugeln hielten.

Zwetschgenknödel

Da die Zwetschgen oft etwas säuerlich sind, gibt man
für die richtige Süße üblicherweise etwas Zucker in die Früchte.

1 Die Zitrone waschen, trockentupfen und etwa die Hälfte der Schale abreiben. Den Magerquark etwa 15 Minuten abtropfen lassen.

2 Die Zwetschgen waschen, trocknen lassen, an einer Seite aufschneiden und vom Stein befreien. 1 gehäuften TL Zucker in jede Zwetschge geben.

3 Den Quark in eine Schüssel geben, die Eier, Salz, 1 TL Zitronenschale und das Mehl zufügen. Alles zu einem weichen Teig verrühren. Die Hände mit Mehl bestäuben und den Teig zu Knödeln formen, dabei in die Mitte der Knödel eine Zwetschge legen.

4 In einem großen und breiten Topf etwa 3 l Salzwasser aufkochen. Die Knödel hineingeben und bei schwacher Hitze etwa 15 Minuten köcheln lassen.

5 Die Butter erhitzen und die Semmelbrösel darin goldgelb braten. Die Knödel mit einem Schaumlöffel herausheben und auf Tellern verteilen. Mit den Semmelbröseln bestreuen. Dazu Puderzucker servieren.

Etwa 16 Knödel

1 unbehandelte Zitrone
500 g Magerquark
etwa 400 g Zwetschgen
etwa 150 g Zucker
2 kleine Eier
Salz, 150 g Mehl
3 l Wasser, Salz
75 g Butter
4 EL Semmelbrösel
Puderzucker
Mehl zum Bestreuen

Omas Empfehlung

Das „Süßen" der Zwetschgen wird erleichtert, wenn man in jede entkernte Frucht ein Stück Würfelzucker hineinlegt.

Marillenknödel mit Sauce

Aprikosen heißen in Österreich Marillen. In der Wachau, dem Hauptanbaugebiet, wird auch der berühmte Marillenschnaps gebrannt.

1 Die Marillen waschen, an einer Seite aufschneiden und vom Stein befreien. Die Kartoffeln waschen und in etwa 2 l Wasser etwa 25 Minuten kochen lassen, bis sie ganz weich sind. Das Wasser abgießen. Die Kartoffeln abkühlen lassen.

2 Dann schälen und durch eine Kartoffelpresse drücken. 50 g Butter zerlassen. Das Kartoffelpüree in eine Schüssel geben. Mehl, Grieß, Eigelbe und zerlassene Butter untermischen. Zu einem weichen Teig verkneten, bis er nicht mehr klebt. Mehl auf die Arbeitsfläche streuen. Den Teig dick ausrollen und Kreise (10 cm ∅) ausstechen. In die Mitte je

eine Marille setzen. Knödel formen. Wasser mit wenig Salz aufkochen. Die Knödel bei schwacher Hitze 10–15 Minuten ziehen lassen.

3 Für die Sauce die restlichen Marillen mit 5 EL Wasser, Zucker, Zitronensaft und der Zimtstange aufkochen. Bei schwacher Hitze 10 Minuten weich kochen. Mit dem Mixstab pürieren und durch ein Sieb streichen.

4 Die restliche Butter erhitzen, die Semmelbrösel, Vanillezucker und Zimt darin kurz braten. Die Knödel herausnehmen, auf Tellern verteilen, mit Semmelbröselmasse und Puderzucker bestreuen. Die Sauce dazugießen.

Etwa 20 Knödel

etwa 800 g Marillen
750 g Speisekartoffeln
2 l Wasser, 150 g Butter
220 g Weizenmehl, 50 g Grieß
2 Eigelb, Wasser
120 g Semmelbrösel
1 TL Vanillezucker, 1/4 TL Zimt

Für die Sauce:
5 EL Wasser, 40 g Zucker
Saft von 1/2 Zitrone
1 kleine Zimtstange
Puderzucker

Wie die Aprikosen oder Marillen nach Europa gekommen sind, kann niemand genau sagen. Vermutlich stammen sie aus China und gelangten mit Karawanen in den Vorderen Orient. Von dort soll sie der Feinschmecker Lucullus nach Rom gebracht haben. Schließlich pflanzten wohl römische Legionäre Aprikosenbäume an den Hängen der heutigen Wachau. Doch erst am Ende des 19. Jh. wurden sie in größerem Stil angebaut, als die Reblaus die Weinkulturen der Wachau zerstört hatte.

Omas Februarmenü

Im Februar gibt es reichlich Seefische. Frische Kräuter dazu hat man in Töpfen, die man im Herbst mit Pflanzen aus dem Garten gefüllt hat, oder man holt sie auf dem Wochenmarkt. Einheimische Früchte sind kaum erhältlich, daher greift man auf Zitrusfrüchte aus südlichen Gefilden zurück.

Schellfisch mit Mayonnaise

750 g Schellfisch
Salz, 1 kleine Zwiebel
1 großes Bund Petersilie
2 unbehandelte Zitronen
4 EL Mehl, 1 Ei, 4 EL Semmelbrösel
etwa 100 g Butterschmalz

Für die Mayonnaise:
2 Eigelb, etwa 250 ml Olivenöl
einige Tropfen Zitronensaft
oder Essig

• Den küchenfertigen Fisch waschen, trockentupfen, in 3–4 cm breite Scheiben schneiden, salzen und in eine Schüssel legen. Die Zwiebel abziehen und vierteln.
• Ein Drittel der Petersilie waschen, trockentupfen und fein hacken. Den Saft einer Zitrone auspressen. Zwiebel, Petersilie und Saft über den Fisch geben und etwa 30 Minuten marinieren.
• In der Zwischenzeit für die Mayonnaise die Eigelbe und 1 Prise Salz mit dem Schneebesen oder im Mixer schaumig rühren.
• Wenig Zitronensaft oder Essig zufügen. Dann das Öl in einem feinen Strahl unter ständigem Rühren zugießen, bis die Mayonnaise die richtige Konsistenz hat.
• Die zweite Zitrone waschen, trockentupfen und in Schnitze schneiden. Die restliche Petersilie waschen, trockentupfen und fein hacken. Die Fischscheiben aus der Marinade nehmen.
• Mehl auf einen Teller geben, Ei auf einem zweiten Teller verquirlen und Semmelbrösel auf einem dritten Teller verteilen. Die Fischscheiben nacheinander im Mehl, im Ei und in den Semmelbröseln wenden. Das Butterschmalz erhitzen und den Fisch darin schwimmend hellbraun backen.
• Kurz auf Küchenpapier legen, dann auf einer Platte mit den Zitronenschnitzen und der Petersilie verzieren. Die Mayonnaise dazu servieren.

Klare Brühe mit Eierstich

2 Eier, 1 Eigelb
6 EL Milch
Salz, weißer Pfeffer aus der Mühle
geriebene Muskatnuss
etwa 1 TL Butter
$1/2$ Bund Schnittlauch
$1 1/2$ l Fleischbrühe

• Die Eier, das Eigelb und die Milch verquirlen. Mit je 1 Prise Salz, Pfeffer und Muskat würzen.
• Eine Auflaufform mit Butter einfetten und die Eiermasse einfüllen. Mit einem Deckel verschließen. Im heißen Wasserbad etwa 30 Minuten garen, bis die Eiermasse fest ist, dabei darauf achten, dass das Wasser nicht kocht.
• In der Zwischenzeit den Schnittlauch waschen, trockentupfen und in kleine Röllchen schneiden. Den Eierstich aus dem Wasserbad nehmen und 5 Minuten in der Form stehen lassen.
• Die Brühe aufkochen. Den Eierstich stürzen, in Würfel schneiden und in die Brühe geben. Den Schnittlauch darüber streuen.

Orangencreme mit Wein

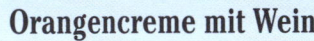

4 unbehandelte
Orangen
10–12 Stück Würfelzucker
4 Eier, 7 Blatt Gelatine, 80 g Zucker
1 Zitrone, $1/2$ l Weißwein
2 TL Stärkemehl

• 3 Orangen waschen und trockentupfen. Die Schale zweier Orangen abschälen und beiseite legen. Die Schale der dritten mit einer Reibe aufrauen. Die Würfelzuckerstücke kräftig daran reiben, bis sie schön gelb sind. Auf ein großes Brett legen und mit der Teigrolle gut zerdrücken.
• Die Eier trennen. Die Gelatine in kaltem Wasser einweichen. Die Eigelbe schaumig schlagen. Den Zucker und den Orangenzucker untermischen. Den Saft der 4 Orangen und der Zitrone auspressen.
• Den Wein, Orangen- und Zitronensaft zur Eimasse gießen. Das Stärkemehl mit etwas Wasser verquirlen und untermischen.
• In einem Topf bei mittlerer Hitze unter ständigem Rühren erhitzen. Die Gelatine zugeben und darin auflösen. Unter Rühren zum Kochen bringen. Die Eiweiße steif schlagen und unterziehen. In Weingläser füllen und erkalten lassen. Mit den Orangenschalen verzieren.

Dampfnudeln

Die Nudeln stehen nicht unter Dampf, sondern der
Name kommt daher, dass die Teigstücke in aufsteigendem Dampf garen.

1 Zitrone waschen, trocknen und die Schale abreiben. Mehl mit Hefe und 1 TL Zucker vermischen. In 300 ml lauwarmer Milch 1 EL Butter zerlaufen lassen. Ei, 1 TL Zitronenschale und Salz zufügen und alles zum Mehl geben. Gut verkneten. Teig zugedeckt 1 Stunde gehen lassen. Mit bemehlten Händen 8 Kugeln formen und auf die Arbeitsfläche legen. 30 Minuten gehen lassen.

2 Zum Kochen die restliche Butter und 1 EL Zucker in einen flachen Topf oder eine Pfanne geben und zerlassen. Die restliche Milch zugießen. Die Dampfnudeln nebeneinander in die Milch legen. Den Topf ver-

8 Nudeln
1 unbehandelte Zitrone
500 g Mehl
1 Päckchen Trockenhefe
etwa 1½ EL Zucker
550 ml Milch, etwa 70 g Butter
1 Ei, 1 Prise Salz
Mehl zum Formen

Für die Vanillesauce:
½ Vanilleschote
300 ml Milch, 1 EL Zucker
½ EL Stärkemehl
1 Eigelb

schließen. Die Milch zum Sieden bringen. Die Temperatur zurückschalten. Die Nudeln bei schwacher Hitze 30 Minuten garen.

3 Für die Sauce das Mark aus der Vanilleschote kratzen. Die Milch, bis auf 3 EL, mit 1 EL Zucker und dem Mark aufkochen. Stärkemehl mit der restlichen Milch glatt rühren. In die kochende Milch gießen. Unter Rühren aufkochen. Die restliche Zitronenschale und das Eigelb unterrühren. Abkühlen lassen.

4 Die Nudeln vom Topfboden lösen und mit der sich im Topf gebildeten Karamellschicht nach oben auf Tellern mit der Sauce anrichten.

Hefeklöße

Diese Klöße sind aus dem „Schlesischen Himmelreich" entstanden –
wohl für jene, denen die Mischung aus Speck und Backobst nicht behagte.

1 Das Mehl in eine Schüssel geben, in der Mitte eine Vertiefung formen. In 2 EL lauwarmer Milch 1 TL Zucker und die Hefe auflösen. In die Vertiefung gießen. Etwas Mehl darüber streuen.

2 Diesen Vorteig zugedeckt etwa 15 Minuten gehen lassen, bis die Oberfläche rissig wird. Eier, Salz, Muskatnuss dazugeben und verkneten, bis der Teig sich von der Schüssel löst.

3 Nochmals zugedeckt 15 Minuten gehen lassen. In einem großen

Etwa 6 Klöße
375 g Mehl, 250 ml Milch
1 TL Zucker
30 g frische Hefe, 2 Eier
je 1 Prise Salz, Muskatnuss

Für das Backobst:
350 g Backobst, 1 TL Zucker
3 EL Wasser, 1 Zimtstange
50 g Butter
2 EL Semmelbrösel

Topf reichlich Salzwasser aufkochen. Den Teig zu Klößen formen. Wenn das Wasser kocht, die Klöße hineingleiten lassen. Nach 5 Minuten die Klöße drehen.

4 Backobst, 1 TL Zucker, 3 EL Wasser und die Zimtstange erhitzen. Dann die Zimtstange wieder herausnehmen. Die Butter zerlassen, die Semmelbrösel darin leicht bräunen und beides über die Klöße geben. Das Backobst dazuservieren.

Rohrnudeln

Rohrnudeln werden oft fälschlicherweise Dampfnudeln genannt.
Sie werden jedoch „im Rohr" oder Backofen gebacken, nicht gedämpft.

1 Das Mehl in eine Schüssel geben und in der Mitte eine Vertiefung formen. Lauwarme Milch, Zucker und Hefe verrühren. In die Vertiefung gießen und mit etwas Mehl bedecken. Wenn das Mehl rissig wird, das Ei, 80 g Butter und Salz zufügen und zu einem matt glänzenden Teig kneten, etwas gehen lassen. Dann Klöße formen und nochmals gehen lassen. Inzwischen eine Auflaufform mit der restlichen Butter einfetten. Die Klöße hineingeben.

2 Für die Sauce 1 EL Butter, die Milch und den Honig mischen und erhitzen. 1 EL beiseite stellen, den Rest über die Klöße gießen. Im Backofen etwa 40 Minuten backen, bis die Klöße goldbraun sind. Mit der restlichen Sauce bepinseln, 1 Minute im Backofen lassen.

3 Für die Pflaumen den Zucker, das Wasser und die Zimtstange aufkochen. Die Pflaumen waschen, von den Steinen befreien und im Zuckerwasser einmal aufkochen, dann herausnehmen. Den Saft etwas einkochen. Über die Pflaumen gießen. Sofort mit den Nudeln servieren.

Etwa 16 Nudeln

500 g Mehl
1/4 l Milch, 2 EL Zucker
30 g frische Hefe, 1 Ei
100 g weiche Butter, Salz

Für die Sauce:
1 EL Butter, 1/4 l Milch
1 EL Honig

Für die Pflaumen:
100 g Zucker, 4 EL Wasser
1 kleine Zimtstange
500 g Pflaumen

🔥 **Ober-/Unterhitze: 200 °C**
🔥 **Gas: Stufe 3–4**

Omas Empfehlung

Die Rohrnudeln glänzen schön, wenn Sie sie kurz vor dem Servieren mit einer Mischung aus Milch, Honig und Butter bepinseln.

Wilhelm Busch ließ es sich nicht nehmen, in seinem Gedicht „Pfannkuchen und Salat" über diese Eierspeise zu philosophieren. Nachfolgend ein Auszug:
„Von Fruchtomletts, da mag berichten,
Ein Dichter aus den hohen Schichten.
Wir aber ohne Neid nach oben,
Mit bürgerlicher Zunge loben
Uns Pfannekuchen und Salat.
Wie unsre Liese delikat
So etwas backt und zubereitet,
Sei hier in Worten angedeutet.
Drei Eier, frisch und ohne Fehl,
Und Milch und einen Löffel Mehl,
Die quirlt sie fleißig durcheinand
Zu einem innigen Verband …"

Pfannkuchen

In Berlin, woher das Rezept stammt, sind Pfannkuchen sehr beliebt. Allerdings sagen die Berliner lieber Eierkuchen – wie auch immer, dazu schmeckt jedenfalls Marmelade, Apfelmus oder Ahornsirup.

1 Eine Platte im Backofen anwärmen. Die Eier trennen. Die Eigelbe, die Milch und das Salz gut mischen. Dann das Mehl zufügen und zu einem glatten Teig verrühren. Die Eiweiße steif schlagen und vorsichtig unter den Teig ziehen.

2 Etwas Fett in einer Pfannkuchenpfanne oder in einer mittelgroßen Pfanne erhitzen und etwa 4 EL vom Teig hineingießen. Durch Kippen der Pfanne den Teig gleichmäßig verteilen. Bei mittlerer bis starker Hitze braten, bis der Rand beginnt, Farbe anzunehmen. Mit einer Palette oder mithilfe eines

12 Pfannkuchen

3 Eier
$^1/_2$ l Milch
1 Prise Salz
300 g Mehl
100 g Fett (Margarine oder Schweineschmalz)
2 EL Zucker

Deckels wenden und die zweite Seite ebenso braten.

3 Dann auf die angewärmte Platte legen, mit Zucker bestreuen und im Backofen warm stellen. Die restlichen Pfannkuchen auf die gleiche Weise zubereiten.

Variante: 3 kleine Äpfel waschen, schälen, das Kerngehäuse ausstechen und die Äpfel in dünne Scheiben schneiden. Den Teig in die Pfanne gießen und 3–4 Apfelscheiben darauf legen. Mit wenig Teig übergießen und backen wie im Hauptrezept beschrieben.

Schinkeneierkuchen

Dieses Gericht ist schnell zubereitet und sättigend, aber es hat auch einen Nachteil: Da der Eierkuchen nicht warm gehalten werden kann, braucht man für mehrere Portionen auch mehrere Pfannen.

1 Den Backofen vorheizen. In der Zwischenzeit den Schinken in etwa 0,5 cm große Würfel schneiden. Die Eier mit den Schneebesen des Handrührgeräts oder der Küchenmaschine verquirlen. Dic Milch und das Salz unterrühren. Die Schinkenwürfel hinzufügen.

2 In einer Pfannkuchenpfanne die Butter erhitzen, Eier-Schinken-Masse zugießen und etwa 2 Minuten backen. Die Pfanne in den Backofen stellen und noch 3–4 Minuten fertig backen. Einen Teller anwärmen.

1 Portion

150 g gekochter Schinken am Stück
2–3 Eier, 1 EL Milch
1 Prise Salz
20 g Butter

3 Pfannkuchen herausnehmen, auf den Teller legen und den Kuchen zusammenschlagen. Sofort servieren.

Variante: Statt des Schinkens kann man Speckwürfel, gehackte frische Kräuter, gewürfelten Käse, Streifen von Paprikaschoten oder Pilze unter den Teig mischen.

🔥 **Ober-/Unterhitze: 180 °C**
🔥 **Gas: Stufe 2–3**

Rührei mit Schnittlauch

Ein Rührei scheint eine einfach Sache zu sein, aber auch bei diesem Gericht kommt es auf den richtigen Zeitpunkt an – man muss das Rührei servieren, wenn es flockig und noch glänzend ist.

1 Den Schnittlauch waschen, trockentupfen und in Röllchen schneiden. Die Eier mit Salz, Pfeffer und 1 Prise geriebener Muskatnuss mit dem Schneebesen oder im Mixbecher schaumig verquirlen.

2 Die Butter bei mittlerer Hitze in einer Pfanne erhitzen, die Eimasse zugießen und gleichmäßig verteilen.

3 Das Rührei braten, bis es am Rand fest, aber in der Mitte noch weich ist. Mit einer Backschaufel mehrfach zusammenschieben, bis die Eimasse flockig, aber nicht fest ist. Sofort servieren.

1 Portion
1/4 Bund Schnittlauch
3 Eier
1 Prise Salz
Pfeffer nach Belieben
Muskatnuss
1 EL Butter

Variante 1: 2 Tomaten abziehen und vierteln. 1/2 Zwiebel fein hacken. 1 EL Butter erhitzen. Tomaten und Zwiebeln darin dünsten. Die Eimasse zubereiten, kurz anbraten, die Tomatenmasse zugeben und fertig braten.

Variante 2: Größere Mengen Eimasse in einen breiten Topf gießen. In ein flaches Gefäß mit heißem Wasser stellen und die Masse von Zeit zu Zeit umrühren. Wenn die Masse erwärmt ist, den Topf auf die Kochstelle setzen und die Masse flockig rühren.

Omelett Surprise

Dieses Omelett bietet dem Genießer durch die Füllung eine kleine Überraschung – wie der Name schon andeutet. Daher galt es auch schon früher als die „feine Art" einer Eierspeise.

1 Die Eier trennen. Die Zitrone waschen, trockentupfen und eine Messerspitze der Schale abreiben. Die Eigelbe, das Stärkemehl, die lauwarme Milch, das Wasser, die Zitronenschale und das Salz gut zu einem glatten Teig verrühren.

2 Die Eiweiße steif schlagen. Die Butter in einer großen Pfanne erhitzen. Die Eiweiße unter die Eigelbmasse ziehen und in die Pfanne gießen.

3 Einen erwärmten Deckel darauf legen und bei schwacher Hitze auf einer Seite etwa 10 Minuten backen, bis die Oberseite trocken und die Unterseite gelb ist.

4 Die ungebackene Seite mit Mus oder Gelee bestreichen, zusammenschlagen, auf eine Platte legen und mit Zucker bestreuen.

2 Portionen
4 große Eier
1 unbehandelte Zitrone
1 EL Stärkemehl
125 ml lauwarme Milch
1 EL Wasser
1 Prise Salz
1 EL Butter
Obstmus oder Gelee
nach Belieben
etwa 1 EL Zucker

Variante: Für ein Omelett mit Rum den Teig zubereiten wie im Hauptrezept beschrieben. 2 TL Zucker zufügen. Backen wie im Hauptrezept beschrieben. Das Omelett zusammenrollen. Mit Rum begießen. Am Tisch flambieren und heiß essen.

Omas Empfehlung

Damit das Omelett gut gelingt, benutzt man am besten eine eiserne Pfanne. Der Teig sollte sofort gebacken werden, wenn der Eischnee untergezogen ist.

Soleier

Soleier sind sehr schmackhaft, sollten aber
nicht in größeren Mengen auf einmal gegessen werden, weil sie
schwer verdaulich sind. Zwiebel und Kümmel geben den
Eiern eine schöne gelbliche Färbung.

1 Die Zwiebel abziehen. Zwiebelschale, Kümmel, 20 g Salz und 1 l Wasser in einen Topf geben. Die Eier einlegen, sie sollen vom Salzwasser getragen werden. Bei Bedarf mehr Salz zufügen. Die Eier 8–10 Minuten kochen.

2 Dann herausnehmen und die Schalen an einer Stelle etwas eindrücken. Das restliche Salz und das restliche Wasser aufkochen

8–10 Eier

1 große Zwiebel
¹/₂ TL Kümmel
80 g Salz
2 l Wasser
8–10 Eier
Pfeffer, Senf
Essig, Öl

und wieder erkalten lassen. Die Eier in ein Einweckglas legen und das Salzwasser darüber gießen.

3 Die Eier zugedeckt mindestens 24 Stunden stehen lassen. Kühl gelagert in der Salzlösung sind sie 1 Woche lang essbar. Zum Essen die Soleier pellen, längs halbieren und die Eigelbe auslösen. Pfeffer, Senf, Essig und Öl in die Eiweiße geben. Die Eigelbe darauf legen.

Die Soleier stammen aus Halle. Dort haben die Mitglieder der Salzsieder-Zunft, die Halloren, ursprünglich die Eier in siedende Salzsole gehängt, um mittags eine nahrhafte Grundlage für das Pausenbier zu haben.

Topfenpalatschinken

Der Palatschinken ist eine Art Eier- oder Pfannkuchen und wird
hier aus Topfen – wie man den Quark in Österreich nennt – zubereitet.

1 Für die Pfannkuchen das Mehl mit 150 ml Milch mischen. 2 Eier, 1 Eigelb und 1 Prise Salz zufügen und zu einem glatten Teig verrühren. So viel Milch unterrühren, bis ein dünnflüssiger Teig entstanden ist.

2 Knapp 1 EL Butter in einer ofenfesten mittelgroßen Pfanne erhitzen. So viel Teig hineingießen, bis der Boden dünn bedeckt ist. Auf beiden Seiten goldbraun backen und warm stellen. Die weiteren Pfannkuchen ebenso zubereiten.

3 Für die Füllung die restlichen Eier trennen. Zitrone waschen, trocknen, die Schale abreiben und den Saft auspressen. 80 g Butter, Puderzucker, 50 g Zucker, 1 Msp. Vanille, die 3 Eigelbe, Quark,

1 Prise Salz, je 1 TL Zitronenschale und -saft schaumig rühren. Eiweiße steif schlagen und mit den Rosinen unter die Sauce ziehen.

4 Auf den Palatschinken streichen, zusammenrollen, in Hälften schneiden und dachziegelartig in die Pfanne legen. Die restliche Butter erwärmen und darüber gießen. Im Backofen 15 Minuten backen. Restliche Milch, Eigelbe, Vanille und restlichen Zucker sowie die saure Sahne verrühren. Diese Mischung über den Palatschinken gießen. Nochmals 15 Minuten backen.

6–8 Portionen

140 g Mehl
etwa $\frac{1}{2}$ l Milch
5 Eier
5 Eigelb
Salz
130 g Butter
1 unbehandelte Zitrone
50 g Puderzucker
100 g Zucker
2 Msp. Bourbonvanille
250 g Magerquark
80 g Rosinen
150 g saure Sahne

🔥 Ober-/Unterhitze: 180 °C
🔥 Gas: Stufe 2–3

Erstmals erwähnt wird der Schmarren 1563 in der Hochzeitspredigt des Johannes Mathesius. Darin ist von einem „feisten" Schmarren die Rede, was darauf hinweist, dass man das Wort Schmarren mit dem alten Begriff Schmer für „Schmalz, rohes Schweinefett" in Zusammenhang bringen kann. Der Schmarren stammt ursprünglich aus der ländlich-bäuerlichen Küche. Wann er dann die „kaiserliche Krone" erhalten hat, ist heute schwer zu sagen. Doch mittlerweile steht er von allen Formen des Schmarren in der Beliebtheit an der Spitze.

Kaiserschmarren

Den Kaiserschmarren muss man ganz frisch vom Herd
genießen, deshalb darf er auch in der Pfanne auf den Tisch kommen.

1 Die Eier trennen. Die Eiweiße mit dem Salz steif schlagen. 40 g Zucker und den Vanillezucker einrieseln lassen. Zitrone waschen, trocknen, 1 TL Schale abreiben. Mehl, Schlagsahne, die Zitronenschale, Eigelbe und Rosinen untermischen. 50 g Butter in einer großen ofenfesten Pfanne schmelzen.

2 Die Masse einfüllen. Den Schmarren auf der Kochstelle bei mittlerer Hitze 4–5 Minuten anbacken. Dann im Backofen 8–10 Minu-

ten backen. Den Schmarren auf eine Platte gleiten lassen und mit zwei Gabeln in mundgerechte Stücke reißen.

3 Die restliche Butter und den restlichen Zucker in der Pfanne karamellisieren lassen. Die Schmarrenstücke darin schwenken. Mit Puderzucker bestäuben und dann sofort servieren.

4–5 Portionen

6 Eier
1 Prise Salz, 80 g Zucker
1 Päckchen Vanillezucker
60 g Mehl
2 EL Schlagsahne
1 unbehandelte Zitrone
50 g Rosinen
80 g Butter
10 g Puderzucker

🔥 Ober-/Unterhitze: 200 °C
🔥 Gas: Stufe 3–4

Omas Empfehlung

Gleichgültig, ob es um Palatschinken, Pfann- oder Eierkuchen geht, der erste gelingt meist nicht. Sie können das vermeiden, wenn Sie die Pfanne nicht zu ausgiebig mit Wasser und Spülmitteln reinigen. Es genügt, die Pfanne gründlich mit einem Tuch oder Küchenpapier auszureiben.

Salzburger Nockerln

Diese Mehlspeise wurde bereits 1718 in einem Salzburger Kochbuch für „hochfürstliche und andere Höfe" erwähnt – der eigentliche Erfinder lässt sich heute aber nicht mehr bestimmen.

1 Die Eier trennen. Die Zitrone waschen, trockentupfen und die Schale abreiben. Die 6 Eiweiße steif schlagen, nach und nach den Zucker einrieseln lassen. Dann die Eigelbe, den Vanillezucker, die Zitronenschale und das Mehl behutsam untermischen.

2 In einer Pfanne die Butter schmelzen, aus dem Teig 5 Nockerln formen und in die Pfanne geben. Bei schwacher Hitze backen.

Für 5 Nockerln

4 Eier
1 unbehandelte Zitrone
2 Eiweiß
100 g Zucker
2 Päckchen Vanillezucker
30 g Mehl
40 g Butter
Puderzucker
zum Bestreuen

3 Mit einer Palette wenden. Die Pfanne in den Backofen stellen und die andere Seite backen. Im Innern sollen die Nockerln leicht cremig sein.

4 Auf einer Platte anrichten und dann den Puderzucker darüber streuen. Sofort servieren. Dazu passt eine Vanille- oder Schokoladensauce.

🔥 **Ober-/Unterhitze: 180 °C**
🔥 **Gas: Stufe 2–3**

Omas Empfehlung

Die Zubereitung in der Pfanne ist nicht ganz einfach, etwas leichter geht es so: den Teig wie oben beschrieben vorbereiten, eine Backform mit Butter einfetten, die Nockerl aus dem Teig formen und in die Form legen; dann die Nockerln 6–8 Minuten im vorgeheizten Backofen (210 °C) goldbraun backen; mit Puderzucker bestreuen und servieren (siehe Foto rechts).

Ofenschlupfer

Einfach und wohlschmeckend ist diese typisch schwäbische
Form eines Auflaufs, den man auch noch am nächsten Tag essen kann.

1 Brötchen in Scheiben schneiden und in eine Schüssel geben. Milch, Sahne, Eier und 2 EL Zucker verrühren und über die Brötchen gießen.

2 Die Äpfel waschen und schälen. Dann halbieren, vom Kerngehäuse befreien und in Schnitze schneiden. Eine Auflaufform einfetten.

3 Eine Schicht Brötchen hineinlegen, dann eine Schicht Apfelschnitze darauf legen und mit Mandeln bestreuen. So weiter verfahren, bis alle Zutaten verbraucht sind. Obenauf soll eine Schicht Brötchen sein. Butterflöckchen darauf verteilen. Im Backofen 45–50 Minuten backen.

4 Portionen

5 Brötchen vom Vortag
750 ml Milch
125 g Schlagsahne, 5 Eier
4 EL Zucker
3 Äpfel
50 g gemahlene Mandeln
etwa 60 g Butter
Fett für die Form

Abschließend mit dem restlichen Zucker bestreuen und servieren.

Variante: Für einen überbackenen Ofenschlupfer jeweils 6 Brötchen und Äpfel zubereiten wie oben beschrieben. Zuerst die Brötchen, dann die Äpfel in eine Springform füllen. Etwa 200 ml Milch, 5 Eier, 200 g Zucker und 500 g Schlagsahne verrühren und über die Äpfel gießen. Bei 160 °C (Gas Stufe 2) 1½ Stunden backen.

🔥 **Ober-/Unterhitze: 180 °C**
🔥 **Gas: Stufe 2–3**

Fischgerichte

Havelzander

Wie schon der Name nahe legt, gehört der Zander im Brandenburgischen zu den beliebtesten Süßwasserfischen für die Küche.

1 Den Zander unter kaltem Wasser abspülen, dann trockentupfen. Die Zitrone auspressen, 1 TL beiseite stellen. Den Zander innen und außen mit Salz, Pfeffer und Zitronensaft einreiben. Petersilie waschen und in den Bauch legen. Den Backofen vorheizen. Vom Lauch die weißen Teile waschen, in Stücke schneiden und Ringe formen.

2 Die Butter erhitzen. Den Lauch darin etwa 1 Minute anbraten. Mit Salz und Pfeffer würzen. Den Lauch in eine feuerfeste Form geben und den Fisch darauf legen. 3 EL Wein zugießen und die Form mit Aluminiumfolie fest verschließen.

Im Backofen auf der untersten Schiene 35–40 Minuten backen.

3 Für die Buttersauce die Schalotte abziehen und fein hacken. Mit dem Thymian, 6 EL Wein, Essig und 2 EL Wasser in einem Topf bis auf 1 EL einkochen lassen. Den Topf in ein Wasserbad stellen. Die Butter einrühren, bis eine cremige Sauce entsteht. Mit Salz, Pfeffer, Cayennepfeffer und 1 TL Zitronensaft würzen. Fisch zerteilen, mit Lauch und Sauce servieren.

5–6 Portionen

1 Zander (etwa 1,5 kg, küchenfertig)
Salz, weißer Pfeffer
1 Zitrone
1 Bund Petersilie, 500 g Lauch
40 g Butter
10 EL trockener Weißwein
1 Schalotte
1 Prise Thymian
1 EL Weinessig
150 g eiskalte Butter
Cayennepfeffer

🔥 **Ober-/Unterhitze: 200 °C**
🔥 **Gas: Stufe 3–4**

GUT ZU WISSEN

Zander (Schill) ist ein edler, magerer Flussfisch mit relativ wenig Gräten. Er wird im Ganzen oder filetiert zubereitet, sein Fleisch ist weiß und zart. Als Beilage eignen sich Salzkartoffeln.

Zanderschnitten

Der vollständige Name des Rezepts lautet „Zanderschnitten Müllerin Art". Das weist schon auf die Zubereitungsweise hin – die Schnitten werden in Mehl gewälzt und dann gebraten.

1 Den Zander am Rückgrat entlang der Länge nach in zwei Teile zerlegen, das Fleisch auslösen und dann in schräge Schnitten teilen.

2 Die Zwiebel abziehen und fein reiben. Die Petersilie waschen und trockentupfen. 8 Stängel beiseite legen. Dann die Blättchen der restlichen Stängel abzupfen und fein hacken.

3 Die Zitronen waschen und abtrocknen. Von einer Zitrone die Schale abreiben und den Saft auspressen.

6–8 Portionen

1 Zander, etwa 2 kg
1 Zwiebel
1 Bund Petersilie
2 unbehandelte Zitronen
Salz
Pfeffer
40 g Mehl
2 EL Öl
50 g Butter

Die zweite Zitrone in Viertel schneiden. Zwiebel, Petersilie, Salz, Pfeffer, $1/2$ TL abgeriebene Zitronenschale und 2 EL Zitronensaft vermischen.

4 Die Zanderschnitten in der Mischung, dann im Mehl wenden. Das Öl und die Butter erhitzen.

5 Die Schnitten darin bei mittlerer Hitze etwa 5–8 Minuten braten. Herausnehmen, auf einer Platte verteilen und mit den restlichen Petersilienstängeln und den Zitronenvierteln verzieren.

Hecht auf badische Art

Der gefräßige, bis zu 1,5 m lange Raubfisch fand sich
noch am Anfang des 20. Jahrhunderts in vielen Seen und Flüssen
Europas – heutzutage ist er rar geworden.

1 Den Hecht schuppen, ausnehmen und die Mittelgräte lösen, dann waschen. Die Zitrone auspressen und den Hecht mit 3 EL Saft beträufeln. 30 Minuten einwirken lassen, dann innen und außen mit Salz und Pfeffer einreiben.

2 Den Backofen vorheizen. Die Zwiebel abziehen. Die Petersilie waschen und trockentupfen. Zwiebel, Petersilie, Kapern und Sardellenfilet fein hacken. Mit der sauren Sahne vermischen. Den Wein in eine Auflaufform

4–6 Portionen

1 Hecht, etwa 1,5 kg
1 Zitrone
Salz, Pfeffer
1 Zwiebel
1 Bund Petersilie
1 EL Kapern
1 Sardellenfilet
200 g saure Sahne
150 ml Weißwein
125 g Emmentaler

gießen. Den Hecht mit dem Bauch nach unten hineinlegen.

3 Die Sahnemischung darauf verteilen. Den Emmentaler reiben und über den Hecht streuen.

4 Auf der unteren Schiene im Backofen 20–25 Minuten backen, bis eine hellbraune Kruste entstanden ist. Dazu passen Pellkartoffeln oder Nudeln.

🔥 Ober-/Unterhitze: 200 °C
🔥 Gas: Stufe 3–4

Bodenseefelchen

Der Bodensee hat nicht nur viel Wasser zu bieten, sondern
auch den Fisch für diesen kulinarischen Hochgenuss. Die Felchen in
diesem Rezept werden auf Konstanzer Art zubereitet.

Noch heute werden die Bodenseefelchen von kleinen Booten aus gefangen und dann gleich an die Restaurants geliefert. Denn Frische ist sehr wichtig; ein Kochbuchautor schrieb dazu vor 70 Jahren: „Sofort sind die Felchen in Butter zu braten und mit der schäumenden Butter auf den Tisch zu stellen. Wer es anders macht, weiß es eben nicht besser."

1 Für die Kräuterbutter 210 g Butter eine Zeit lang warm stellen, bis sie geschmeidig, aber nicht geschmolzen ist.

2 Petersilie und Kräuter waschen, trockentupfen, Kräuterblätter abzupfen und alles fein hacken. Zur Butter geben, 1 Prise Salz und weißen Pfeffer zugeben und dann zu einer Rolle verkneten. In Aluminiumfolie im Kühlschrank kalt stellen.

3 Die Bodenseefelchen waschen, trockentupfen und leicht salzen. Im Mehl wenden. Die restliche

4 Portionen

250 g Butter
1 Bund Petersilie
1 EL frische Kräuter
(Majoran, Estragon, Dill, Kerbel)
1 Prise Salz
weißer Pfeffer
4 küchenfertige Bodenseefelchen,
je etwa 300 g
40 g Mehl
1 Zwiebel
1 Zitrone

Butter bei mittlerer Hitze erwärmen, die Fische hineingeben und von beiden Seiten braten, bis sie gar sind. Herausnehmen und warm stellen.

4 Die Zwiebel abziehen, fein hacken und in der Butter braten, bis sie goldbraun ist.

5 Zwiebelstückchen auf den Fischen verteilen. Den Saft der Zitrone auspressen und die Fische damit beträufeln. Kräuterbutter aus der Folie nehmen, in dünne Scheiben schneiden und auf die Fische legen.

Omas Empfehlung

Wenn sich die Rückenflosse leicht herausziehen lässt, ist der Fisch gar. Man kann auch mit einem spitzen Messer zur Probe in den Fischrücken stechen.

Hamburger Aal

Das Angebot an Fischen ist in Hamburg traditionell sehr groß.
Entsprechend vielfältig ist auch die Auswahl an Hamburger Fischrezepten.

1 Den Aal enthäuten, ausnehmen und in etwa 7 cm lange Stücke schneiden. Die Zwiebeln abziehen und vierteln. Die Brühe und den Weißwein in einen Topf geben. Zwiebeln, Kräuter, Nelken, Pfeffer und Aalstücke zufügen. Aufkochen und bei kleiner Hitze gar kochen.

2 Inzwischen die Champignons putzen und waschen. 1 1/2 EL Butter erhitzen, Pilze zugeben und 10 Minuten bei schwacher Hitze schmoren.

3 Für die Schwemmklößchen das Wasser mit 60 g Butter aufkochen lassen, 80 g Mehl mit einem

4 Portionen

1 Aal (1 kg)
2 Zwiebeln
1 l Brühe
300 ml trockener Weißwein
1 Kräuterbund (Bouquet garni)
2 Gewürznelken, 8 Pfefferkörner
300 g frische Champignons
115 g Butter
300 ml Wasser
105 g Mehl
2 Eier
1 Bund Petersilie

Kochlöffel unterrühren und bei großer Hitze weiterkochen, bis sich die Masse vom Löffel löst. Die Eier zugeben und alles nochmals durchrühren. Mit zwei Löffeln Klößchen abstechen.

4 Die Aalstücke aus der Brühe nehmen und das Fett abschöpfen. Je 25 g Mehl und Butter verkneten und die Brühe zu einer Sauce binden. Die Petersilie fein hacken. Die Aalstücke auf einer Platte anrichten. Mit den Champignons und den Klößchen verzieren. Die Sauce darüber gießen. Mit der Petersilie bestreuen.

Omas Empfehlung

Rollen Sie die Zitrone vor dem Auspressen mit der Hand kräftig auf der Arbeitsfläche hin und her. Auf diese Weise gibt sie mehr Saft ab.

Schleie nach Greizer Art

Seinen besonderen Reiz erhält dieses Rezept
aus der thüringischen Stadt Greiz durch die pikante Füllung.

1 Die Schleien kurz abspülen. Die Zitrone waschen, trockentupfen, Schale abreiben und den Saft auspressen. Die Fische mit dem Saft innen und außen beträufeln. Den Backofen vorheizen.

2 Die Petersilie waschen, trockentupfen und fein hacken. Die Sardellen abspülen, trockentupfen und ebenfalls fein hacken. Die Schalotten schälen, in kleine Würfel schneiden. Die Hälfte der Butter erhitzen und die Schalotten darin etwa 3 Minuten braten, bis sie glasig sind. Sardellen, Petersilie, Mandeln, Zitronenschale, Pfeffer und

4 Portionen

2 frische Schleien (küchenfertig, jeweils 400–500 g)
1 unbehandelte Zitrone
1 Bund Petersilie
3 Sardellenfilets
2 Schalotten
(ersatzweise 1 kleine Zwiebel)
80 g Butter
4 EL gemahlene Mandeln
weißer Pfeffer aus der Mühle
Fischwürzpulver
125 ml Weißwein

Fischwürzpulver zugeben und gut mischen. Die Fische damit füllen, mit Rouladennadeln zustecken.

3 Eine flache, feuerfeste Form mit der restlichen Butter einfetten. Die Schleien hineinlegen. Den Wein zugießen, die Fische zugedeckt im Backofen knapp 45 Minuten weich backen. Die Nadeln entfernen und die Schleien filetieren. Von der Füllung jeweils etwas auf den Teller geben. Dazu passen Salzkartoffeln.

🔥 Ober-/Unterhitze: 200 °C
🔥 Gas: Stufe 3–4

Harzer Bachforelle

In den Flüssen des Harzes sah man einst die Forellen „springen". Und die Kinder sammelten um die Wette Flusskrebse.

1 Die Forellen an Kopf und Schwanz zum Ring zusammenbinden. Den Dill waschen und trockentupfen. 3–4 kleine Stängel beiseite legen. 1 l Wasser, Salz, die Hälfte des Dills und den Wein im Topf aufkochen.

2 Für die Krebse 1 l Wasser mit Salz, dem restlichen Dill und den Dillsamen aufkochen. Die Krebse 6–8 Minuten darin kochen. Herausnehmen und abkühlen lassen. Das Fleisch aus den Schwänzen lösen – dabei den Darm herausziehen – und grob zerpflücken. Das Scherenfleisch auslösen. Die Krebsschalen in einem Mörser fein zerstoßen.

3 Die Butter schmelzen lassen und die Schalen darin anbraten. Mehl zufügen, mit dem Krebskochwasser auffüllen. Aufkochen, dann bei schwacher Hitze 30 Minuten köcheln lassen.

4 Durch ein Sieb streichen. Die Sauce mit Zitronensaft, Sahne, Salz, Pfeffer und Zucker würzen. Das Krebsfleisch darin erwärmen. Die Forellen im Weinsud 8–10 Minuten ziehen lassen. Herausnehmen, auf eine vorgewärmte Platte legen und die Sauce darüber geben. Mit den beiseite gelegten Dillstängeln verzieren.

4 Portionen

4 Forellen, je etwa 250 g
2 Bund Dill, 1 l Wasser, Salz
1 Schuss Weißwein
1 l Wasser, Salz, Dillsamen
12 lebende Flusskrebse
3 EL Butter, 2 EL Mehl
Saft von $1/2$ Zitrone
60 g Schlagsahne
Salz, weißer Pfeffer
1 Prise Zucker

GUT ZU WISSEN

Das Kochen lebender Krebse ist nicht jedermanns Sache, obwohl die Tiere nicht zu leiden haben, da sie sofort tot sind. Alternativ kann man küchenfertiges Krebsfleisch im Fischladen kaufen. Das darf dann auch nicht mehr gekocht werden, sondern muss nur noch etwa 6 Minuten im heißen Wasser ziehen.

In Schlesien wurde dieses Gericht besonders zu Weihnachten, Silvester oder Neujahr gegessen. Das mag mit daran gelegen haben, dass die Schuppen der Karpfen als Glücksbringer galten. Bei der Zubereitung wurden die Schuppen daher auf Zeitungspapier zum Trocknen ausgelegt und dann gerecht auf die Familienmitglieder verteilt. In Papier gewickelt wanderten sie meist in die Geldbörse, damit sie das ganze Jahr über den nötigen Geldsegen bringen sollten.

Karpfen in Braunbiersauce

Die Kombination von Lebkuchen, Bier und Fisch mag für manchen Gaumen heute etwas ungewöhnlich sein – aber auch hier gilt „Probieren geht über Studieren".

1 Den Karpfen schuppen, abspülen, in vier gleich große Stücke schneiden. Mit Salz und Pfeffer würzen. Den Saft der Zitrone auspressen und den Fisch damit beträufeln. Die Zwiebel abziehen, den Sellerie schälen und waschen. Beides in kleine Würfel schneiden.

2 Die Karpfenstücke in Mehl wenden. 70 g Butter erhitzen. Die Karpfenstücke darin von allen Seiten braun braten. Zwiebel und Sellerie zugeben. Kurz mitbraten. Den Lebkuchen reiben und über den Fisch geben. Das Bier

4 Portionen
1 Karpfen, etwa 2 kg
Salz, Pfeffer
1 Zitrone, 1 große Zwiebel
1 Stück Knollensellerie (100 g)
etwas Mehl, 100 g Butter
60 g Lebkuchen (unglasiert)
³/₄ l Braunbier (oder Malzbier)
2 Lorbeerblätter, 6 Pimentkörner
6 Wacholderbeeren
Salz, Zucker, Pfeffer
30 g Mehl

zugießen. Lorbeer, Piment und Wacholderbeeren in ein kleines Küchennetz (Mullsäckchen) füllen und in die Sauce hängen.

3 Mit Salz, 1 Prise Zucker und Pfeffer würzen. Zugedeckt etwa 20 Minuten köcheln lassen. Das Netz mit den Gewürzen entfernen. Die Karpfenstücke auf eine vorgewärmte Platte legen und warm stellen. Die restliche Butter und das Mehl verkneten, in die Sauce geben. Bei Bedarf nachwürzen. Dazu passen Kartoffelklöße und Gurkensalat.

Feines Gemüse in Essig eingelegt

Bei dieser Technik verbinden Sie das Nützliche mit dem Angenehmen – der Essig konserviert frisches Gemüse und gibt ihm zugleich einen pikanten Geschmack. Auch noch nicht ganz ausgereifte Maiskolben lassen sich so gut verwerten.

Junge Maiskolben

**32 Maiskolben
2 EL Salz
Wasser
einige Stängel Basilikum
3/4 l heller Kräuteressig**

- Die Maiskolben von den Deckblättern, den Fasern und den Stielen befreien.
- Das Salz in etwa  2 l Wasser auflösen und die Kolben hineinlegen. 24 Stunden stehen lassen. Unter fließendem Wasser abspülen.
- Reichlich Wasser zum Kochen bringen, die Kolben hineingeben und 5 Minuten kochen lassen. Dann in ein Sieb schütten und mit kaltem Wasser abschrecken.
- Die Kolben und das Basilikum in 4 Einmachgläser (jeweils 1 l) geben und mit dem Essig übergießen.

Scharfe Teufelsgurken

**4 große Gurken
Salz
1 Stück Meerrettich
10 Perlzwiebeln
8 Gewürzkörner
Cayennepfeffer
1 zerkleinertes
Lorbeerblatt
3/4 l Weißweinessig**

- Die Gurken waschen und schälen. Der Länge nach halbieren und die Kerne mit einem Löffel auskratzen.
- In fingerlange, 4 cm breite Stücke schneiden, in ein Porzellangefäß füllen und mit Salz bestreuen.
- 24 Stunden stehen lassen. Dann das Salzwasser abgießen und die Gurken trockentupfen.
- Den Meerrettich waschen, schälen und in Scheiben schneiden.

- Einmachgläser spülen, mit kochendem Wasser übergießen und trocknen lassen.
- Die Gurken in die Gläser schichten, dabei auf jede Schicht die Gewürze verteilen. Den Essig aufkochen, über die Gurken gießen und 24 Stunden stehen lassen.
- Den Essig in einen Topf abgießen, aufkochen, erkalten lassen, erneut über die Gurken gießen. Den Vorgang nochmals wiederholen, dann die Gläser verschließen.

Pikantes Mischgemüse

**1 kleiner Blumenkohl, 3 Möhren
1/2 Knolle Sellerie, 1 Rettich
8 kleine Maiskolben, 200 g Brechbohnen
1 Gurke, 15 Perlzwiebeln, 4 Schalotten, Salz
einige Estragonblätter, 4 Lorbeerblätter
2 EL Pfefferkörner, 1 l Weinessig**

- Das Gemüse putzen, waschen, zerkleinern und getrennt in Salzwasser weich kochen. Abkühlen und abtropfen lassen. Die Estragonblätter waschen.
- Das Gemüse in Einmachgläser schichten, dabei Estragon, Lorbeer und Pfeffer darauf verteilen. Den Essig aufkochen und erkalten lassen. Über das Gemüse gießen.
- 24 Stunden ziehen lassen. Den Essig in einen Topf abgießen und aufkochen. Dann erkalten lassen, erneut in die Gläser gießen und diese verschließen.

Eingelegte Tomaten

**2 kg kleine reife Tomaten
4 Schalotten
1 l Weinessig
250 ml Wasser
je 20 g Salz und Zucker
2 Gewürznelken
je 20 g Pfeffer- und Senfkörner
1 Päckchen Einmach-Hilfe**

- Die Tomaten waschen und abtrocknen. Jede Tomate ungefähr 15-mal mit einem kleinen Holzspieß einstechen.
- Einmachgläser spülen, mit kochendem Wasser übergießen und trocknen lassen. Die Tomaten hineingeben.
- Die Schalotten abziehen und in feine Scheiben schneiden. Zusammen mit Essig,

Wasser, Salz, Zucker, Gewürznelken, Pfeffer- und Senfkörnern zum Kochen bringen.
- Dann von der Kochstelle nehmen und die Einmach-Hilfe unterrühren. Die noch heiße Flüssigkeit über die Tomaten gießen. Die Gläser abkühlen lassen und fest verschließen. An einem kühlen Ort aufbewahren.

Omas Empfehlung

Sie entfernen die Gräte am besten, indem Sie den Fisch der Länge nach aufschneiden und dann die Hälften aufklappen.

Schellfisch mit Estragon

Der Schellfisch wird in der Nordsee gefangen und ist
seit je in der deutschen und auch englischen Küche sehr geschätzt.

1 Den Schellfisch von der großen Gräte befreien, die Haut abziehen, dann in 4 Portionen teilen. Mit Pfeffer und Salz würzen. Die Petersilie und das Estragon waschen, trockentupfen und fein hacken. Die Zitrone auspressen, 1 TL Saft beiseite stellen, mit dem Rest die Fischfilets beträufeln. 1 EL Petersilie darüber streuen.

2 Die Schalotten abziehen und fein hacken. Die Champignons putzen, waschen und in dünne Scheiben schneiden. 150 g Butter in einem flachen Topf erhitzen, je 1 EL Petersilie und Estragon, die Champig-

4 Portionen

1 Schellfisch, etwa 800 g
Pfeffer, Salz
1 Bund Petersilie und Estragon
1 große Zitrone, 2 Schalotten
200 g kleine Champignons
180 g Butter
150 ml Weißwein
1 Gläschen Kapern
2 EL Mehl
4 entgrätete Sardellen
250 ml Fleischbrühe

nons und die Hälfte der Schalotten bei schwacher Hitze darin 4 Minuten ziehen lassen. Die marinierten Fischstücke mit dem Saft und mit dem Weißwein zugeben. Den Topf fest verschließen und den Fisch darin garen. Dann mit dem restlichen Estragon und den Kapern servieren.

3 Für die Sauce inzwischen die restliche Butter erhitzen, das Mehl darin rösten. Sardellen hacken, dann mit Brühe, restlichen Schalotten und Petersilie zugeben. 15 Minuten garen. Den beiseite gestellten Zitronensaft zugießen.

Gebratene Scholle

Die Scholle ist im Mai und Juni sehr zart und empfehlenswert.
Dazu passen daher besonders gut neue Kartoffeln und Frühlingsgemüse.

1 Die Schollen schuppen, unter fließendem Wasser abspülen und dann die Haut abziehen. Den Speck in kleine Würfel schneiden.

2 Das Ei auf einen Teller schlagen und gut verrühren. Die Semmelbrösel und das Salz auf einem zweiten Teller mischen. Die Schollen erst im Ei, dann in den Semmelbröseln wenden.

3 Den Speck in einer Pfanne auslassen. Dann die Speckstücke herausnehmen und warm stellen. Die Schollen im Fett von beiden Seiten je 5 Minuten braten. Die Zitrone waschen, trockentupfen und vierteln. Die Schollen

4 Portionen

4 Nordseeschollen
80 g geräucherter Speck
1 Ei
100 g Semmelbrösel
30 g Salz
1 Zitrone

auf angewärmten Tellern servieren. Den Speck und die Zitronenviertel dazureichen.

Variante: Die wie oben vorbereitete Scholle mit Salz und Zitronensaft einreiben und in Milch 30 Minuten stehen lassen. Dann abtrocknen, in Mehl wenden und in 2 EL Butter goldgelb auf beiden Seiten braten. Dann die Scholle auf einer angewärmten Platte mit Scheiben einer unbehandelten Zitrone und Kapern anrichten. Abschließend mit Zitronensaft beträufeln und braune Butter darüber gießen.

Für eine „richtige" Hamburger Familie war es früher selbstverständlich, dass der Sonntagsspaziergang um 7 Uhr morgens zum Fischmarkt führte. Dort wurden dann die fangfrischen, noch lebenden Schollen für das Mittagessen eingekauft. Daher hatten die Fischerboote mit Meerwasser gefüllte Bassins an Bord, in denen die Schollen bis zum Verkauf gelagert wurden.

Steinbutt gebacken

Der Steinbutt zählt zu den feinsten Seefischen und ist
seit der Antike in den europäischen Küchen kein Unbekannter.
Im Roman „Der Butt" des Nobelpreisträgers Günter Grass kam
er sogar zu hohen literarischen Ehren.

1 Den Fisch beim Kauf küchenfertig machen lassen oder selbst vorbereiten. Dazu auf der dunklen Seite unter den Kiemen einen Einschnitt machen und den Fisch ausnehmen. Mit Salz abreiben, damit der Schleim gelöst wird. Die Flossen nur stutzen, weil das Fleisch um die Flossen eine Delikatesse ist.

2 Die Zitronen auspressen. In einer Schüssel Öl, 200 ml Weißwein und den Zitronensaft vermischen. Den Steinbutt hineinlegen. Mindestens 1 Stunde an einem kühlen Ort ziehen lassen.

3 Für die Kräutersauce die Trüffel schälen. Die Schalotten abziehen. Die Champignons putzen und waschen. Die Petersilie, den Schnittlauch und die Estragonblätter waschen und trockentupfen. Alle diese Zutaten fein hacken.

4 Die Sardellen klein schneiden. 250 g Butter erhitzen. Semmelbrösel, Trüffel, Schalotten, Champignons, Schnittlauch, Estragon, Sardellen und die Hälfte der Petersilie bei schwacher bis mittlerer Hitze darin weich braten. Mit 1 Prise geriebener Muskatnuss und Cayennepfeffer würzen. Den Fischfond zufügen und köcheln lassen, bis eine cremige Sauce entstanden ist.

5 Den Steinbutt aus der Marinade nehmen, in eine Bratenpfanne legen. Am Rückgrat entlang auf der dunklen Seite mit einem spitzen Messer einschneiden und mehrere Kerben in das weiße Fleisch schneiden oder mit der Gabel einstechen, damit die Haut nicht platzt.

6 Die Marinade beiseite stellen. Den Steinbutt mit der Kräutersauce bestreichen. Die Aluminiumfolie gut einfetten. Den Fisch mit der Folie bedecken. Im Backofen 1 Stunde schmoren,

4 Portionen

1 kleinerer Steinbutt,
etwa 1,6 kg
Salz, 2 kleine Zitronen
250 ml Öl
400 ml Weißwein
5 Trüffel
5 Schalotten
200 g Champignons
2 Bund Petersilie
1/2 Bund Schnittlauch
einige Estragonblätter
3 Sardellen
280 g Butter
3 EL Semmelbrösel
Muskatnuss
Cayennepfeffer
500 ml Fischfond
500 g neue Kartoffeln
Fett für die
Aluminiumfolie

dabei den Butt mehrmals mit der Sauce begießen (jeweils wieder mit der Folie bedecken). Abschließend den restlichen Wein zufügen und nochmals kurz erhitzen. Den Steinbutt auf eine vorgewärmte Platte legen und die Kräutersauce darüber gießen.

7 Die Kartoffeln gut abbürsten und in reichlich Wasser etwa 20 Minuten kochen. Abkühlen lassen und pellen. Die restliche Butter in einem Topf zerlassen. Die restliche Petersilie und die Kartoffeln darin bei schwacher Hitze schwenken. Dazu passt grüner Salat.

Variante: Für den gebackenen Steinbutt „auf einfache Art" den Fisch vorbereiten wie im Hauptrezept beschrieben. Den Boden einer großen Pfanne gut mit Butter einreiben. 1 Bund Petersilie waschen, trockentupfen und fein hacken. Die Hälfte der Petersilie, etwas Salz und Pfeffer über die eine Seite des Fisches streuen. Mit dieser Seite nach unten in die Pfanne legen. Die andere Seite mit der restlichen Petersilie und etwas Salz und Pfeffer bestreuen. Etwas Muskatnuss darüber reiben. Etwa 150 g Butter in Flöckchen darauf verteilen. 1 EL Mehl darüber streuen. 250 ml Weißwein zugießen und 30 Minuten bei schwacher Hitze kochen lassen, bis der Steinbutt gar ist. Herausnehmen, auf eine angewärmte Platte legen und warm stellen. Eine so genannte Beurre manié aus 30 g Butter und 30 g Mehl kneten und den Fischsud damit binden. Mit 2 TL Zitronensaft und Cayennepfeffer würzen.

🔥 **Ober-/Unterhitze: 180 °C**
🔥 **Gas: Stufe 2–3**

GUT ZU WISSEN

Wenn man einen ganzen Steinbutt kauft, sollte man pro Person 400 g Fisch rechnen, denn Kopf und Gräten sind bei dieser Art sehr schwer.

Omas Empfehlung

Für das Dämpfen von großen Fischen wie dem Steinbutt gibt es so genannte Fischkocher. Das sind speziell geformte Kochgefäße mit einem zugehörigen Gitter. Wer allerdings nur selten Steinbutt zubereitet, kann sich behelfen, indem er den Fisch auf ein großes Gitter in einer breiten Pfanne legt und auf diese Weise dämpft.

Lachsfilets

So nennt man dünne Scheiben vom Lachs, die ganz von Gräten befreit sind. Einen besonders guten Geschmack erhalten die Filets, wenn man sie auf dem Rost über einem Holzkohlefeuer zubereitet.

1 Die Lachsfilets waschen und trockentupfen. Mit Salz und Pfeffer einreiben.

2 Das Ei auf einem Teller aufschlagen. Auf einem zweiten Teller das Mehl verteilen. Die Lachsfilets zuerst im Ei, dann im Mehl wenden. Das überschüssige Mehl behutsam abschütteln.

3 Das Öl in einer großen Pfanne erhitzen und die Filets von beiden Seiten braun braten. Die Kräuter oder Petersilie waschen, trockentupfen und fein hacken. Über die Filets streuen. Dazu passt eine Krebssauce.

4 Portionen

4 Lachsfilets, je etwa 200 g
Salz, Pfeffer, 1 Ei
etwa 40 g Mehl
3 EL Öl
1 Bund Kräuter
oder 1 Bund Petersilie

Für die Sauce:
2 EL Weinessig, Pfeffer
3 Eigelb, 50 g Butter
25 Flusskrebse

4 Dafür zunächst eine holländische Sauce zubereiten: Den Weinessig mit etwas Pfeffer einkochen. 3 Eigelbe mit 30 g Butter verrühren. Den Essig und ein paar Tropfen Wasser zugeben. Weiterrühren bis die Masse glatt ist.

5 Schalen von 25 Flusskrebsen fein hacken, mit der restlichen Butter aufkochen und etwa 10 Minuten köcheln lassen. Die Krebsbutter durch ein Haarsieb streichen. Im Wasserbad unter ständigem Schlagen die Krebsbutter zur holländischen Sauce geben. Dazu passt ein Gurkensalat.

Omas Empfehlung

Das überschüssige Mehl von den panierten Filets muss deshalb so gründlich abgeschüttelt werden, weil es sonst in der Pfanne röstet und dann einen bitteren Geschmack erzeugt.

Labskaus

Labskaus ist ein typisch norddeutsches Resteessen. Der Legende nach soll es von einem Schiffskoch erfunden worden sein, der seinen letzten Proviant zu einer Henkersmahlzeit verkocht hat.

1 Das Pökelfleisch in reichlich Wasser in etwa 1 ½ Stunden weich kochen. Die Roten Beten schälen, waschen und vierteln. In Salzwasser 1 ½ Stunden kochen.

2 Kartoffeln schälen, waschen und kochen. Inzwischen die Zwiebeln abziehen. Das Fleisch herausnehmen und die Brühe beiseite stellen. Fleisch, Kartoffeln und 3 Zwiebeln durch den Fleischwolf drehen und gut vermischen.

3 Mit Pfeffer würzen und mit der Pökelbrühe zu einer geschmeidigen Masse rühren. Über Nacht kühl stellen. Den Meerrettich schälen und in

8 Portionen

750 g gepökeltes Rindfleisch
500 g Rote Bete
1 kg Kartoffeln
4 Zwiebeln
1 ½ TL Meerrettich
3 EL Essig, 2 EL Wasser
Salz, Pfeffer, Zucker
5 Gewürzgurken, 2 Äpfel
8 Matjesfilets
2 EL Öl, 8 Eier

kleine Würfel schneiden. Eine Sauce aus Essig, Wasser, Meerrettich, Salz, Pfeffer und Zucker zubereiten. Die noch lauwarmen Roten Beten in Scheiben schneiden, dann kalt stellen.

4 Am nächsten Tag 1 Gurke würfeln, zum Labskaus geben und alles erhitzen. Die Äpfel schälen und mit den restlichen Zwiebeln in Scheiben schneiden. Auf die Matjesfilets legen, dann aufrollen. Das Öl erhitzen, 8 Spiegeleier braten. Das Labskaus auf Teller füllen. Mit Roten Beten, den restlichen Gurken, Matjes und Spiegeleiern servieren.

Man wird so viele Labskausrezepte finden, wie es Seemannsfrauen und Schiffsköche gibt. Denn jeder fügt dem Gericht eigene Zutaten bei. In den skandinavischen Ländern soll es sogar eine grundsätzliche Trennung zwischen dem Labskaus für den Kapitän und dem Labskaus für die Mannschaft geben. Bei allen „Seebären" gehört aber ein klarer Schnaps hinterher dazu!

Kabeljau im Reisrand

Der Kabeljau wird hier zu einem Frikassee zubereitet.
Frikassees waren zu Großmutters Zeiten auch in der feineren
Küche sehr beliebte Gerichte.

1 Den Reis mit Salz und 1 l Wasser zum Kochen bringen. 20 Minuten bei schwacher Hitze kochen lassen.

2 Inzwischen den Fisch unter kaltem Wasser gründlich abspülen und in mundgerechte Stücke schneiden. Die Zwiebel abziehen und in Scheiben schneiden.

3 Den Apfel waschen, schälen, halbieren, vom Kerngehäuse befreien und in Scheiben schneiden. 80 g Butter erhitzen, die Fischstücke darin braten. Lorbeer und Thymian zufügen. Die Fisch-

6 Portionen

500 g Langkornreis
Salz, 1 l Wasser
1 Kabeljau, etwa 1 kg
1 große Zwiebel, 1 Apfel
130 g Butter
1 Lorbeerblatt
1 TL Thymian
1 TL Currypulver
1 TL Stärkemehl
350 ml Fischbrühe
150 ml Schlagsahne

stücke sollen auf beiden Seiten goldbraun sein. Inzwischen Curry und Stärkemehl in der Fischbrühe verquirlen. Langsam erhitzen und kurz vor dem Servieren die Sahne zufügen.

4 Die restliche Butter unter den Reis mischen. Eine Kranzform einfetten, den Reis einfüllen, dann festdrücken und die Form in heißes Wasser tauchen.

5 Dann auf eine angewärmte Platte stürzen. Den Fisch in die Mitte des Reisrands geben und die Sauce darüber gießen.

Fischauflauf von Resten

Früher wurde möglichst kein Essen weggeworfen.
Deshalb gab es für alle Fälle ein geeignetes Rezept für ein Resteessen.

1 Die Fischreste bis zur Zubereitung in einem verschlossenen Gefäß im Kühlschrank aufbewahren. Dann mit der Gabel in mundgerechte Stücke zerpflücken. Petersilie waschen, trockentupfen und hacken.

2 In einem Topf 30 g Butter erhitzen, den Fisch mit Petersilie, Salz, Gewürzen und Zitronensaft dämpfen.

3 Etwas abkühlen lassen. Die Eier trennen. Eigelbe, Sahne und Mehl unter die Fischmasse mi-

4 Portionen

750 g Fischreste
1 Bund Petersilie
30 g Butter
Salz, Pfeffer
Paprikapulver
1 TL Zitronensaft
2 Eier, 250 g saure Sahne
2–3 EL Mehl
Fett für die Form

schen. Die Eiweiße steif schlagen und dann unterziehen.

4 Eine Auflaufform einfetten, die Masse einfüllen und glatt streichen. Im Backofen 30 Minuten goldgelb backen. Wenn die Oberfläche zu braun wird, mit Aluminiumfolie bedecken. Sofort servieren. Dazu passt ein gemischter Salat.

🔥 **Ober-/Unterhitze: 180 °C**
🔥 **Gas: Stufe 2–3**

Omas Empfehlung

Fischreste sollten unbedingt am selben Tag verwendet werden. Dabei eignen sich gekochte Fische am besten für die Zubereitung eines Auflaufs.

Fleischgerichte

Tafelspitz

Aus Wien stammen viele Gerichte mit gekochtem
Rindfleisch – der Tafelspitz ist aber das feinste und bekannteste.

*Für das gekochte
Rindfleisch wurde in
Österreich sogar eine
eigene Geschirrplatte
kreiert. In einigen tradi-
tionsreichen Restaurants
findet sie auch heute
noch Verwendung. Um
das Fleischstück werden
dann Gemüse, Kartoffeln
und Saucen kunstvoll
angerichtet.*

1 Das Rindfleisch (aus der Keule) waschen. Suppengrün putzen und waschen. Zwiebel abziehen und halbieren.

2 1 l Salzwasser aufkochen, das Fleisch hineinlegen. Dann Suppengrün, Lorbeer, Zwiebel und Pfefferkörner hinzufügen. Das Fleisch bei schwacher Hitze 1½ Stunden köcheln lassen.

3 Für die Schnittlauchsauce zunächst die Brötchen in eine Schüssel geben, die Milch darüber gießen und einweichen. Währenddessen die Eier etwa 7 Minuten hart kochen. Die Eigelbe mit einem Löffel herauslösen. Zu den Brötchen geben und verrühren.

4 Den Schnittlauch waschen, trockentupfen und klein schneiden. Den Saft der Zitrone auspressen. Mit 125 ml Öl, Salz, Pfeffer, Zucker und dem Schnittlauch unter die Brötchenmasse mischen.

5 Für den Apfelkren den Meerrettich und die Äpfel jeweils schälen, waschen und reiben. Meerrettich, Äpfel und Essig mit dem restlichen Öl verrühren. Das Fleisch in Scheiben schneiden, die Sauce und den Kren dazu servieren.

4 Portionen
1 kg Rindfleisch
2 Bund Suppengrün
1 Zwiebel, Salz
1 Lorbeerblatt, 10 Pfefferkörner
2 Brötchen
¼ l Milch, 4 Eier
1 Bund Schnittlauch
1 Zitrone, 175 ml Öl
Salz, Pfeffer, Zucker
100 g Meerrettich
200 g Äpfel
6 EL Weißweinessig

Gulasch

Gulasch ist das eingedeutschte Wort für
ungarisch „Gulyas". Der Ursprung des Gerichts lässt sich bis
ins 9. Jh. zurückverfolgen. Paprikapulver als kräftige
Würze kam allerdings erst später hinzu.

1 Das Fleisch waschen, trockentupfen und in mundgerechte Stücke schneiden. Den Speck in Würfel schneiden. Die Zwiebeln abziehen und fein hacken. Die Brühe aufkochen. Den Speck in einem Topf erhitzen und das Fett ausbraten.

2 Die Zwiebeln und dann das Fleisch zugeben und etwa 4 Minuten unter ständigem Rühren anbraten. Mit Salz, Pfeffer, ½ TL Kümmel und 1 Msp. Paprikapulver würzen.

4 Portionen
1 kg Rindfleisch
ohne Knochen
(Beinfleisch oder Rippenstück)
100 g Speck
3 kleine oder 2 große Zwiebeln
375 ml Fleischbrühe
Salz, Pfeffer, ½ TL Kümmel
1 Msp. Paprikapulver
250 g saure Sahne
15 g Mehl

3 Die kochende Brühe zugießen und kurz aufkochen. Den Topf schließen und bei schwacher Hitze 1 Stunde köcheln lassen.

4 Die Sahne und das Mehl verrühren und die Sauce damit binden.

Variante: Dem Gulasch 500 g geschälte und in Würfel geschnittene Tomaten und eine zerdrückte Knoblauchzehe hinzufügen. Statt des Mehls nach 40 Minuten Kochzeit zwei gewürfelte Kartoffeln zugeben.

Beefsteak vom Filet

Dieses Gericht kann seine englische Herkunft nicht verbergen und ist daher auch als „Beefsteak à la Nelson" bekannt – nach Lord Nelson, dem Sieger der Seeschlacht bei Trafalgar 1805.

1 Die Kartoffeln schälen, waschen, in kleine Würfel schneiden und in wenig Wasser 5 Minuten kochen. Die Zwiebel abziehen und fein hacken. Die Champignons von den erdigen Enden befreien, waschen und in dünne Scheiben schneiden. Die Steaks waschen, trockentupfen und weich klopfen. Mit Salz und Pfeffer einreiben.

2 In einer Pfanne 30 g Butter erhitzen und die Steaks darin auf jeder Seite $1/2$ Minute braten. Herausnehmen und die restliche Butter

2 Portionen

160 g Kartoffeln
1 kleine Zwiebel
8 Champignons
2 Filetsteaks zu je 150 g
Salz, Pfeffer
100 g Butter
1 kleines Glas Mixed Pickles
1 Senfgurke
6 EL Rinderfond oder
-brühe

erhitzen. Die Zwiebel darin 3 Minuten glasig braten. Beiseite stellen.

3 Die Senfgurke würfeln. In eine Kasserolle die Kartoffeln, die Champignons, die Mixed Pickles und die Senfgurke füllen. Den Fond oder die Brühe darüber gießen.

4 Die Steaks darauf legen und die Zwiebelbutter darüber gießen. Die Kasserolle verschließen und 3 Minuten bei großer Hitze schmoren. Dann von der Kochstelle nehmen und noch 4 Minuten ziehen lassen.

Omas Empfehlung

Die Beefsteaks werden schön mürbe, wenn Sie sie vor dem Braten mit einem Beefsteak- oder Fleischklopfer ausgiebig klopfen.

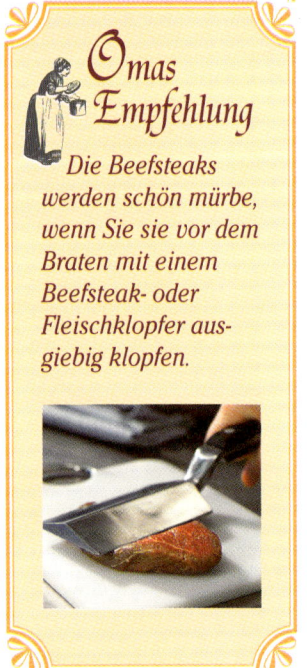

Rindsrouladen

Noch vor 30 Jahren waren die gerollten und gefüllten Rinderschnitzel ein äußerst beliebtes Sonntagsessen.

1 Die Rouladen waschen, trockentupfen und mit dem Holzklopfer klopfen. Den Speck in lange dünne Streifen schneiden. Die Zwiebel abziehen und fein hacken. Die Gewürzgurken in Scheiben, dann in Streifen schneiden.

2 1 EL Fett in einer kleinen Pfanne erhitzen und die Zwiebel darin 2 Minuten braten. Die Rouladen mit Senf bestreichen.

3 Die Speckstreifen, die Zwiebel und die Gurken darauf verteilen und aufrollen. Mit Küchengarn fest umwickeln oder mit Zahnstochern oder Roula-

4 Portionen

4 Rindsrouladen, je etwa 180 g (Hüftstück)
100 g fetter Speck in Scheiben
1 große Zwiebel
2 Gewürzgurken
3–4 EL Butter oder Öl
2 EL scharfer Senf
Salz, Pfeffer
400 ml Fleischbrühe
30 g Mehl
3 EL Rotwein

denklammern zusammenhalten. Das restliche Fett in einem flachen Topf erhitzen und die Rouladen von allen Seiten braun braten. Salzen und pfeffern.

4 Die Brühe zugießen, aufkochen und zugedeckt bei schwacher Hitze etwa $1^{1}/_{2}$ Stunden köcheln lassen. Dann herausnehmen und Küchengarn, Zahnstocher oder Klammern entfernen.

5 Mehl und Rotwein verquirlen und zur Sauce geben, kurz aufkochen lassen und zu den Rouladen servieren. Dazu passt beispielsweise Kartoffelpüree.

Rinderbraten mit Reis

Dieses Gericht benötigt wegen der Beize etwas mehr Vorbereitungszeit, dafür ist das Fleisch dann besonders zart und schmackhaft.

1 Für den Braten zunächst das Fleisch waschen und klopfen. In ein verschließbares Gefäß Essig, Pfefferkörner und Lorbeerblätter geben. Das Fleisch hineinlegen und 2 Tage zugedeckt kalt stellen.

2 Das Fleisch herausnehmen, trockentupfen und mit Salz einreiben. Die Beize beiseite stellen. Den Speck in kurze Streifen schneiden, mit einer Hälfte davon das Fleisch spicken (s. Seite 115).

3 Zwiebel abziehen und halbieren. Möhren, Petersilienwurzel und Sellerie schälen, waschen und grob schneiden. Eine Kasserolle mit den restlichen Speck- und den Schinkenscheiben

4 Portionen

1 kg Rindfleisch
1 l Essig, 10 Pfefferkörner
2 Lorbeerblätter, Salz
100 g Speck in Scheiben
1 Zwiebel, 2 Möhren
1 Petersilienwurzel
1 Stück Sellerie, etwa 150 g
100 g roher Schinken (Scheiben)
70 g Butter, 4 EL Portwein
600 ml Fleischbrühe
200 g Langkornreis
150 g Champignons
2 Eigelb

belegen. Zwiebel, Gemüse, dann das Fleisch darauf legen. 40 g Butter bräunen lassen und darüber gießen. $1^{1}/_{2}$ Stunden bei schwacher Hitze schmoren lassen. Portwein, 200 ml Brühe und Beize mischen, erwärmen und immer wieder über das Fleisch gießen.

4 Restliche Butter erhitzen, den Reis dazugeben, unter Rühren glasig anbraten und restliche Brühe zugießen. Bei schwacher Hitze garen. Die Champignons putzen, waschen, in Scheiben schneiden und mit den Eigelben unter den Reis mischen. Fleisch herausnehmen, in Scheiben schneiden, Sauce abgießen.

Roastbeef

Das Roastbeef stammt aus England und wurde
in Deutschland deshalb auch „Englischer Braten" genannt.

1 Das Fleisch waschen, trockentupfen und die Sehne unter
der Fettschicht herausziehen.
Bei Bedarf den Rückenkno-
chen abnehmen. Das Fleisch
klopfen. Mit Pfeffer, Salz und
Öl einreiben. Kühl stellen.

2 Den Backofen auf großer
Hitze vorheizen. Die Fettpfanne des Backofens auf die
untere Schiene schieben und
kochendes Wasser hineingießen.

3 Das Fleischstück mit der Fettschicht nach oben auf das Back-
ofengitter legen und auf der mittleren
Schiene hineinschieben. 15 Minuten anbraten,
dann bei 180 °C weitere 15 Minuten braten (das
Fleisch soll innen noch rosa sein). Das Roast-

4 Portionen

1 kg Roastbeef
Pfeffer aus der Mühle
Salz, 2 EL Öl
500 g neue Kartoffeln
100 g Schlagsahne
1 EL Butter
2 EL Mehl
1 unbehandelte
Zitrone

beef in Aluminiumfolie wickeln,
warm stellen. Die Kartoffeln abbürsten und etwa 20 Minuten in
Wasser kochen. Den Bratensatz
durch ein Sieb gießen. 400 ml
abmessen. Die Sahne zugießen. Butter und Mehl verkneten. Die Sauce damit binden.

4 Das Fleisch in Scheiben
schneiden. Die Kartoffeln
abgießen und mit der Sauce
zum Fleisch reichen. Die Zitrone
waschen, in Scheiben schneiden
und zur Verzierung verwenden. Zum
Roastbeef passen grüne Bohnen.

🔥 **Ober-/Unterhitze: 240 °C bzw. 180 °C**
🔥 **Gas: Stufe 5–6 bzw. 2–3**

Omas Empfehlung

*Die Fettschicht des
Roastbeefs sollte beim
Braten oben liegen.
So bleibt das Fleisch
durch das herablau-
fende Fett saftig.*

Esterhazy-Rinderbraten

Wenn die Großmutter ihre Familie einmal so richtig verwöhnen und ihre ganze Kochkunst zeigen wollte, gab es diesen Braten als Sonntagsessen.

Fürst Nikolaus von Esterhazy (1714–90) war u. a. auch ein Mäzen der Kunst. So scharte er auf seinem Schloss bedeutende Zeitgenossen um sich, wie etwa Joseph Haydn als Hofkapellmeister. Zu einem solchen Hof nach dem Vorbild von Versailles gehörte auch eine entsprechend exquisite Küche mit den besten Köchen des Landes. Eine ihrer vielen Schöpfungen ging als Esterhazy-Rinderbraten in die Kochbuchliteratur ein.

1 Das Fleisch von starken Sehnen befreien. Die Zwiebel abziehen. Die Möhre schälen und waschen. Den Sellerie von den Blättern befreien und waschen. Die Zwiebel, die Möhre und den Sellerie in kleine Stücke schneiden.

2 Die Hälfte des Specks in feine Streifen schneiden. Das Fleisch damit spicken und dann mit Küchengarn umwickeln. Mit Salz und Pfeffer einreiben.

3 Das Öl in einer Kasserolle stark erhitzen. Das Fleisch und die Knochen darin unter Wenden bräunen. Den Bratensatz mehrmals mit kaltem Wasser ablöschen. Fleisch und Knochen herausnehmen.

4 Das zerkleinerte Gemüse mit dem restlichen Speck im Fett bräunen. Mit etwas Wein ablöschen und die Brühe zugießen. Fleisch, Pfefferkörner und Bouquet garni zugeben. Die Kasserolle verschließen und im Backofen etwa 2 Stunden schmoren. Den Braten mehrmals mit dem restlichen Wein begießen.

5 Während der Garzeit des Fleisches für den Kloß die Brötchen klein würfeln. Die Zwiebeln abziehen und fein hacken. Die Butter erhitzen und die Brotwürfel in heißem Fett braun braten. Die Petersilie waschen, trockentupfen und fein hacken, 1 EL davon beiseite stellen. Den Rest mit Mehl, Eiern, Salz und gehackten Zwiebeln mischen und die Milch zufügen, bis ein dünner Teig entstanden ist. Die Brötchen zugeben und gut einarbeiten. Etwa 30 Minuten stehen lassen. Eine Serviette buttern, den Teig darin einwickeln. Salzwasser auf-

6 Portionen

Für das Fleisch:
1,2 kg Rinderbraten
1 Zwiebel, 1 Möhre
1 Stange Sellerie
80 g Speck
Salz, schwarzer Pfeffer
5 EL Öl
einige Rindsknochen
$^1/_4$ l Weißwein
$^3/_4$ l Fleischbrühe
6 Pfefferkörner
1 Bouquet garni

Für den Serviettenkloß:
5 Brötchen
2 Zwiebeln
50 g Butter
$^1/_2$ Bund Petersilie
300 g Mehl, 3 Eier
$^1/_4$ l Milch

Für das Gemüse:
2 Möhren
1 Petersilienwurzel
1 Stück Knollensellerie
2 EL Butter
12 reife Tomaten

Für die Sauce:
1 unbehandelte Zitrone
1 EL Kapern
250 g saure Sahne
30 g Mehl

kochen. Den Kloß hineingeben und bei schwacher Hitze 1 Stunde kochen. Dann auswickeln und in Scheiben schneiden.

6 In der Zwischenzeit für das Juliennegemüse (siehe S. 24) die Möhren, die Petersilienwurzel und den Knollensellerie schälen, waschen und in ganz feine Streifen schneiden. In einer Pfanne die Butter zerlassen und die Gemüsestreifen bei schwacher Hitze 4 Minuten darin braten lassen.

7 Für die Beilage die Tomaten waschen und kreuzweise einschneiden. In einem Topf mit etwas Wasser bei schwacher Hitze 5 Minuten dämpfen. Etwas Salz darüber geben.

8 Für die Sauce die Zitrone waschen, trockentupfen und die Schale mit einem Zestenreißer schälen. Die Kapern abtropfen lassen und fein hacken. Die Sahne mit dem Mehl verrühren. Das Fleisch herausnehmen, vom Garn befreien und warm stellen. Bouquet garni entfernen. Den Bratensatz bei Bedarf mit etwas Wein oder Wasser verdünnen, die Sahnemasse untermischen, die Sauce aufkochen und dann durch ein Sieb streichen.

9 Die beiseite gestellte Petersilie über das Fleisch streuen. Dann mit den gehackten Kapern, den Juliennestreifen und der Zitronenschale verzieren und etwas Sauce darüber gießen. Die restliche Sauce, die Tomaten und den Kloß dazureichen.

🔥 **Ober-/Unterhitze: 150 °C**
🔥 **Gas: Stufe 1**

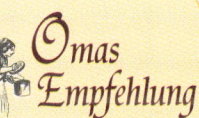

Omas Empfehlung

Die Scheiben des Kloßes werden schön rund und gleichmäßig, wenn Sie ihn mit Küchengarn oder einem anderen festen Faden in Scheiben schneiden. Natürlich kann man auch ein Messer verwenden, doch besteht dabei die Gefahr, dass der Kloß etwas zerdrückt wird.

GUT ZU WISSEN

Die Bezeichnung „Rinderbraten" ist eigentlich nicht ganz zutreffend. „Braten" nennt man die Zubereitung in heißem Fett. Der Rinderbraten wird jedoch immer nur ganz kurz in heißem Fett angebraten. Das eigentliche Garen erfolgt durch das Schmoren des Rindfleischs.

Jägerbraten

Seinen Namen verdankt dieses Rezept der Sauce, deren hauptsächliche Zutat früher Wildpilze waren. Da diese aber heutzutage selten sind, werden mittlerweile eher Champignons verwendet.

1 Das Fleisch waschen, trockentupfen und mit dem Speck spicken wie auf S. 115 beschrieben. Das Wurzelgemüse schälen, waschen und grob schneiden. Die Tomaten zerdrücken.

2 70 g Butter erhitzen, das Fleisch rundum anbraten, bei mittlerer Hitze etwa 5 Minuten weiter braten. Das Fleisch herausnehmen und das Wurzelgemüse anbraten. Die Tomaten zugeben. Fleisch, Bouquet garni und Pfefferkörner einlegen. Zugedeckt etwa 2 Stunden schmoren. Das Fleisch häufig mit der Bratenflüssigkeit über-

4–5 Portionen

1 kg Rinderbraten
50 g Speck
200 g Wurzelgemüse
2 Tomaten, 100 g Butter
1 Bouquet garni
6 Pfefferkörner
1 Zwiebel, 1 Bund Petersilie
250 g kleine Champignons
300 ml Weißwein, ³/₄ l Fond
1 EL Kapern

gießen. 30 Minuten vor Kochende die Zwiebel abziehen. Die Petersilie waschen und trockentupfen. Beides fein hacken. Die Champignons putzen und waschen.

3 Die restliche Butter erhitzen, die Zwiebel darin anbraten, die Petersilie und die Pilze zugeben. Etwa 3 Minuten braten und dann Wein und Fond zugießen. Die Kapern in der Mitte durchschneiden und zugeben. Den Braten herausnehmen. Bratenflüssigkeit durch ein Sieb gießen. Die Pilzmasse zugeben. Die Sauce zum Fleisch servieren.

Rinderfilet auf Gärtnerinart

Warum diese Rindfleischzubereitung auf eine Gärtnerin
Bezug nimmt, erkennt man leicht an der Zutatenliste, in der das
Beste aus dem Garten versammelt ist.

1 Fett und Haut vom Fleisch entfernen. Fleisch waschen und trockentupfen. Den Speck in kurze Streifen schneiden. Das Filet mit einem spitzen Messer mehrmals einstechen und die Speckstreifen hineinstecken.

2 Die Butter erhitzen, aber nicht braun werden lassen. Das Filet hineinlegen und 30 Minuten bei mittlerer Hitze braten, immer wieder mit Butter begießen. Möhren, Petersilienwurzel, Knollensellerie schälen, waschen und grob schneiden. 200 ml Brühe zum Fleisch gießen. Das geschnittene Gemüse, Lorbeer,

4–6 Portionen

1–1¹⁄₂ kg Rinderfilet
50 g Speck, 125 g Butter
3 Möhren, 1 Petersilienwurzel
1 Stück Knollensellerie (250 g)
300 ml Fleischbrühe
1 Lorbeerblatt, 3 Thymianzweige
¹⁄₂ Bund Basilikum
je 7 Pfeffer- und Pimentkörner
500 g Gemüse der Saison,
z. B. Möhren, Blumen-
und Rosenkohl
4 EL Madeira

Thymian, Basilikum, Pfefferkörner und Pimentkörner zufügen. Im Backofen 40 Minuten backen.

3 Inzwischen das Gemüse der Saison putzen, waschen und getrennt in der restlichen Brühe weich kochen. Das Filet auf eine angewärmte Platte legen und das Gemüse dazugeben. Die Sauce durch ein Sieb gießen, mit Madeira abschmecken und zum Filet servieren. Dazu passen Kartoffelbällchen.

🔥 **Ober-/Unterhitze: 180 °C**
🔥 **Gas: Stufe 2–3**

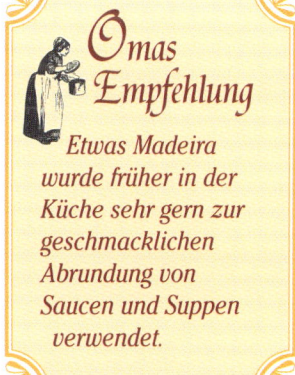

Omas Empfehlung

Etwas Madeira wurde früher in der Küche sehr gern zur geschmacklichen Abrundung von Saucen und Suppen verwendet.

Sauerbraten

Sauerbraten gibt es in ganz unterschiedlichen
Varianten. Hier finden Sie ihn auf rheinische Art zubereitet.

1 Für die Beize Möhren, Petersilienwurzel und Sellerie schälen, waschen und in kleine Würfel schneiden. Das Gemüse, Essig, $1/2$ l Wasser, Gewürznelken, Pfeffer- und Gewürzkörner, 1 Prise geriebene Muskatnuss, Thymian und Lorbeer in einen Topf geben. 5 Minuten bei schwacher Hitze kochen. Beize über das Fleisch gießen. 2–3 Tage zugedeckt an einem kühlen Ort aufbewahren.

2 Das Fleisch aus der Beize heben und abtropfen lassen. Von allen Seiten mit Salz und Pfeffer einreiben. Die Zwiebel abziehen

und in Scheiben schneiden. Den Speck fein schneiden und in einem Topf zerlassen. Das Öl zugießen. Das Fleisch und die Zwiebel darin anbraten. Zucker und Mehl zugeben, braun werden lassen. Mit dem Wein ablöschen.

3 Die Beize zugießen. Den Braten etwa 1 Stunde zugedeckt bei schwacher Hitze köcheln lassen. Herausnehmen und warm stellen. Die Sauce durch ein Sieb gießen. Mit den Sultaninen und den gehackten Mandeln kurz aufkochen. Den Lebkuchen zerbröckeln und zur Sauce geben.

4–5 Portionen

100 g Möhren
50 g Petersilienwurzel
50 g Knollensellerie
125 ml Essig, 3 Gewürznelken
5 Pfeffer- und 3 Gewürzkörner
Muskatnuss, 1 Stängel Thymian
1 kleines Lorbeerblatt
1,2 kg Rindfleisch, Salz, Pfeffer
1 Zwiebel, 80 g geräucherter Speck
1 EL Öl, 1 TL Zucker, 2 EL Mehl
125 ml Weißwein
30 g Sultaninen, 30 g Mandeln
100 g Lebkuchen

*G*UT ZU WISSEN

Die Beize macht das Fleisch schön weich und gibt ihm den typisch sauren Geschmack. Statt des Lebkuchens kann man auch Pumpernickel in die Sauce geben. Als Beilage eignen sich Semmel- oder Kartoffelklöße.

Bœuf à la mode

Diese französisch inspirierte Art der
Zubereitung gilt als die feine Variante des Sauerbratens.

1 Den Speck in kurze Streifen schneiden. Das Rindfleisch damit spicken (s. Seite 115). Dann mit Salz und Pfeffer einreiben. Mit Küchengarn zusammenbinden. 2–3 Stunden in den Rotwein legen. Herausnehmen und abtropfen lassen. Die Zwiebeln abziehen und in kleine Stücke schneiden.

2 40 g Butter erhitzen und das Fleisch in einer Kasserolle von allen Seiten bei starker Hitze braun braten. Den Rotwein zugießen. Bei den Kalbsfüßen das Fleisch samt der Schwarte von den Knochen lösen und zum Rindfleisch geben. Die Brühe,

4 Portionen
125 g Speck
1 kg Rindfleisch
(Oberschale oder Roastbeef
ohne Knochen)
Salz, Pfeffer
250 ml Rotwein
2 Zwiebeln, 60 g Butter
2 Kalbsfüße
250 ml Brühe
geriebene Muskatnuss
2 Stückchen Zucker
1 Bouquet garni
250 g kleine Möhren

Zwiebeln, Muskat, Zucker und Bouquet garni zufügen. Bei schwacher Hitze zugedeckt etwa 3 Stunden schmoren lassen.

3 Zweimal wenden. 40 Minuten vor Kochzeitende die Möhren schälen und waschen. Die restliche Butter erhitzen. Die Möhren darin etwa 10 Minuten schwenken, bis sie weich sind.

4 Das Fleisch herausnehmen, vom Garn befreien, schneiden und auf eine Platte legen. Möhren und Kalbfleischstücke dazulegen und warm stellen. Die Sauce einkochen und durch ein Sieb gießen. Zum Fleisch servieren.

Es heißt, dass „Bœuf à la mode" ursprünglich der Name eines 1792 in Paris gegründeten Restaurants war. Das dort kreierte Rindfleischrezept erhielt einfach dessen Namen. Vermutlich haben dann französische Soldaten während der Napoleonischen Kriege das Rezept für Bœuf à la mode nach Bayern mitgebracht. Dort fand man Gefallen an dem Fleischgericht, wobei der Name zum bayrisch-deftigen „Böfflamott" abgewandelt wurde.

Omas Märzmenü

Die ersten frischen Salate und Kräuter können geerntet werden, darunter Brunnenkresse, Lattichsalat, Bärlauch und Löwenzahn. Früher war dies sehr wichtig, da die eingelagerten Vorräte langsam zur Neige gingen. Auch die ersten Jungtiere werden geboren – Ferkel, Lämmer und Zicklein oder Geißlein.

Fränkische Geißkeulen

**2 Geißkeulen
(je 1,2–1,5 kg)
Salz, Pfeffer
60 g Speck zum Spicken
nach Belieben
150 g Butter, 1/2 l Fleischbrühe
200 ml heller ungesüßter Obstsaft
1 TL Stärkemehl, 1 EL Schlagsahne
1 unbehandelte Zitrone
1/2 Bund Petersilie
Brunnenkresse**

● Die Geißkeulen waschen. Mit Salz und Pfeffer einreiben.
● Die Keulen nach Belieben mit dem Speck spicken. Im Bratentopf die Butter erhitzen und die Keulen bei starker Hitze von allen Seiten darin goldbraun anbraten.
● Dann bei mittlerer Hitze 20 Minuten weiterbraten; dabei mehrmals etwas Wasser darüber gießen. Wenn die Keulen gut gebraten sind, zugedeckt im Backofen bei 200 °C (Gas Stufe 3–4) etwa 1 Stunde weich garen. 10 Minuten vor Garende den Deckel abnehmen.
● Dann die Keulen herausnehmen und warm stellen. Den Bratenfond mit der Brühe und dem Obstsaft ablöschen. Das Mehl mit der Sahne verquirlen. Die Sauce damit binden.
● Die Zitrone waschen, trockentupfen und in Scheiben schneiden. Die Petersilie waschen, trockentupfen und die Blätter abzupfen. Die Brunnenkresse waschen und trockentupfen.
● Die Geißkeulen auf eine Platte legen. Mit den Zitronenscheiben, der Brunnenkresse und den Petersilienblättern verzieren. Die Sauce dazureichen. Zu den Geißkeulen passen selbst gemachte Nudeln, frische Frühlingssalate und fränkischer Wein.

Bärlauchsuppe

**300 g junge
Bärlauchblätter
1 Zwiebel, 2 Knoblauchzehen
1/2 l klare Fleischbrühe
Salz, weißer Pfeffer aus der Mühle
Muskatnuss, Paprikapulver
1/4 l Milch, 2 EL Crème fraîche
4 dünne Scheiben Schwarzbrot
40 g Butter, 4 EL geriebener
Emmentaler**

● Die Bärlauchblätter waschen und blanchieren. Die Zwiebel und die Knoblauchzehen abziehen und fein hacken.
● In einem Topf Zwiebel und Knoblauch etwa 3 Minuten rösten, bis sie etwas Farbe angenommen haben.
● Bärlauch zufügen. 1 Minute mitbraten. Die Brühe zugießen. Mit Salz, Pfeffer, Muskat und Paprika würzen.
● Zugedeckt 15 Minuten köcheln lassen. Mit einem Pürierstab pürieren. Die Milch unterrühren, aufkochen lassen und die Crème fraîche zufügen.
● Brotscheiben in Würfel schneiden. Die Butter in einer Pfanne erhitzen. Die Würfel darin von einer Seite anbraten, wenden und den Käse darüber streuen. Kurz rösten und zur Suppe servieren.

Birne Helene

**2 1/2 EL Wasser
1 TL Kaffeepulver
125 g Zartbitterschokolade
2 EL Aprikosenkonfitüre
3 EL Wasser, 4 EL Schlagsahne
1 Msp. Zimtpulver, 6 reife Birnen
etwa 250 g Vanille- oder
Schokoladeneis**

● Das Wasser kochen, über das Kaffeepulver gießen, ziehen lassen und durch ein feines Sieb gießen. Die Schokolade zerbröckeln. Kaffee, Schokolade, Konfitüre und 3 EL Wasser in einem Topf mit dickem Boden bei schwacher Hitze unter Rühren aufkochen. Von der Kochstelle nehmen.
● Die Sahne und 1 Msp. Zimtpulver zufügen. Durch ein Sieb streichen. Die Sauce in einer Schüssel abkühlen lassen.
● Die Birnen waschen, schälen, halbieren und vom Kerngehäuse befreien. Das Eis zu Kugeln formen und je 2 Kugeln auf Portionsteller legen.
● Die Birnenhälften mit der Wölbung nach oben darauf legen und die Schokoladensauce darüber gießen.

Ochsenschwanzragout

Dieses herzhafte und sehr würzige Gericht stammt
aus Bayern und ist besonders an kalten Tagen sehr zu empfehlen.

1 Den Ochsenschwanz waschen, trockentupfen und in etwa 4 cm lange Stücke schneiden. Die Zwiebeln abziehen und halbieren. Die Zitrone waschen und eine Scheibe abschneiden.

2 Das Öl in einer Kasserolle erhitzen. Fleischstücke und Zwiebeln darin anbraten. Lorbeerblatt, Pfefferkörner, Zitronenscheibe und Thymian zugeben. Mit Salz würzen und den Wein oder Most darüber gießen. Zugedeckt 2 Stunden bei schwacher Hitze schmoren. Inzwischen die Champignons von den erdigen Enden befreien und waschen. Die Erbsen auspalen und waschen. Die Tomaten mit kochendem Wasser übergießen, die Haut abziehen und dann in kleine Würfel schneiden.

3 10 Minuten vor Kochzeitende Pilze, Erbsen und Tomaten zum Fleisch geben. Mit Salz und Cayennepfeffer oder Paprika nachwürzen.

4 1 EL Mehl und 3 EL kaltes Wasser verquirlen und die Sauce damit binden. Nach Belieben 2 EL Madeira zugießen und heiß servieren.

4 Portionen

1,2 kg Ochsenschwanz
5 Zwiebeln
1 unbehandelte Zitrone, 3 EL Öl
1 Lorbeerblatt, 6 Pfefferkörner
1 Thymianstängel, Salz
$1/2$ l Rotwein oder Most
200 g Champignons
400 g Palerbsen, 3 Tomaten
Cayennepfeffer oder Paprika
1 EL Mehl, 2 EL Madeira
nach Belieben

GUT ZU WISSEN

Unter Ragout versteht man klein geschnittene und geschmorte Fleisch- und auch Fischstücke, die mit einer eingedickten Sauce vermischt sind.

Ochsenbrust mit Meerrettich

Meerrettich wurde schon von den alten Griechen hoch geschätzt, bei uns ist er etwa seit dem 15. Jh. als Fleischzutat verbürgt.

1 Die Knochen blanchieren. Das Suppengrün putzen, waschen und in Stücke schneiden. Die Zwiebeln abziehen und vierteln. Die Petersilie waschen und trockentupfen. Die Ochsenbrust waschen, trockentupfen und in eine Kasserolle geben. Knochen, Suppengrün, Zwiebeln und Petersilie zufügen.

2 So viel Wasser darüber gießen, bis das Fleisch bedeckt ist. Lorbeer zufügen. Aufkochen, den Schaum abschöpfen und bei schwacher Hitze 3 Stunden schmoren lassen. Das Suppengrün nach 20 Minuten herausnehmen.

4 Portionen
einige Brustknochenstücke
vom Ochsen
1 Bund Suppengrün
2 Zwiebeln, $1/2$ Bund Petersilie
1 kg Ochsenbrust
$2\ 1/2$ l Wasser, 2 Lorbeerblätter

Für die Sauce:
150 g Meerrettich
50 g Butter, 30 g Mehl
250 ml Milch
3 EL saure Sahne, Salz

3 Inzwischen für die Sauce den Meerrettich reiben. Die Butter in einem kleinen Topf erhitzen, unter Rühren das Mehl zugeben, die Milch nach und nach zugießen und weiterrühren. Den Meerrettich und die saure Sahne zufügen, nicht mehr aufkochen lassen. Mit Salz würzen.

4 Das Fleisch in Scheiben schneiden. Die Brühe durch ein Sieb gießen und 3–4 EL über das Fleisch gießen. Das beiseite gelegte Suppengrün in der restlichen Brühe erhitzen und zum Fleisch legen.

Über die „dramatischen" Folgen, die der Genuss von zu viel Ochsenfleisch zeitigen kann, macht sich der deutsche Dichter Matthias Claudius in seinem Gedicht „Die verdammten Ochsenbraten" Gedanken:
„Die Römer, die, vor vielen hundert Jahren, das erste Volk der Erde waren …
Die stoltz auf ihre Helden Scharen …
Die fingen endlich an und aßen Ochsenbraten, Frisierten sich und tranken fleißig Wein – Da war's geschehn um ihre Heldentaten."

Kalbsrolle

Kalbfleisch schmeckt in der Zeit zwischen
Mai und September am besten, wenn die Kälber im Freien weiden.

1 Die Kalbsbrust von den Knochen befreien. Das Fleisch waschen, trockentupfen und der Länge nach einschneiden. Mit Salz und Pfeffer einreiben. Milch erwärmen und über die Brötchen gießen. 15 Minuten einweichen.

2 Die Zwiebel abziehen. Die Petersilie und die Zitrone waschen und trockentupfen. Die Zitronenschale abschneiden. Die Zutaten fein hacken, 1 EL Petersilie beiseite stellen.

3 60 g Butter erhitzen. Die Zwiebel darin glasig braten. Petersilie und Zitronenschale etwa 3 Minuten mitbraten. Die Brötchen ausdrücken. Mit dem Hackfleisch und

4 Portionen

800–900 g Kalbsbrust
Salz, Pfeffer
200 ml Milch
2 Brötchen vom Vortag
1 Zwiebel
$^1/_2$ Bund Petersilie
1 unbehandelte Zitrone
150 g Butter
100 g Kalbshackfleisch
100 g Schweinehackfleisch
1 EL Kapern, 1 Ei
250 ml Weißwein
150 g saure Sahne

der Zwiebelmasse verrühren. Den Saft der Zitrone auspressen. Mit Kapern, Ei und 4 EL Wein zugeben.

4 Die Brust mit der Füllung bestreichen, zusammenrollen, an den Enden mit Küchengarn zunähen und fest umwickeln. Die Kalbsrolle in der restlichen Butter anbraten. Im Backofen 1 $^3/_4$ Stunden braten. Dann vom Garn befreien. Mit der beiseite gestellten Petersilie bestreuen. Die Sauce mit dem restlichen Wein und der Sahne verrühren.

🔥 **Ober-/Unterhitze: 220 °C**
🔥 **Gas: Stufe 4–5**

GUT ZU WISSEN

Die Kalbsbrust kann man sich auch vom Fleischer küchenfertig vorbereiten lassen. Während der Bratzeit sollte die Kalbsrolle mehrmals mit dem Bratensaft übergossen werden.

Kalbsbrust

Die Kombination von Kalbfleisch und
Stachelbeeren findet man vor allem in Berlin und Umgebung.

Der Dichter und Romanschriftsteller Theodor Fontane hat dieses Gericht zu seinem Lieblingsessen erkoren. Gerade in seinen bekannten Schilderungen „Wanderungen in der Mark Brandenburg" weist er immer wieder auf die kulinarischen Spezialitäten der jeweiligen Gegend hin.

1 Die Kalbsbrust waschen und trockentupfen. Dann einmal umklappen und mit Küchengarn zusammennähen. Mit Salz und Pfeffer einreiben. Die Butter erhitzen, die Kalbsbrust von allen Seiten anbraten und dann im Backofen 1 1/2 Stunden braten, dabei mehrmals wenden und mit dem Bratensaft begießen. Bei Bedarf etwas Wasser zugeben.

2 Inzwischen die Beeren von den Stielansätzen befreien und waschen. Die Zitrone waschen, trockentupfen und 1 Msp. Schale abreiben.

4 Portionen

1 kg Kalbsbrust
(vom flacheren Teil)
Salz, Pfeffer
50 g Butter
300 g unreife Stachelbeeren
1 unbehandelte Zitrone
1 Prise Zimtpulver
knapp 1 TL Zucker
3 EL Weißwein
3 Eigelb

3 Die Stachelbeeren und die Zitronenschale 20 Minuten vor dem Kochzeitende zum Fleisch geben. Einige Minuten braten. Dann eine Prise Zimt, den Zucker und den Wein zufügen.

4 Das Fleisch herausnehmen. Die Sauce durch ein Sieb streichen, die Eigelbe untermischen. Dazu passen Kartoffelpüree und gebackene Tomatenhälften.

🔥 **Ober-/Unterhitze: 180 °C**
🔥 **Gas: Stufe 2–3**

Frisches Obst schnell eingemacht

Wenn im Herbst die eigenen Obstbäume reiche Ernte tragen, schlägt das Herz jedes Hobbygärtners höher – allerdings muss man dann auch darauf vorbereitet sein, die ganze Pracht zügig zu verwerten, damit nichts verdirbt.

Quitten in Vanille

2 kg Birnenquitten, ein großer Topf
2 Vanilleschoten
200 g Gelierzucker
Küchenpapier

● Die Quitten waschen, schälen und etwa 10 Minuten in eine Schüssel mit kaltem Wasser legen.

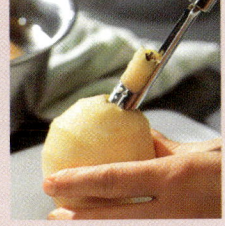

● Mit einem Apfelstecher das Kerngehäuse ausstechen. In einen großen Topf etwa 4 l kaltes Wasser gießen und die Quitten hineingeben.

● Das Wasser erhitzen, aber nicht aufkochen lassen, bis die Quitten weich sind. Herausnehmen und auf Küchenpapier abtrocknen lassen.

● In Einmachgläser füllen. Die Vanilleschoten halbieren. Zucker und Vanilleschoten in die Gläser geben.

● Verschließen und im Wasserbad 20 Minuten garen.

Rumtopf

1 l Rum
500 g Erdbeeren
2,5 kg Zucker
500 g Johannisbeeren
oder Himbeeren
500 g Aprikosen
oder Reineclauden
500 g Pfirsiche
500 g Birnen

● Einen irdenen Topf gründlich auswaschen. Den Rum hineingießen. So wie die Früchte reifen, werden sie eingefüllt: Im Frühjahr die Erdbeeren waschen, abzupfen, auf Küchenpapier trocknen lassen und in den Topf geben. 500 g Zucker zugeben.

● Im Sommer die Johannisbeeren waschen und abstreifen oder die Himbeeren mit Wasser übersprühen und auf Küchenpapier trocknen lassen. Johannis- oder Himbeeren in den Rumtopf geben und 500 g Zucker zufügen.

● Im Herbst die Aprikosen oder Reineclauden und die Pfirsiche waschen, schälen, halbieren und von den Steinen befreien.

● Nacheinander in den Rumtopf geben und jeweils 500 g Zucker zugeben. Die Birnen waschen, schälen, vierteln und vom Kerngehäuse befreien. 500 g Zucker zugeben. Nach Bedarf noch etwas Rum zugießen.

Ingwerbirnen

2 kg kleine, feste Birnen
2 kg Zucker, $^1/_2$ l Wasser
4 mittelgroße Stücke frische Ingwerwurzel

● Birnen waschen, schälen, vierteln und vom Kerngehäuse befreien. Den Zucker mit dem Wasser in einem hohen Topf kochen, bis ein Tropfen, den man auf einen Teller gibt, nicht mehr zerfließt.

● Inzwischen die Birnen in wenig Wasser in einem zweiten Topf 5 Minuten kochen, dann herausnehmen. Ingwerstücke schälen und in sehr dünne Scheiben schneiden.

● Ingwer und Birnen in den Zuckersirup geben. Etwa 50 Minuten köcheln lassen, bis die Birnen weich sind, aber nicht zerfallen.

● In Gläser füllen, erkalten lassen und mit Pergamentpapier verschließen. Innerhalb von 4 Wochen verbrauchen.

Preiselbeeren mit Birnen

2,5 kg Preiselbeeren
1 kg Kochbirnen
2 kg Zucker
$^1/_2$ Zimtstange

● Die Preiselbeeren verlesen und waschen. Auf Küchenpapier trocknen lassen. Die Birnen waschen, schälen, vierteln und vom Kerngehäuse befreien.

● Den Zucker ohne Wasser in einem Topf mit dickem Boden langsam so weit erhitzen, dass er flüssig wird. Dabei immer wieder den Schaum abschöpfen.

● Die Beeren und die Birnen in den flüssigen Zucker geben. 20–25 Minuten kochen lassen. Die Birnen sollten nicht zu weich sein.

● Das Obst mit einem Schaumlöffel herausnehmen, in irdene Töpfe oder Gläser füllen. Den Saft etwas einkochen, dann über die Früchte gießen. Abkühlen lassen und mit Pergamentpapier verschließen.

Kalbsnuss à la Matignon

Der Zusatz „à la Matignon" bedeutet, dass fein geschnittenes Gemüse als Würzbeilage verwendet wird.

1 Die Kalbsnuss waschen, trockentupfen und mit Salz und Pfeffer einreiben. Die Hälfte des Specks in lange Streifen schneiden und die Kalbsnuss damit spicken.

2 Möhren und Knollensellerie schälen, waschen, in dünne lange Streifen schneiden. Die Lauchstangen von den äußeren Blättern befreien, waschen und in lange Streifen schneiden. Zuerst die Kalbsnuss mit dem Gemüse, dann mit dem Schinken umwickeln und in ein Küchennetz geben. Eine Kasserolle mit dem restlichen Speck belegen. Die Kalbsnuss darauf legen und erhitzen. Madeira und Kalbsfond zugießen. Zugedeckt bei schwacher Hitze 1¹/₂ Stunden schmoren.

3 Inzwischen die Zwiebeln abziehen. Die Karotten unter fließendem Wasser abbürsten. Die Pastinaken schälen und waschen. Das Gemüse glacieren. Die Kalbsnuss aus dem Netz nehmen und auf eine Platte legen. Die Sauce mit Demi-glace binden.

4 Den Salat waschen und trockenschleudern. Essig, Salz, Pfeffer und Öl mischen. Über den Salat gießen. Das Gemüse um das Fleisch legen. Mit dem Salat und der Sauce servieren.

4 Portionen

1 kg Kalbsnuss
Salz, Pfeffer
250 g fetter Speck
5 Möhren, 100 g Knollensellerie
3 Stangen Lauch
100 g roher Schinken in Scheiben
je ¹/₂ l Madeira und Kalbsfond
6 kleine Zwiebeln
200 g junge Karotten
100 g kleine Pastinaken
3 EL Demi-glace
1 Kopf grüner Salat
2 EL Essig, 6 EL Öl

Omas Empfehlung

Die Kalbsnuss wird gespickt, indem man lange dünne Speckstreifen mit einer Spicknadel durch das Fleisch zieht.

Kalbskotelett

Wer nur Kotelett sagt, bekommt es immer vom Schwein.
Ansonsten muss man die Tierart nennen – etwa Kalbskotelett.

1 Die Zwiebel abziehen und fein hacken. Die Paprikaschoten halbieren, vom Kerngehäuse befreien, waschen und in feine Streifen schneiden. 3 EL Fett erhitzen und die Zwiebel darin glasig braten. Die Brühe zugießen. Dann das Tomatenmark unterrühren. Paprikastreifen, Sauerkraut, Paprikapulver, Kümmel, Salz und Pfeffer zugeben. Bei mittlerer Hitze 30 Minuten schmoren.

2 Koteletts waschen, trockentupfen und leicht klopfen. An den Rändern mehrmals einschneiden. Knoblauchzehen abziehen, durch

4 Portionen

1 Zwiebel
je 1 rote und grüne
Paprikaschote
7 EL Öl oder Butterschmalz
5 EL Brühe, 1 TL Tomatenmark
400 g Sauerkraut
Paprikapulver, Kümmel
Salz, Pfeffer
4 Kalbskoteletts, je etwa 200 g
2 Knoblauchzehen
2 Eier, 80 g Semmelbrösel
125 g saure Sahne

eine Knoblauchpresse drücken und die Koteletts damit einreiben.

3 Für die Panade Eier und Salz auf einem Teller verquirlen, auf einen anderen die Semmelbrösel geben. Die Koteletts zuerst in der Eimasse, dann in den Bröseln wälzen. Die überschüssigen Brösel abschütteln. Das restliche Fett erhitzen und die Koteletts darin von jeder Seite 5–6 Minuten braun braten.

4 Die Koteletts mit dem Kraut auf Tellern anrichten. Je einen Klecks saure Sahne darauf geben. Dazu passen Bratkartoffeln.

Omas Empfehlung

Verrühren Sie für eine Panade die Gewürze gleich mit dem Ei, dann wird das Kotelett schön gleichmäßig gewürzt.

Lammpilau

Das Pilau oder Pilaw ist ein Reisgericht mit Fleisch oder Fisch und Gewürzen, das aus den orientalischen Ländern zu uns gelangt ist.

1 Das Fleisch waschen, trockentupfen und in Würfel schneiden. Die Knoblauchzehe und die Zwiebeln abziehen. Die Zwiebeln fein hacken. Das Öl in einer Kasserolle erhitzen. Die Knoblauchzehe von allen Seiten braun braten. Das Lammfleisch zugeben. Unter Rühren von allen Seiten braun braten. Die Knoblauchzehe entfernen.

2 Die Zwiebeln hinzufügen und glasig braten. Die Fleischstücke herausnehmen und warm stellen. Den Reis in die Kasserolle geben und unter Rühren glasig braten. Tomatenmark, Safran, Salz, Pfeffer, 1 Prise Zucker und die Brühe zufügen. Zugedeckt bei

4 Portionen
750 g junges zartes
Lammfleisch
1 Knoblauchzehe
3 Zwiebeln
5 EL Öl
350 g Patnareis
1 EL Tomatenmark
einige Safranfäden
Salz, Pfeffer, Zucker
700 ml Brühe
40 g Sultaninen
40 g Mandeln
12 Salbeiblätter oder
1 Bund Dill

schwacher Hitze kochen lassen, bis die Flüssigkeit aufgesogen ist. Wenn der Reis noch zu hart ist, etwas Wasser zugießen.

3 Inzwischen die Sultaninen in lauwarmem Wasser einweichen. Die Mandeln mit kochendem Wasser überbrühen, die Haut abziehen und grob hacken. Ohne Fett in einer Pfanne rösten.

4 Die Salbeiblätter oder den Dill waschen, trockentupfen und fein hacken. Die Sultaninen abtropfen lassen. Das Fleisch zum Reis geben. Sultaninen und Salbei oder Dill untermischen. In der Kasserolle servieren. Die Mandeln darüber streuen.

Gespickter Lammbraten

In Deutschland aß man lange Zeit eher weniger Hammel- und Lammfleisch. Das Frankenland machte dabei aber eine Ausnahme, weil es dort relativ viele Schäfer und Schafherden gab.

GUT ZU WISSEN

Der gespickte Lammbraten kann auch sehr gut am Spieß zubereitet werden.

1 Das Fleisch von der Haut befreien, waschen und mit Salz einreiben. Den Speck in kurze Streifen schneiden und das Fleisch damit spicken.

2 50 g Fett erhitzen und den Braten darin 1½ Stunden im Backofen braten. Mehrmals mit Bratensaft und Brühe begießen.

3 In der Zwischenzeit die Zwiebeln abziehen und fein hacken. Das restliche Fett erhitzen und die Zwiebeln darin glasig braten. Den Wein zu-

6–7 Portionen
1 kg Lammbraten
(Rückenstück)
Salz
125 g durchwachsener Speck
80 g Butter oder Öl
250 ml Brühe, 4 Zwiebeln
150 ml Weißwein, Pfeffer
100 g Parmesan

gießen und zu einer dicken Sauce einkochen. Mit Salz und Pfeffer würzen.

4 Das Fleisch in Scheiben schneiden und mit der Zwiebelsauce bestreichen. Den Parmesan reiben und über die Fleischscheiben streuen. Im Backofen bei starker Oberhitze oder unter dem Grill überbacken.

🔥 Ober-/Unterhitze: 200 °C bzw. 280 °C
🔥 Gas: Stufe 3–4 bzw. 8

Omas Empfehlung

Zum Lammbraten servieren Sie am besten Bohnen und Salzkartoffeln. Die Kartoffeln übergießt man mit ausgelassenem Räucherspeck und bestreut sie dann mit Petersilie.

Hammelfleisch mit Bohnen

Winter und Frühjahr sind die beste Zeit für ein Gericht mit frischem Hammelfleisch. Zur Zeit der Schafschur im Sommer ist der Geschmack des Fleisches etwas beeinträchtigt.

1 Das Fleisch vom Fett befreien und waschen. In kaltes Wasser legen und aufkochen. Mit Salz und Pfeffer würzen. Bei schwacher Hitze 60–70 Minuten garen. Die Bohnen von den Enden befreien, waschen und bei Bedarf in Stücke schneiden. Das Bohnenkraut waschen.

2 Die Zwiebeln abziehen. Möhren und Sellerie schälen und waschen. Den Lauch von den äußeren Blättern befreien und waschen. Das Gemüse in kleine Würfel schneiden. Das Butterschmalz erhitzen und das Gemüse

4–5 Portionen

1 kg Hammelfleisch
2 l Wasser
Salz, Pfeffer
500 g grüne Bohnen
3 Stängel Bohnenkraut
2 Zwiebeln
3 Möhren
150 g Knollensellerie
1 Lauchstange
2 EL Butterschmalz
500 g Kartoffeln

darin anbraten. Nach 30 Minuten zum Fleisch geben.

3 Die Kartoffeln schälen und in Würfel schneiden. Mit den Bohnen und dem Bohnenkraut 20 Minuten vor dem Ende der Kochzeit für das Fleisch zur Brühe geben.

4 Das Bohnenkraut entfernen. Das Fleisch herausnehmen, in Scheiben schneiden und auf einer Platte warm stellen. Das Gemüse bei Bedarf nachwürzen, in ein Sieb geben und zum Fleisch legen. Mit der Brühe begießen und servieren.

Westfälische Hammelkeule

Das Besondere an diesem Festtagsessen ist die Beize, die dem Fleisch den typisch sauren Geschmack verleiht, und die kalte Sauce.

1 Die Hammelkeule waschen, trockentupfen und vom Fett und den Sehnen befreien. Für die Beize die Möhren schälen und waschen. Die Zwiebeln abziehen. Buttermilch, 250 ml Essig, Lorbeerblatt, Pfefferkörner, Salz, Zucker, Möhren, 2 Zwiebeln und das Fleisch in ein großes Gefäß geben und zugedeckt an einem kühlen Ort 2 Tage stehen lassen.

2 Das Fleisch aus der Beize nehmen. Den Backofen vorheizen. 3 EL Öl und die Butter in einem Bratentopf erhitzen. Das Fleisch darin von allen Seiten anbraten. Dann 80–90 Minuten weiterbraten. Nach und nach

6–8 Portionen

2,5 kg Hammelkeule
2 Möhren, 3 Zwiebeln
2 l Buttermilch, 280 ml Essig
1 Lorbeerblatt, 4 Pfefferkörner
1 TL Salz, 1 TL Zucker
6 EL Öl, 50 g Butter
400 ml Lammfond
100 g saure Sahne
1 EL Semmelbrösel
1 Prise Paprikapulver
4 Eier, 1 Gewürzgurke
1 Bund Schnittlauch

mit dem Fond übergießen. Die Keule herausnehmen und warm stellen. Den Bratenfond passieren. Mit Sahne und Semmelbröseln binden. Paprikapulver zufügen.

3 Für die kalte Sauce die Eier hart kochen. Eier und Gurke klein schneiden. Schnittlauch waschen, trockentupfen und schneiden. Die restliche Zwiebel fein hacken. Alles mit dem restlichen Essig, Öl und Salz vermischen. Warme Sauce über das Fleisch geben, kalte Sauce dazureichen.

🔥 **Ober-/Unterhitze: 200 °C**
🔥 **Gas: Stufe 4–5**

Omas Empfehlung

Wer Hammelfleisch nicht so sehr mag, kann auch Fleisch vom Lamm nehmen. Als Beilage eignen sich auf jeden Fall Röstkartoffeln, gebackene Tomatenhälften und grüne Bohnen.

Schinken in Brotteig

Ein aufwändiges Gericht, das man nur noch selten auf einer Speisekarte finden kann, ist der Schinken im Teigmantel. Der Ursprung des Rezepts liegt in der Pfalz und Franken.

1 Für den Teig 2–3 Tage zuvor einen Sauerteig zubereiten. Dazu die Zwiebel abziehen und auf einer Reibe fein reiben. Mit 40 g Roggenmehl und 2–3 EL Wasser vermischen. Zugedeckt kühl stellen. Ab und zu umrühren.

2 Den Schinken am Vorabend in einem großen Gefäß in Wasser legen. Am nächsten Tag kräftig mit Weizenkleie abreiben und mit heißem Wasser abspülen.

3 In einem großen Topf reichlich Wasser zum Kochen bringen, den Schinken mit der Schwarte nach oben hineinlegen. Aufkochen und dann bei schwacher Hitze mindestens 3 1/2 Stunden kochen lassen.

4 In der Zwischenzeit für den Brotteig Öl, Salz, Weizenmehl und das restliche Roggenmehl in einer Schüssel mischen. Lauwarmes Wasser mit dem Sauerteig, der Hefe und dem Zucker zur Mehlmischung geben und verkneten, bis ein glatter Teig entstanden ist. Zugedeckt an einem warmen Ort 2–2 1/2 Stunden ruhen lassen.

5 Den Teig ein zweites Mal durchkneten und nochmals etwa 1 Stunde zugedeckt warm stellen, bis sich das Volumen verdoppelt hat. Den Schinken von der Kochstelle nehmen. Die Arbeitsfläche mit Mehl bestreuen und etwas Teig beiseite legen. Den restlichen Teig zu einem großen Viereck ausrollen.

6 Den Schinken darauf legen und mit dem Teig einhüllen. Das Ei verquirlen. Die Kanten mit Ei bepinseln und fest andrücken. Mit der Gabel mehrmals einstechen. Aus dem restlichen Teigstück schmale Streifen formen und auf einer Seite mit Ei bepinseln. Dann die Streifen gitterförmig auf den Teig legen. Zum Schluss den ganzen Teig mit Ei bepinseln. Den Schinken

in Brotteig etwa 2 Stunden backen. Noch heiß in Scheiben schneiden.

7 Für die Cumberlandsauce die Orange waschen, trockentupfen, die Schale abreiben und den Saft einer Hälfte auspressen. Das Johannisbeergelee, den Dijonsenf und den Portwein verrühren. 1–2 EL Orangensaft untermischen, bis die Masse geschmeidig, aber nicht zu dünnflüssig ist. Mit der Orangenschale, Salz, Pfeffer und Ingwer würzen. Zum Schinken servieren. Dazu passt ein gemischter Salat oder mildes Weinkraut.

Variante 1: Für einen Sauerteig ohne Hefe 100 g Mehl, 100 ml Wasser und 3 EL Buttermilch in einem Steingutgefäß verrühren und zugedeckt bei 25–28 °C über Nacht stehen lassen. Morgens dem Brei 100 g Mehl und 100 ml Wasser zufügen und wieder zugedeckt warm stellen. Am Abend umrühren. Am nächsten Morgen 200 g Mehl und 200 ml Wasser untermischen. Abends erneut umrühren. Am nächsten Tag ist der Sauerteig fertig.

Variante 2: 1 Zwiebel mit 1 Lorbeerblatt und 1 Gewürznelke spicken. Einen entbeinten Bauernschinken mit 1 1/2 kg in einen großen Topf geben und 3 l Wasser zugießen. Die gespickte Zwiebel zufügen. Aufkochen lassen und dann 1 Stunde zugedeckt bei schwacher Hitze kochen. Die Schwarte entfernen. 3 EL Senf, 2 TL Zucker und 1 EL Weißwein verrühren und den Schinken damit bestreichen. In Brotteig einhüllen und backen wie oben beschrieben.

🔥 **Ober-/Unterhitze: 160 °C**
🔥 **Gas: Stufe 2**

GUT ZU WISSEN

Beim Servieren können Sie die Brotkruste auch zuerst entfernen und den Schinken kalt oder warm in Scheiben schneiden. Die Brotkrustenstücke werden dann dazugereicht.

---

6 Portionen

Für den Brotteig:
1 kleine Zwiebel
600 g Roggenmehl
1 knapper TL Öl, Salz
150 g Weizenvollkornmehl
1/2 l Wasser
2 Päckchen Trockenhefe
1 TL Zucker
1 Ei

Für den Schinken:
1 1/2 kg geräucherter Schinken (Beinschinken)
2 EL Weizenkleie

Für die Cumberlandsauce:
1 unbehandelte Orange
200 g rotes Johannisbeergelee
1 TL Dijonsenf
1 EL Portwein
Salz, Pfeffer
Ingwerpulver

Omas Empfehlung

Sie können Ihren Bäcker bitten, dass er Ihnen den Brotteig herstellt. Leider findet man so kundenfreundliche Bäcker nur noch selten. Die Arbeit lässt sich allerdings erleichtern, wenn Sie fertigen Sauerteig verwenden, der in Naturkostläden oder gut sortierten Supermärkten erhältlich ist.

Schweinebraten

In Bayern gehört diese Art von
Schweinebraten zu den beliebtesten Fleischgerichten.

1 Das Fleisch waschen, trockentupfen und mit Salz einreiben. Den Braten mit der Schwarte nach unten in die Fettpfanne des Backofens legen. Mit dem Wasser übergießen.

2 Dann im Backofen braten. Nach 15 Minuten den Braten wenden und die Schwarte gitterförmig einschneiden. In einige Schnittpunkte eine Nelke stecken und 45 Minuten weiterbraten, dabei mehrmals mit dem Bratensaft begießen.

3 Das Suppengrün putzen, waschen und grob hacken. Die Zwiebel und die Knoblauchzehe abziehen. Die Zwiebel grob hacken. Die Knoblauchzehe

5–6 Portionen
1 kg Schweinefleisch
Salz
250 ml Wasser
Gewürznelken
1 Bund Suppengrün
1 große Zwiebel
1 Knoblauchzehe
1 Lorbeerblatt
5 Pfefferkörner
Salzwasser nach Bedarf
1 TL Stärkemehl
Pfeffer aus der Mühle

halbieren. Nach 20 Minuten Bratzeit Suppengrün, Zwiebel, Knoblauch, Lorbeer und Pfefferkörner zufügen. Die Schwarte mit Salzwasser bepinseln, bis sie knusprig ist. Das Fleisch herausnehmen, warm stellen.

4 Den Bratensatz mit etwas kaltem Wasser aufkochen. Die Sauce passieren. Das Stärkemehl mit 2 EL Wasser verrühren. Die Sauce damit binden. Mit Salz und Pfeffer würzen. Dazu passen Kartoffelklöße.

🔥 **Ober-/Unterhitze: 220 °C**
🔥 **Gas: Stufe 4–5**

Omas Empfehlung

Einen pikanteren Geschmack erhält das Gericht, wenn Sie ein kleines Glas Kapern in die Sauce geben.

Schweinelenden

Bei einer Hofschlachtung hat man früher alle Teile des Tieres sofort verarbeitet. Dann gab es Wurst, Gepökeltes, Schmalz – und natürlich eine Mahlzeit mit frischem Fleisch, beispielsweise Schweinelenden.

1 Das Fleisch vom Fett befreien, waschen, trockentupfen. Mit wenig Salz und Pfeffer einreiben. Die Zwiebel abziehen und fein hacken. Die Zitrone waschen, trockentupfen und die Schale abreiben. Die Butter in einer Pfanne erhitzen. Die Lenden darin von allen Seiten braun braten, bei schwacher Hitze etwa 25 Minuten weiterbraten.

2 Mehrmals mit dem Bratensaft übergießen. Nach 15 Minuten die Zwiebel und die Zitronenschale hinzufügen. 10 Minuten vor dem Bratende den Weißwein, den Madeira und die Sahne zugeben.

3 Nach Bedarf mit Salz und Pfeffer nachwürzen. Dazu passen Kartoffelbrei, Salat oder weiße Rüben.

Variante: Die Schweinelenden in Scheiben schneiden und salzen. In 2 EL Butter halb gar braten. Geschälte Birnenviertel zugeben. Mit wenig Wasser zum Fleisch geben und fertig garen.

4 Portionen

800 g Schweinelenden
Salz
Pfeffer
1 kleine Zwiebel
1 unbehandelte Zitrone
60 g Butter
3 EL Weißwein
5 EL Madeira
100 g saure Sahne

Schweinshachse

Im Süddeutschen wird sie auch kurz „Haxe" oder „Haxn"
genannt (und so geschrieben). Gemeint ist immer dasselbe: der untere
Teil des Beines von Schwein oder Kalb.

1 Die Schweinshachsen waschen, trockentupfen und mit Salz einreiben. Die Möhren schälen, waschen und längs halbieren oder in dickere Scheiben schneiden. Die Petersilie waschen. Die Zwiebeln abziehen und vierteln. Erst die Hachsen, dann Möhren, Petersilie, Zwiebeln und Kümmel in eine Kasserolle geben.

2 Den Essig und das Wasser darüber gießen. Zunächst aufkochen und dann bei schwacher Hitze etwa 1½ Stunden schmoren. Anschließend die Hachsen herausnehmen und auf eine vorgewärmte Platte legen. Warm stellen.

5 Portionen

1 kg Schweinshachsen
Salz
2 Möhren
½ Bund Petersilie
2 Zwiebeln
1 TL Kümmel
50 ml Essig
300 ml Wasser
Pfeffer

3 Die Sauce durch ein Sieb streichen, eventuell einkochen. Mit Pfeffer würzen. Zu den Hachsen servieren. Dazu passen Linsen oder Sauerkraut.

Variante: Das Sauerkraut kann man auch als Zutat verwenden: 1 Zwiebel abziehen und mit 4 Nelken spicken. 2 Äpfel waschen, schälen, vom Kerngehäuse befreien und in Schnitze schneiden. ½ l Wasser in eine Kasserolle geben. 350 g rohes Sauerkraut, die Zwiebel, 8 Wacholderbeeren, die Äpfel und 1 kg Schweinshachsen zugeben. Schmoren wie oben beschrieben.

Der vielseitige Schriftsteller und Kritiker Otto Julius Bierbaum (1865–1910) preist die Schweinshachsen in höchsten Tönen – gewürzt mit einem Schuss kräftiger Ironie:
„Fehlt dir, o Mensch, die Harmonie
In deinem Innenleben,
So wird dich eine Symphonie
Zu reinen Höhen heben.
Aus Sauerkraut besteht sie und
Schweinshaxen, rosig runden,
Und war dein Herze noch so wund,
Es wird sogleich gesunden."

Schinken in Burgunder

Dieses Gericht wird auch gehobenen Ansprüchen
gerecht. Daher ist das Rezept für ein großes Gästeessen ausgelegt.

1 Den Schinken von den Knochen befreien und mit Küchengarn fest umwickeln. Mit reichlich Wasser in einen großen Topf geben und aufkochen. Dann bei schwacher Hitze 3 Stunden köcheln lassen.

2 Inzwischen die Zwiebeln abziehen. Die Butter erhitzen. Zucker und Zwiebeln darin braun braten. 250 ml Schinkenbrühe, Zitronensaft und Brühepulver zugeben. Die Zwiebeln weich schmoren (sie sollen in der Flüssigkeit schwimmen).

3 Den Schinken herausnehmen. Die Schwarte, bis auf ein Stück am Knochen, abschneiden und den Schinken in eine Braten-

pfanne legen. Im Backofen braten. ¹/₂ l Schinkenbrühe, den Fond und den Wein zugeben. Den Schinken mit der Flüssigkeit begießen, bis er braun ist.

4 Die Zwiebelsauce durch ein Sieb gießen, die Zwiebeln warm stellen und die Sauce mit dem Johannisbeergelee verrühren. Mit Paprika und Madeira würzen. Den Schinken in Scheiben schneiden. Auf eine Platte legen. Die Zwiebeln herumlegen und die Sauce zugeben.

12 Portionen

1 geräucherter Schinken
500 g kleine Zwiebeln
80 g Butter
20 g Zucker
¹/₂ TL Zitronensaft
1 EL Fleischbrühepulver
200 ml Fleischfond
³/₄ l Burgunder
1 EL Johannisbeergelee
Paprikapulver
1 EL Madeira

🔥 Ober-/Unterhitze: 220 °C
🔥 Gas: Stufe 4–5

Omas Empfehlung

Sie können den Schinken auch zuvor pökeln – allerdings nicht zu lange und nicht zu scharf. Als Beilagen eignen sich Esskastanien und Makkaroni.

Omas Aprilmenü

Die zarten Sauerampferblätter werden für
die Ostersuppe gepflückt. Je nachdem, ob das Osterfest früh
oder spät im Jahr liegt, besteht das Dessert aus frischen Walderdbeeren
oder eingemachten Früchten – sofern man im vorigen
Sommer weitsichtig genug war ...

Sauerampfersuppe

3 EL Butter
6 kleine Scheiben Weißbrot
750 g Sauerampfer
1¹/₂ l Fleischbrühe
2 EL Mehl
¹/₂ Zitrone, 250 g saure Sahne
2 Eigelb, Zucker

● 1 EL Butter in einer Pfanne erhitzen und darin die Weißbrotscheiben goldgelb braten.
● Den Sauerampfer waschen, trockentupfen und in Streifen schneiden. Die restliche Butter erhitzen und den Sauerampfer bei schwacher Hitze etwa 3 Minuten darin ziehen lassen. Die Fleischbrühe erhitzen. Das Mehl über den Sauerampfer streuen und mit der Brühe auffüllen.
● Die halbe Zitrone auspressen. In einer Suppenterrine Sahne, Eigelbe, 1 Prise Zucker und Zitronensaft verrühren. Die Brotscheiben hineinlegen und die Suppe darüber gießen.

Osterlammschulter

Für den Braten:
1 kg Lammfleisch
(Schulter ohne Knochen)
Salz, Pfeffer, 5 EL Butter
1 Zwiebel, ¹/₂ l Kalbsfond
1 Bouquet garni

Für die Sauce béarnaise:
3 Schalotten, 4¹/₂ EL Estragonessig
6 Pfefferkörner
je ¹/₂ EL Estragon-, Petersilien- und Kerbelblätter, Paprikapulver
¹/₄ Lorbeerblatt, 2 Gewürznelken
Thymian, 2 EL Olivenöl
5 Eigelb, 100 ml Weißwein
3 EL Fleischfond
300 g Butter

● Das Fleisch waschen und trockentupfen. Mit Salz und Pfeffer einreiben. In einer Kasserolle die Butter erhitzen, das Fleisch darin von allen Seiten braun braten. Die Zwiebel abziehen, fein hacken und mitbraten.
● Mit etwa der Hälfte des Kalbsfonds ablöschen. Das Bouquet garni zufügen. Zugedeckt im Backofen bei 150 °C (Gas Stufe 2) etwa 1¹/₄ Stunden schmoren, dabei immer wieder vom restlichen Fond etwas über den Braten gießen.
● Für die Sauce die Schalotten abziehen und fein hacken. Essig, Schalotten, Pfefferkörner, Estragon, Petersilie, Kerbel, Paprika, Lorbeer, Gewürznelken und Thymian in einem Topf bis auf eine Menge von etwa 2 EL einkochen.
● Die Masse durch ein Sieb drücken und beiseite stellen. Öl, Eigelbe, Wein und Fleischfond im Wasserbad schlagen, bis die Masse hell und cremig wird. Den Topf von der Kochstelle nehmen.
● Die Butter in Stücken untermischen und weiterschlagen, bis eine dicke Sauce entstanden ist. Die durchgesiebte Würzpaste zugeben. Das Fleisch auf einer Platte anrichten. Die Sauce dazureichen. Als Beilage eignen sich junge Kartoffeln, Erbsen und gebackene Tomaten.

Walderdbeeren mit Sahne

750 g frische Walderdbeeren
(oder eingelegte)
300 g Schlagsahne
¹/₂ TL Vanillezucker
400 g Puderzucker
zum Einmachen

● Die frischen Walderdbeeren abzupfen, vorsichtig waschen und trockentupfen.
● Die Früchte auf Dessertschalen verteilen. Die Schlagsahne halb steif schlagen und den Vanillezucker untermischen. Sahnehäubchen auf die Beeren setzen.
● Oder im Vorjahr die Walderdbeeren abzupfen, vorsichtig waschen und trocknen lassen. In einer Schüssel die Früchte und den Puderzucker mischen und in Einmachgläser einfüllen. Diese vorsichtig aufstoßen und leicht schräg halten, damit sich die Flüssigkeit verteilt, dann verschließen. Für das Dessert wie oben verfahren.

Schweinebauch in Bier

Dieses habhafte Gericht macht dem Magen viel Arbeit. Daher sollte man sich nach seinem Genuss möglichst ein Päuschen gönnen.

1 Den Schweinebauch waschen und in eine Kasserolle legen. Das Wasser zugießen und bei schwacher bis mittlerer Hitze 1–1$^{1}/_{4}$ Stunden kochen lassen. Umdrehen, wenn das Fleisch halb gar ist.

2 In der Zwischenzeit die Zwiebeln abziehen und vierteln. Die Möhren und den Sellerie schälen, waschen und in grobe Stücke schneiden.

3 Wenn das Wasser verkocht ist und sich eine Kruste in der Kasserolle gebildet hat, Zwiebeln, Möhren, Sellerie und Bier zufügen. Mit Salz und Pfeffer würzen. Bei schwacher Hitze köcheln lassen, bis das Fleisch gar ist. Dann herausnehmen und warm stellen.

4 Die Sauce durch ein Sieb gießen. Fett abschöpfen. Nach Bedarf einkochen lassen. Den Pfefferkuchen reiben und die Sauce damit binden. Zum Fleisch servieren.

3–4 Portionen

700 g Schweinebauch
250 ml Wasser
2 Zwiebeln
3 Möhren
1 Stück Knollensellerie
1 Flasche Braunbier
Salz
Pfeffer
50 g Pfefferkuchen

Variante: Die Haut von einem Stück Schweinebauch (800 g, durchwachsen) einritzen. 1$^{1}/_{2}$ l Wasser, 1 Lorbeerblatt, 1 abgezogene Zwiebel und 1 Stück Speck aufkochen. Salz, 1 kg zerpflücktes Sauerkraut und den Schweinebauch zugeben. Zugedeckt bei schwacher Hitze 50 Minuten weich kochen.

Der deutsche Dichter Ludwig Uhland (1787–1862), Meister des eher schlichten Lieds („Der Wirtin Töchterlein"), hat in einem seiner Gedichte auch ein Lob auf das Schwein ausgesprochen: „Ihr Freunde, tadle keiner mich, dass ich von Schweinen singe! Es knüpfen Kraftgedanken sich oft an geringe Dinge."

Schmandschinken

Deftig und schwer – so lässt sich der Schmand charakterisieren. Und damit passt er auch gut zur ostpreußischen Küche, in der er ein gewichtiger Bestandteil ist – sagen Kenner der Materie.

1 Die Schinkenscheiben waschen, trockentupfen und leicht klopfen. Dann in die Milch legen und 2 Stunden stehen lassen.

2 Butter erhitzen und den Schinken bei großer Hitze auf beiden Seiten braun braten – er darf nicht hart werden. Warm stellen. Die heiße Butter in einen Topf gießen.

3 Die saure Sahne und den Schmand oder die Crème double zugeben. Erhitzen und unter Rühren braun werden lassen. Das Mehl im Wasser verquirlen und unter die Sauce mischen. Mit Zucker, Salz, Pfeffer und Zitronensaft würzen. Zu den Schinkenscheiben servieren. Dazu passen Pellkartoffeln und Gurkensalat.

4 Portionen

4 Scheiben Schinken
(mild und leicht geräuchert,
je 100 g)
500 ml Milch
1 EL Butter, 125 g saure Sahne
4 EL Schmand oder Crème double
1 EL Mehl
125 g Wasser
1 Prise Zucker
Salz, Pfeffer
1 EL Zitronensaft

Variante: Ein altes Brötchen in lauwarmem Wasser einweichen und ausdrücken. Mit 500 g Schinkenresten durch den Fleischwolf drücken. 250 g Schlagsahne und 3 Eier untermischen. Eine Auflaufform mit Champignonscheiben belegen. Die Schinkenmasse einfüllen. Im Backofen im Wasserbad bei 180 °C etwa 45 Minuten garen.

Schnitzel mit Zwiebeln

Kaum zu glauben, aber wahr: Das heute so beliebte
Schnitzel hat in der Küche der Großmutter kaum eine Rolle gespielt.

1 Die Schnitzel waschen, trockentupfen und kräftig klopfen. Mit Salz und Pfeffer bestreuen. Im Mehl wälzen.

2 In einer Pfanne das Fett erhitzen und die Schnitzel zuerst bei starker Hitze, dann bei mittlerer Hitze braten. Wenn sie durchgebraten sind, herausnehmen und warm stellen.

3 Die Zwiebeln abziehen, zuerst in Scheiben, dann in Streifen schneiden. In der Pfanne braun rösten, darauf achten, dass nicht zu viel Fett in der Pfanne ist. Die Zwiebeln über die Schnitzel streuen.

4 Die Brühe und die saure Sahne im Bratenfett erhitzen und zu den Schnitzeln servieren.

Variante: 4 Koteletts von je 200 g in 3 EL Butter braten. 200 ml Fleischbrühe zugießen. 500 g klein geschnittene Möhren, 1 Gewürznelke und 2 ganze Zwiebeln zufügen. Salzen und pfeffern. Bei schwacher Hitze 35 Minuten schmoren. Zwiebeln entfernen.

4 Portionen

4 Schweineschnitzel
(etwa 3–4 cm dick)
Salz
Pfeffer
3 EL Mehl
80 g Butter oder Öl
5 Zwiebeln
5 EL Fleischbrühe
2 EL saure Sahne

GUT ZU WISSEN

Früher wurden Koteletts und Schnitzel wie Braten geschmort. Heute ist es üblich, sie von beiden Seiten kurz anzubraten. Man kann also alte Rezepte „modernisieren", indem man Koteletts und Schnitzel brät, warm stellt und in der Zwischenzeit das Gemüse schmort.

Omas Empfehlung

Die Backobstbrühe sollten Sie nicht weggießen, denn sie gibt der Sauce den typischen Geschmack.

Schlesisches Himmelreich

„Wer das Himmelreich nicht kennt, der hat umsonst gelebt", sagen die Schlesier und meinen ihr Lieblingsgericht, dessen Grundlage geräuchertes Schweinefleisch und Backobst sind.

Viel Kinder gab's und wenig Brot – so ganz stimmt dieses Klischee vom früheren Schlesien nicht, aber es war ein sehr kinderreiches Land, und in vielen Familien war das Haushaltsgeld sehr knapp bemessen. Kein Wunder also, dass die Sprösslinge sofort in der Küche waren, wenn es nach „Schlesischem Himmelreich" roch.

1 Backobst am Vortag im Wasser einweichen. Am nächsten Tag zuerst die Zitrone waschen, trockentupfen und ein Stück Schale abschneiden. Dann das Backobst mit dem Einweichwasser, dem Zucker, der Zimtstange und der Zitronenschale aufkochen.

2 In der Zwischenzeit das Fleisch oder den Speck waschen und in reichlich Wasser etwa 30 Minuten kochen, bis das Fleisch oder der Speck weich ist. Das

4 Portionen

400 g gemischtes Backobst
400 ml Wasser
1 unbehandelte Zitrone
1 Prise Zucker
1 kleines Stück Zimtstange
600 g Schweinefleisch (geräuchert, z. B. Schweinebauch oder magerer Rauchspeck)
1 Stück Lebkuchen

Backobst in ein Sieb geben, dabei die Brühe auffangen. Die Zimtstange und die Zitronenschale entfernen.

3 Das Backobst warm stellen. Den Lebkuchen zerkrümeln und die Brühe damit binden. Das Fleisch oder den Speck in Scheiben schneiden. Auf eine angewärmte Platte legen, das Backobst und Kartoffelklöße (siehe S. 68) außen herum verteilen. Die Sauce dazu servieren.

Königsberger Klopse

Die Königsberger Klopse wurden schnell über die Grenzen
der Stadt hinaus bekannt und eroberten in Kürze ganz Deutschland.

1 Das Brötchen in lauwarmem Wasser einweichen. Die Zwiebel abziehen und fein hacken. Die Petersilie waschen, trockentupfen und fein hacken. Die Zitrone waschen, trockentupfen, ein Stück Schale abreiben und dann den Saft einer Hälfte auspressen. Das Brötchen ausdrücken.

2 Das Hackfleisch, die Zwiebel, die Hälfte der Petersilie, die Zitronenschale, 1 EL Zitronensaft, das Brötchen, die Semmelbrösel, Salz und Pfeffer zu einem Teig kneten. Den Teig zu Klopsen formen. Die Butter in einem Topf

4 Portionen

1 Brötchen vom Vortag
1 Zwiebel, 1 Bund Petersilie
1 unbehandelte Zitrone
300 g Rinderhackfleisch
300 g Schweinehackfleisch
1 Ei, 2 EL Semmelbrösel
Salz, Pfeffer
50 g Butter, 40 g Mehl
750 ml Fleischbrühe
2 EL Kapern
2 EL Crème fraîche
geriebene Muskatnuss

erhitzen und das Mehl darin hell anbraten. Die Fleischbrühe langsam zugießen und rühren, bis die Sauce glatt ist.

3 Die Klopse in die Sauce legen und zugedeckt bei schwacher Hitze 15 Minuten köcheln lassen. Dann in eine vorgewärmte Schüssel legen.

4 Kapern, Crème fraîche und die Hälfte der restlichen Petersilie in die Sauce geben. Mit Salz, Pfeffer, Muskat und dem restlichen Zitronensaft würzen. Die Sauce über die Klopse gießen. Die restliche Petersilie darüber streuen.

Omas Empfehlung

Formen Sie mit den Händen gleich große und feste Klopse, damit sie gleichmäßig garen und nicht auseinander fallen.

Falscher Hase

Ob der Hackbraten tatsächlich aus der Not geboren wurde,
einen nicht vorhandenen Hasenbraten zu ersetzen, weiß niemand so
genau – aber ein origineller Name ist es auf alle Fälle.

1 Die Brötchen in lauwarmem Wasser einweichen. Die Zwiebeln abziehen und fein hacken. 1 EL Butter erhitzen und die Zwiebeln darin bei schwacher Hitze braten, bis sie glasig sind. Die Brötchen gut ausdrücken.

2 Das Hackfleisch, die Eier, den Zitronensaft und die Brötchen zu den Zwiebeln geben. Salz und Pfeffer darüber streuen.

3 Alle Zutaten gründlich zu einem Fleischteig verkneten und dann wie ein Brot formen. Die restliche Butter schmelzen. Eine feuerfeste ovale Form mit 1 EL davon ein-

4 Portionen

2 Brötchen vom Vortag
2 kleine Zwiebeln
50 g Butter
300 g Rinderhackfleisch
300 g mageres
Schweinehackfleisch
2 kleine Eier
1 EL Zitronensaft
Salz, Pfeffer
125 ml Fleischbrühe
100 g saure Sahne
Paprikapulver

fetten. Den falschen Hasen hineinlegen und mit der restlichen flüssigen Butter bepinseln. Im Backofen 30 Minuten backen.

4 Die Fleischbrühe erhitzen, mit der sauren Sahne und etwas Paprika verrühren. Die Sauce über den falschen Hasen gießen und weitere 10 Minuten garen. Herausnehmen und in Scheiben schneiden. Dazu passen Rotkohl oder Spinat und Salzkartoffeln.

🔥 Ober-/Unterhitze: 200 °C
🔥 Gas: Stufe 3–4

Berliner Buletten

Buletten mit Knüppel und Mostrich gehören zu den Lieblingsessen
der Berliner. Knüppel sind dabei längliche Brötchen. Mostrich ist das aus
dem französischen „moutarde" abgeleitete Wort für Senf.

1 Die Brötchen in der Milch etwa 20 Minuten einweichen. Die Zwiebel abziehen und fein hacken. Dann die Brötchen ausdrücken.

2 Hackfleisch, Bratwurstmasse, Brötchen, Zwiebel, Salz, Pfeffer und 1 Prise Muskat gründlich zu einem Teig verkneten.

3 Aus dem Teig 8 Kugeln formen und etwas abflachen. Das Fett in einer Pfanne erhitzen und die Buletten bei mittlerer Hitze auf beiden Seiten braun braten. Kalt

4 Portionen

2 Brötchen vom Vortag
200 ml Milch
1 große Zwiebel
je 125 g Rinder-, Schweine- und
Kalbshackfleisch
125 g feine Bratwurstmasse
Salz, Pfeffer
geriebene Muskatnuss
4 EL Schweineschmalz
oder Öl

oder warm mit Senf und Brot, Brötchen oder Knüppeln servieren.

Variante: Je 1 fein gehackte Zwiebel und Knoblauchzehe in 1 EL Butter glasig braten. 2 Brötchen vom Vortag einweichen. 300 g Rinder- und 200 g Schweinehackfleisch mit der Zwiebelmasse, den ausgedrückten Brötchen, 1 Ei, 1 EL gehackter Petersilie, Salz, Pfeffer, Kümmelpulver, Oregano und Cayennepfeffer vermischen. Weiter wie im Hauptrezept verfahren.

GUT ZU WISSEN

Wenn Sie die Buletten etwas weicher mögen, nehmen Sie nur 1 1/2 Brötchen und fügen 1 Ei zum Hackfleischteig zu.

Omas Empfehlung

Als „Hasen-Vari-
ante" für Käsefreunde
kann man in Würfel
geschnittenen Emmen-
taler (70 g) noch als
Zutat verwenden: Der
Länge nach eine Ver-
tiefung in den Fleisch-
teig formen, den Käse
hineinlegen und die
Vertiefung wieder
schließen.

Fleischpfannkuchen

Not macht erfinderisch – das gilt auch für
das Kochen. Und so sind aus Resten schon immer phantasievolle
und köstliche Gerichte entstanden.

1 Für die Pfannkuchen Milch und Mehl verrühren. 2 Eier und 1 Prise Salz untermischen.

2 Die Fleischreste für die Füllung klein schneiden. Die Champignons von den erdigen Enden befreien, waschen und in Scheiben schneiden.

3 Frühlingszwiebeln waschen und von den grünen Blättern befreien. Einige schöne Exemplare zu Röllchen schneiden. Die Zwiebeln abziehen und fein hacken. Die Tomaten mit kochendem Wasser übergießen und die Haut abziehen. Halbieren, von den Kernen befreien und in kleine Würfel schneiden.

4 Die Butter in einer Pfanne erhitzen, die Zwiebeln und die Pilze darin 4 Minuten anbraten. Das Fleisch und die Tomaten zufügen, noch weitere 3 Minuten braten.

5 Von der Kochstelle nehmen, das restliche Ei darüber schlagen und mit Salz würzen. In einer Pfanne das Butterschmalz erhitzen und darin dünne Pfannkuchen braten (siehe S. 76). Die Füllung darauf verteilen und zusammenrollen.

2–3 Portionen

250 ml Milch
125 g Mehl
3 Eier, Salz
200–250 g Kalbs- oder
Rindfleischreste
100 g Champignons
3 Frühlingszwiebeln
2 kleine Tomaten
2 EL Butter
Butterschmalz

Omas Empfehlung

Die Pfannkuchen warm stellen, bis alle fertig gebacken sind. Dann nacheinander die Füllung darauf verteilen und zu Rollen formen.

Gutes aus Fleischresten

Früher war Fleisch für viele Familien kaum erschwinglich. Daher wurden auch die Reste – falls einmal etwas vom Sonntagsbraten übrig blieb – zu einem schmackhaften Gericht verwertet.

1 Die Kartoffeln schälen, waschen und in Salzwasser etwa 25 Minuten kochen, bis sie weich, aber noch nicht zerfallen sind. Das Wasser abgießen, die Kartoffeln abkühlen lassen, schälen und in dünne Scheiben schneiden.

2 Die Fleischreste in dünne Streifen schneiden. Die Sardellen klein schneiden. Die Zwiebel abziehen und fein hacken.

3 Die Majoranstängel waschen, trockentupfen und die Blätter abzupfen. 2 EL Butter in einer Pfanne erhitzen, die Zwiebel, das Fleisch und die Sardellen darin bei mittlerer Hitze unter Rühren braten. Mit Salz und Majoran würzen. Die Hälfte der sauren Sahne zufügen.

4 Eine feuerfeste Form mit der restlichen Butter einfetten. Kartoffeln und Fleischmasse schichtweise einfüllen. Mit einer Schicht Kartoffeln beginnen und enden. Die restliche Sahne darüber gießen und im Backofen etwa 30 Minuten backen.

4 Portionen

500 g Kartoffeln
Salz
etwa 250–300 g Fleischreste
100 g Sardellen
1 Zwiebel
einige Stängel frischer Majoran
3 EL Butter
250 g saure Sahne

🔥 **Ober-/Unterhitze: 200 °C**
🔥 **Gas: Stufe 3–4**

Resteverwertung hat eine sehr lange Tradition, wie dieses Rezept aus dem Jahr 1597 zeigt: „Wann du gut verbliebenes Fleisch hast, von allerhand, groß oder klein, so hacks und würtz mit Pfeffer, Ingwer und gestoßenen Muscatblüth, wiltu nimb auch Saffran oder Pfeffer nur allein, wiltu so thu Weinbeer darein …"

Pfälzer Saumagen

Die Pfälzer sind stolz auf ihren Saumagen,
der tatsächlich sehr außergewöhnlich ist und seinesgleichen sucht.

Es gibt nichts, was es nicht gibt – selbst ein Loblied auf den Saumagen (Karl August Woll, 1835–93). Darin preisen sechs Männer ihre Lieblingsspeisen:
„… Diese Sachen – sprach der sechste –
kenn ich alle sehr genau,
doch es geht mir über alles
stets der Magen einer Sau.
Gut gefüllt wie sich's gebühret,
hergerichtet mit Verstand,
ißt ihn froh bei Weib und Kinde
jeder Untertan im Land …"

1 Am Vortag den Saumagen gründlich säubern und gut wässern. Mehrmals das Wasser wechseln, auch über Nacht im Wasser lassen. Dann intensiv mit Salz einreiben und die Schleimschicht entfernen, immer wieder unter klarem Wasser abspülen.

2 Zwei der drei Magenausgänge mit Küchengarn zunähen. Die Kartoffeln etwa 25 Minuten kochen, bis sie weich sind. In Würfel schneiden. Den Schweinebauch ebenfalls würfeln. Die Zwiebeln abziehen und zwei grob hacken. Die dritte achteln und beiseite stellen.

8-10 Portionen
1 Saumagen
1–1¹⁄₂ Kartoffeln
750 g magerer Schweinebauch
3 große Zwiebeln
375 g Rinderhackfleisch
3 Eier
Salz, Pfeffer
1 Prise geriebene Muskatnuss
1 TL geriebener Majoran
250 ml Wasser

3 Kartoffeln, Schweinebauch, Hackfleisch, Eier und die gehackten Zwiebeln vermischen. Mit Salz, Pfeffer, Muskat und Majoran würzen. Den Saumagen nicht zu prall füllen, weil er sonst platzt.

4 Den Saumagen zunähen. In eine Kasserolle geben, die restliche Zwiebel zugeben und das Wasser darüber gießen. Bei schwacher Hitze schmoren – jedoch nicht kochen lassen –, bis die Flüssigkeit verdampft ist. Dann im eigenen Fett 2–2¹⁄₂ Stunden braten. Den Saumagen servieren. Dazu passen Sauerkraut und Brot.

Leber nach Berliner Art

Die Kombination von Kalbsleber und
Apfel ist nicht nur in Berlin bekannt. Man findet sie auch in Mecklenburg,
wo man Apfelmus statt Apfelscheiben bevorzugt.

1 Die Kalbsleber von den Sehnen und Häuten befreien. In nicht zu dicke Scheiben schneiden. Im Mehl wälzen.

2 Die Zwiebeln abziehen und in dünne Scheiben schneiden. Die Äpfel waschen, schälen, das Kerngehäuse ausstechen und in dünne Scheiben schneiden.

3 Die Petersilie waschen, trockentupfen und fein hacken. Die Butter erhitzen und die Leberscheiben von beiden Seiten braun braten, sie

3–4 Portionen

700 g Kalbsleber
2 EL Mehl
200 g Zwiebeln
2 große saure Äpfel
1 Bund Petersilie
80 g Butter
Salz
Pfeffer

sollen innen noch etwas rosa sein. Herausnehmen, auf eine vorgewärmte Platte legen und warm halten.

4 Die Apfelscheiben im Fett etwa 3 Minuten braten und dann auf die Leberscheiben geben.

5 Zum Schluss die Zwiebelscheiben im Fett braun braten und dann auf den Leberscheiben verteilen. Die Petersilie darüber streuen. Mit Salz und Pfeffer würzen. Dazu passt Kartoffelpüree.

Omas Empfehlung

Die Leber sollte erst am Schluss gewürzt werden, weil sie so schön weich bleibt. Braten Sie die Apfelscheiben nicht mit der Leber zusammen, sie sehen sonst schnell unappetitlich aus.

Omas Maimenü

Nicht nur die Obstbäume blühen im Wonnemonat Mai, sondern auch die ersten zarten Gemüse aus den heimischen Landen kommen auf den Markt: Blumenkohl, Erbsen, Gurken, Möhren, Rhabarber und Spargel. Als Hauptgang empfiehlt sich die Scholle, die im Mai und Juni am feinsten schmeckt.

Maischolle mit Frühlingsgemüse

Für das Gemüse:
500 g Kartoffeln
je 100 g Palerbsen, junge Möhren
und junge grüne Bohnen
Salz, 1 Bund Petersilie

Für die Scholle:
2 küchenfertige Schollen (je 350 g)
Salz, weißer Pfeffer aus der Mühle
$^1/_2$ Bund Frühlingszwiebeln
2 EL Öl, 4 EL Butter
$^1/_2$ EL Mehl
150 ml Wasser
50 ml Fischfond

Spargelsuppe

250 g Spargel
Salz
1 EL Butter
$1^1/_2$ EL Mehl
1 Eigelb
125 g Schlagsahne
Zitronensaft oder Muskatnuss
nach Belieben

● Die Spargelstangen von den holzigen Enden befreien, waschen, schälen und in etwa 4 cm lange Stücke schneiden.
● In leicht gesalzenem Wasser 15 Minuten kochen. Durch ein Sieb gießen, die Spargelbrühe auffangen, 400 ml abmessen und beiseite stellen.
● Die Butter erhitzen, das Mehl und dann die Spargelbrühe unter ständigem Rühren zufügen. Zuerst aufkochen, dann etwa 10 Minuten bei schwacher Hitze ziehen lassen.
● Das Eigelb und die Sahne verquirlen. In die Suppe rühren. Den Spargel zufügen. Nach Belieben mit einigen Tropfen Zitronensaft oder Muskat würzen.

● Die Kartoffeln schälen, waschen und in Salzwasser etwa 25 Minuten oder im Dampftopf nach Anleitung weich kochen.
● Die Erbsen auspalen und waschen. Die Möhren unter fließendem Wasser abbürsten. Die Bohnen von den Enden befreien und waschen. Das Gemüse in wenig Salzwasser etwa 15 Minuten kochen, bis es weich ist.
● Schollen waschen, trockentupfen und mit Salz und Pfeffer einreiben. Frühlingszwiebeln abziehen und fein hacken. In einer Pfanne Öl und 2 EL Butter erhitzen, Zwiebeln zugeben und Schollen bei mittlerer Hitze auf beiden Seiten 4–5 Minuten braten.
● Herausnehmen und warm stellen. Das Mehl in die Pfanne geben und mit dem Wasser und dem Fischfond ablöschen. Die Sauce durch ein Sieb geben.
● Petersilie waschen, trockentupfen und fein hacken. Das Gemüse in der restlichen Butter schwenken. Dann um die Scholle legen und die Sauce darüber gießen. Mit der Petersilie bestreuen. Die Kartoffeln dazu servieren.

Rhabarbercreme

1 kg Rhabarber
1 Zitrone
125 ml Wasser, 500 g Zucker
2 EL heller Obstsaft
220 g Schlagsahne
einige Erdbeeren

● Den Rhabarber von den Enden befreien, schälen, waschen und in etwa 3 cm lange Stücke schneiden.
● Zitrone auspressen. Den Saft mit dem Wasser, dem Zucker, dem Obstsaft und den Rhabarberstücken aufkochen lassen. Dann bei schwacher Hitze dünsten, bis der Rhabarber weich ist, aber noch nicht zerfällt.
● Durch ein Sieb streichen. Abkühlen lassen. Die Sahne steif schlagen und unter das Rhabarberpüree heben. Die Erdbeeren waschen, trockentupfen und das Püree damit verzieren.

Dippehas

Das Gericht stammt ursprünglich aus dem Rheingau.
Zum Essen ist daher ein Rheingauer Spätburgunder empfehlenswert.

1 Den Schweinebauch in dünne Scheiben schneiden. Die Zwiebeln und die Knoblauchzehen abziehen. Die Zwiebeln grob hacken. Den Knoblauch durch eine Knoblauchpresse drücken. Die Wacholderbeeren mit einer Gabel zerdrücken.

2 Den Schweinebauch in einem Topf von jeder Seite ohne Fett braun braten. Die Scheiben herausnehmen und warm stellen. Den Hasen waschen, trockentupfen und in Portionsstücke schneiden. Im eigenen Fett anbraten. Bei Bedarf Öl zugeben.

Zwiebel und Knoblauch zufügen und anbraten. Mit Salz, Pfeffer, Wacholder, Lorbeer, Nelken und Koriander würzen. Das Schwarzbrot zerbröckeln und zugeben. Den Rotwein zugießen.

3 Zugedeckt 1 Stunde im Backofen köcheln lassen. Den Hasen in einer angewärmten Schüssel mit den Schweinebauchscheiben servieren. Dazu passen rohe Kartoffelklöße (S. 68).

8–9 Portionen

500 g Schweinebauch
6 Zwiebeln
2 Knoblauchzehen
8–10 Wacholderbeeren
1 küchenfertiger Hase (1,3 kg)
3 EL ÖL bei Bedarf, Salz, Pfeffer
3 Lorbeerblätter
3 Gewürznelken
½ TL Koriandersamen
125 g Schwarzbrot
1 l Rotwein

🔥 Ober-/Unterhitze: 200 °C
🔥 Gas: Stufe 3–4

Der Name Dippehas ist die mundartliche Bezeichnung für „Topfhase" oder „Hase im Topf". Denn früher wurden zur Zubereitung vorwiegend gusseiserne „Dippe", also Töpfe, genommen.

Herxheimer Rehschnitzel

Wie der Dippehas stammt dieses Gericht aus dem Rheingau,
einem Weinbaugebiet, in dem es reichlich Wild und Wildgeflügel gibt.

1 Die Schnitzel waschen, trocknen und klopfen. Zwei Drittel von beiden Specksorten in dünne Scheiben schneiden. Dann der Länge nach in Streifen schneiden und mit einer Spicknadel durch die Schnitzel ziehen. Mit Salz, Pfeffer und Paprika einreiben. Im Mehl wenden.

2 Die Butter in einer großen Pfanne erhitzen und die Schnitzel darin bei starker Hitze von beiden Seiten braten, bis sie braun sind. Sie sollten innen noch etwas rosa sein, weil sie sonst zu zäh werden. Auf eine angewärmte Platte legen und warm stellen.

8 Portionen

8 Rehschnitzel, je 250 g
50 g durchwachsener Speck
100 g geräucherter fetter Speck
Salz, Pfeffer, Paprikapulver
2 EL Mehl
100 g Butter
1 große Zwiebel
150 ml Rotwein, 3 EL Wildfond
2 EL Semmelbrösel
Cayennepfeffer
150 g kleine Pfifferlinge
1 Bund Petersilie

Die Zwiebel abziehen und fein hacken. Zum Bratfett geben und braun braten.

3 Den Wein und den Fond zugießen. Einkochen lassen und die Semmelbrösel zufügen. Mit Salz und Cayennepfeffer würzen.

4 Die Pfifferlinge putzen und waschen. Den restlichen Speck in kleine Würfel schneiden. Beides in die Sauce geben, erhitzen und über die Schnitzel gießen. Die Petersilie waschen, trockentupfen, fein hacken und über die Schnitzel streuen. Dazu passen Bandnudeln.

Rehragout

In Bayern nennt man das Rezept Rehragout mit „gescheckelter Milli",
weil die für die Beize verwendete Buttermilch ein scheckiges Aussehen hat.

1 Die Zwiebel und die Knoblauchzehen abziehen. Mit Buttermilch, Wein, Paprika, Lorbeer,
Wacholderbeeren, Nelken, Pi-
mentkörnern und Salz eine
Beize zubereiten. Das Rehfleisch waschen und in Portionsstücke schneiden. Mit
den Knochen in die Beize legen. 2 Tage zugedeckt an einem kühlen Ort stehen lassen.

2 Dann die Beize durch ein
Sieb gießen und auffangen.
Die Fleischstücke abtropfen lassen.
Das Butterschmalz in einer Braten-
pfanne erhitzen und das Fleisch darin an-

6–8 Portionen

1 große Zwiebel
5 Knoblauchzehen
je ¹/₂ l Buttermilch und Rotwein
Paprikapulver, 1 Lorbeerblatt
6 Wacholderbeeren, 4 Nelken
6 Pimentkörner, Salz
1 kg Rehfleisch mit Knochen
50 g Butterschmalz
Pfeffer, 1 Prise Zucker
2 EL Stärkemehl

braten. Die Zwiebel aus der Beize
klein schneiden und zufügen. Die
Knoblauchzehen zerdrücken.
Fleisch, Zwiebel und Knoblauch braun braten.

3 Die Beize zugießen. Mit
Salz, Pfeffer und Zucker
würzen. Im Backofen schmoren lassen. Das Stärkemehl
mit wenig Wasser verrühren
und die Sauce damit binden.
Dazu passen Spätzle und Preiselbeerkompott.

🔥 Ober-/Unterhitze: 200–220 °C
🔥 Gas: Stufe 4

Rehrücken Baden-Baden

Der Einfluss der französischen Küche auf
die badische wird bei diesem Gericht offenkundig.

1 Den Rehrücken waschen und am
Mittelknochen entlang auf beiden Seiten bis zur Hälfte einschneiden. Die Wacholderbeeren zerdrücken. Das Fleisch
mit Wacholderbeeren, Salz,
Pfeffer und Paprika einreiben.
Die Hälfte des Specks in
dünne Scheiben schneiden
Das Fleisch damit belegen.

2 Das Butterschmalz erhitzen und das Fleisch in einer Pfanne anbraten. In eine
Bratenpfanne legen und im Backofen 15 Minuten braten, während
der nächsten 30 Minuten mehrmals
mit Bratenfett begießen. Dann die saure
Sahne zugießen und 15 Minuten garen.

5–6 Portionen

1 Rehrücken (etwa 2 kg)
8 Wacholderbeeren
Salz, weißer Pfeffer
Paprikapulver
100 g geräucherter Speck
50 g Butterschmalz
750 g saure Sahne
6–8 Williamsbirnen
Saft von ¹/₂ Zitrone, Zimt
125 g Preiselbeeren
125 g Johannisbeergelee
2 EL Cognac

3 Inzwischen die Birnen waschen, schälen, halbieren und
vom Kerngehäuse befreien.
Die Schnittfläche der Birnen
mit dem Zitronensaft beträufeln und mit Zimt bestreuen.
In wenig Wasser halbweich
dünsten, dann herausneh-
men und jeweils in die Mitte
die Preiselbeeren füllen.

4 Fleisch aus der Sauce
nehmen und warm stel-
len. Gelee und Cognac unter
die Sauce mischen, durch ein
Sieb streichen und servieren.

🔥 Ober-/Unterhitze: 220 °C
🔥 Gas: Stufe 4–5

GUT ZU WISSEN

*Zu diesem Gericht passen
selbst gemachte Spätzle
und als weitere Beilagen
Esskastanien, Pfifferlinge
und gedünstete kernlose
Weintrauben.*

Omas
Empfehlung

*Am besten nehmen
Sie für das Ragout
Fleisch von der Reh-
schulter oder -brust.
Rehfleisch sollten Sie
zurückhaltend wür-
zen, weil sonst sein
Eigengeschmack be-
einträchtigt wird.*

Hirschsteaks in Hagebutten

Zur Jagdzeit im Herbst schmecken die ganz frischen
Hirschsteaks am besten. Tiefgekühlt sind sie das ganze Jahr erhältlich.

1 Die Hagebutten etwa 2 Stunden in Wasser einweichen. Durch ein Sieb gießen. Vom Stielansatz und der schwarzen Blüte befreien. Halbieren, von den Kernen befreien und unter fließendem warmem Wasser abspülen. Mit dem Wasser und dem Zitronensaft 10 Minuten kochen.

2 Das Fleisch häuten, waschen, trocknen und in 1 cm dicke Scheiben schneiden. Leicht klopfen, mit Salz und Pfeffer einreiben. In Mehl wenden. Die Champignons von den erdigen Enden befreien, waschen und in dünne Scheiben schnei-

4 Portionen

100 g getrocknete
Hagebutten
350 ml Wasser
1 EL Zitronensaft
800 g Hirschfleisch aus der Keule
Salz, Pfeffer
2 EL Mehl
200 g Champignons, 1 Zwiebel
3 EL Butterschmalz oder Öl
1 Prise Zucker
nach Belieben
10 g Stärkemehl

den. Zwiebel abziehen und vierteln. Das Fett erhitzen und die Hirschsteaks 5 Minuten darin braten.

3 Champignons und Zwiebel zugeben. Nochmals 5 Minuten braten, bis das Fleisch weich ist. Es sollte innen noch etwas rosa sein.

4 In der Zwischenzeit die Hagebutten durch ein Sieb streichen. Nach Geschmack mit Zucker süßen. Aufkochen lassen. Das Stärkemehl mit wenig Wasser verquirlen und die Sauce damit binden. Die Steaks auf eine Platte legen und mit der Sauce servieren.

Hirschrücken

Die kulinarische Besonderhcit des
Gerichts ist die köstliche kalte Zitronen-Orangen-Sauce.

1 Das Wurzelwerk grob schneiden. Die Wacholderbeeren zerdrücken. Den Hirschrücken häuten. In eine Bratenpfanne legen. Wurzelwerk, Wacholderbeeren, Pfeffer, Piment, 300 ml Wasser und Essig zugeben. Aufkochen, dann bei schwacher Hitze 1 Stunde köcheln.

2 Fleisch herausnehmen. Die Kochbrühe durch ein Sieb gießen und beiseite stellen. Das Eiweiß verquirlen. Das Brot reiben und mit Zimt, Nelkenpulver und Zucker vermischen. Den Hirschrücken erst im Eiweiß, dann in der Brotmischung wenden. Die Butter zerlassen. Das

5–6 Portionen

300 g Wurzelwerk
8 Wacholderbeeren
1 Stück Hirschrücken (2 kg)
6 Pfeffer- und Pimentkörner
50 ml Essig, 1 Eiweiß
150 g älteres Schwarzbrot
1 TL Zimt, 1 Prise Nelkenpulver
1 EL Zucker, 50 g Butter
je 1 unbehandelte Zitrone
und Orange
100 ml Wildfond, 2 TL Senf
1 EL Öl, 500 ml Rotwein
220 g Johannisbeergelee

Fleisch in die Pfanne legen, die Butter darüber träufeln und im Backofen etwa 30 Minutcn backen. Dabei immer wieder mit der Kochbrühe begießen.

3 Zitrone und Orange waschen, trocknen und die Hälfte der Schale abschneiden. Mit dem Fond etwa 25 Minuten weich köcheln. Die Schalen entfernen. Senf, Öl, Rotwein und Gelee zum Fond geben. Erhitzen und dann erkalten lassen. Die Sauce zum Fleisch servieren.

🔥 **Ober-/Unterhitze: 220 °C**
🔥 **Gas: Stufe 4–5**

GUT ZU WISSEN

Verwenden Sie für die Sauce eine Bitterorange, falls diese gerade erhältlich ist. Ihr Aroma gibt der Sauce einen kräftigen Geschmack.

Omas Empfehlung

Die Sauce wird noch würziger, wenn Sie fein gehackte Tannennadeln und eine Löffelspitze Meerrettich zufügen. Zum Gamsschlegel passen Semmelknödel oder Kartoffelklöße.

Gamsschlegel Tiroler Art

Wer einmal etwas Besonderes auf den Tisch bringen möchte,
kann zu diesem Rezept greifen und viel Lob ernten.

1 Die Zwiebeln abziehen und in Scheiben schneiden. Das Wurzelwerk in Scheiben schneiden. In einem Topf 75 g Butter erhitzen. Die Zwiebeln und das Gemüse darin anbraten. 1 l Wasser, Rotwein, Thymian, Majoran und Lorbeer zugeben.

2 Die Beize 30 Minuten kochen, dann die Pfefferkörner dazugeben. Den Gamsschlegel waschen, klopfen und häuten. Die Wacholderbeeren zerdrücken. Den Schlegel mit Salz und Wacholderbeeren einreiben. Den Speck in kurze Streifen schneiden und den Schlegel damit spicken. In eine große Kasserolle legen und die Beize darüber gießen. Zugedeckt 1 1/2 Stunden bei schwacher Hitze kö-

10 Portionen

2 Zwiebeln
300 g Wurzelwerk
150 g Butter, 1 l Wasser
1/2 l Rotwein, Thymian, Majoran
2 Lorbeerblätter, 8 Pfefferkörner
1 Gamsschlegel (etwa 4 kg)
12 Wacholderbeeren, Salz
100 g Speck
250 ml Fleischbrühe
2 EL Preiselbeergelee
Salz, Pfeffer

cheln lassen. Den Schlegel herausnehmen und gut abtropfen lassen.

3 Die restliche Butter im Bratentopf erhitzen und den Schlegel darin braun braten, dann im Backofen noch 1 Stunde braten. Die Beize durch ein Sieb gießen. Den Schlegel mehrmals damit begießen. Auf eine Platte legen, das Fett darüber gießen und warm stellen. Den Bratensatz mit der Brühe ablöschen. Das Gelee unterrühren, mit Salz und Pfeffer abschmecken und zum Schlegel servieren.

🔥 **Ober-/Unterhitze: 200 °C**
🔥 **Gas: Stufe 3–4**

Frischlingsrücken

Das ein Jahr alte Wildschwein wird Frischling genannt. Zu seinem zarten Fleisch passt eine Orangensauce.

1 Den Frischlingsrücken von den größeren Knochen befreien und waschen. In einen Tontopf legen. Salzen und pfeffern. Die Zwiebel abziehen und fein hacken. Das Suppengrün putzen, waschen und klein schneiden. Die Wacholderbeeren zerdrücken. Zwiebel, Suppengrün, Wacholderbeeren, Pfefferkörner, Nelken und Rotwein oder Essig zum Fleisch geben.

2 2 Tage zugedeckt an einem kühlen Ort stehen lassen, dabei mehrmals das Fleisch umdrehen. Dann herausnehmen, die Schwarte kreuzweise einschneiden, in eine Bratenpfanne legen. Butter erhitzen und darüber gießen. Die Beize zugeben.

8 Portionen

1,2 kg Frischlingsrücken
Salz, Pfeffer
1 Zwiebel, 1 Suppengrün
6 Wacholderbeeren
8 Pfefferkörner, 3 Gewürznelken
300 ml Rotwein oder Weinessig
60 g Butter

Für die Orangensauce:
1 Dose Pfirsiche
2 unbehandelte
Bitterorangen
150 ml Madeira

3 Etwa 2 Stunden unter ständigem Begießen braten, in der ersten Stunde mehrmals wenden. Dann den Rücken herausnehmen und warm stellen. Das Fett vom Bratensaft abschöpfen, durch ein Sieb gießen und beiseite stellen.

4 Für die Sauce die Orangen waschen, trocknen und den Saft auspressen. Die Schale abschneiden und fein hacken, in wenig Wasser weich kochen und abtropfen lassen. Madeira, 150 ml Bratensaft, Orangensaft und -schale aufkochen. Mit Salz und Pfeffer würzen. Die Sauce und die Pfirsichhälften aus der Dose zum Wildschwein servieren.

Wildschwein mit Kruste

War das Jagen von Wildschweinen einst nur der adeligen
Herrschaft erlaubt, ist heute Wildschweinfleisch einfach erhältlich.

1 Die Keule waschen, trockentupfen und in eine Kasserolle legen. Das Wurzelwerk in kleine Würfel schneiden. Die Zwiebel abziehen und fein hacken.

2 Wurzelwerk, Zwiebel, Kräuterstrauß, Gewürzkörner und Lorbeer zur Keule geben. Die Brühe und den Wein zugießen. Zugedeckt unter mehrmaligem Wenden 2 Stunden schmoren, dann abkühlen lassen.

3 Die Schwarte lösen und die Keule in eine Bratenpfanne legen. Die Brotscheiben toasten und reiben. Die Butter schaumig rühren und die Eier

8–9 Portionen

1 Stück aus der Wild-
schweinkeule (2 kg)
300 g Wurzelwerk
1 Zwiebel, 1 Kräuterstrauß
Gewürzkörner, 2 Lorbeerblätter
1 l Fleischbrühe
1 l Rotwein (z. B. Burgunder)
6 Scheiben Schwarzbrot
100 g Butter, 2 Eier
$3/4$ TL Zimt, $1^1/2$ TL Zucker
50 g Hagebuttenmark

untermischen. $1/2$ TL Zimt, 1 TL Zucker und die Brotkrümel zufügen.

4 Die Masse auf die Keule streichen. Den restlichen Zimt und Zucker darüber streuen. Etwa 400 ml der Schmorbrühe zugießen und im Backofen backen, bis die Kruste schön knusprig ist. Die Brühe entfetten, das Hagebuttenmark zufügen und dann zu einer sämigen Sauce einkochen. Dazu passen Semmelknödel.

🔥 Ober-/Unterhitze: 220 °C
🔥 Gas: Stufe 4–5

Omas Empfehlung

Damit die Kruste an der Wildschweinkeule festhält, sollten Sie die fertig zubereitete Krustenmasse mit einem Messer gut andrücken.

Omas Empfehlung

Servieren Sie zu dem Wildschweinfilet rohe Kartoffelklöße oder Salzkartoffeln sowie Sellerie- oder Rapunzelsalat.

Wildschweinfilet

Zu diesem Wildschweinfilet wird eine – in den
letzten Jahren fast in Vergessenheit geratene – Robertsauce serviert.

1 Am Vortag die Filets waschen. Den Speck in Streifen schneiden und das Fleisch damit spicken. Den Essig mit dem Gelee mischen, 8 Pfefferkörner und das Lorbeerblatt zufügen. Die Filets darin 24 Stunden zugedeckt stehen lassen.

2 Das Wurzelwerk in kleine Würfel schneiden. Mit Salz, Pfeffer, Brühe und Madeira aufkochen und bei mittlerer Hitze etwa 10 Minuten kochen lassen, bis das Gemüse weich ist. Durch ein Sieb streichen. Die Filets aus der Beize nehmen und trockentupfen. In die Pfanne legen, das Gemüsepüree außen herum verteilen und bei

4–5 Portionen

900 g Wildschweinfilet
50 g Speck
300 ml Weißweinessig
3 EL Johannisbeergelee
8 Pfefferkörner, 1 Lorbeerblatt
200 g Wurzelwerk, Salz, Pfeffer
200 ml Fleischbrühe, 100 ml Madeira

Für die Robertsauce:
1 unbehandelte Zitrone
2 Zwiebeln, 70 g Butter
je 1/8 l Brühe und Weißwein
1 EL Weinessig, Pfeffer
je 1 TL Zucker und Senf

schwacher Hitze 15–20 Minuten braten, bis die Filets gar sind.

3 Für die Sauce die Zitrone waschen, auspressen und ein Stück Schale abschneiden. Zwiebeln abziehen und in kleine Würfel schneiden.

4 Die Butter erhitzen und die Zwiebeln darin goldgelb braten, dann herausnehmen und beiseite stellen. Die Brühe, den Wein und den Essig zugießen. Die Zitronenschale, etwas Pfeffer und den Zucker zugeben. Sämig kochen. Durch ein Sieb streichen. Die Zwiebeln und den Senf untermischen. Mit Salz und Zitronensaft würzen.

Wachteln auf Pfälzer Art

Die Pfälzer verwenden ihre guten Trauben nicht
nur für den Wein, sondern auch als Zutat für köstliche Gerichte.

1 Die Wachteln innen und außen waschen. Mit Salz und Pfeffer einreiben. Die Weintrauben waschen und halbieren. Eine Hälfte der Trauben beiseite stellen. Die andere mit Cognac übergießen. 15 Minuten stehen lassen. In ein Sieb schütten. Den Cognac auffangen und beiseite stellen.

2 Die Wachteln mit den marinierten Trauben füllen, die Öffnung zunähen. Das Wurzelwerk putzen, waschen und zerkleinern. Im erhitzten Öl anbraten. Mit Rotwein ablöschen. Die Wachteln darauf legen. Den Cognac darüber gießen. Zugedeckt im Backofen 1 Stunde

schmoren, dabei öfter mit dem Geflügelfond begießen. 5 Minuten vor Bratende 2 EL Sahne zugießen.

3 Währenddessen die Butter schmelzen. Die restlichen Trauben darin glacieren. Die restliche Sahne mit dem Mehl verrühren und die Sauce damit binden. Speck in Scheiben schneiden, braun braten. Die Wachteln mit der Sauce, den Trauben und dem Speck servieren. Dazu passen Schupfnudeln (siehe S. 64).

4 Portionen

4 küchenfertige Wachteln,
je 180 g
Salz, Pfeffer
500 g blaue Weintrauben
5 EL Cognac
200 g Wurzelwerk, 1 EL Öl
je ¼ l Rotwein und Geflügelfond
100 g Schlagsahne
1 EL Butter
1 EL Stärkemehl
200 g durchwachsener
Speck

🔥 Ober-/Unterhitze: 180 °C
🔥 Gas: Stufe 2–3

GUT ZU WISSEN
Zur Aromatisierung des Fleisches empfiehlt es sich, Wurzelwerk zu nehmen. Es besteht im Gegensatz zum Suppengrün nur aus Wurzelgemüse: Möhren, Knollensellerie, Petersilienwurzel und – seltener – Pastinaken.

Wachteln mit Kohl

Das Fleisch der Wachteln schmeckt dann am besten,
wenn man es sehr frisch – also in den ersten 24 Stunden nach
dem Schlachten – zubereitet und verspeist.

1 Die Wachteln waschen, innen und außen abtupfen. Mit Salz und Pfeffer einreiben. Die Brühe aufkochen. Die Zwiebel abziehen und mit den Nelken spicken. Zusammen mit dem Bouquet garni in die Brühe geben und 10 Minuten kochen.

2 Wachteln zugeben und 20–30 Minuten schmoren lassen. Den Kohl von den äußeren Blättern befreien, vierteln, waschen und vom Strunk befreien.

3 Die Möhren waschen, ein kleines Stück Grün stehen lassen. Zuerst den Kohl, nach 8 Minuten die

4 Portionen

4 küchenfertige Wachteln,
je etwa 180 g
Salz, Pfeffer
2 l Fleischbrühe
1 Zwiebel, 2 Gewürznelken
1 Bouquet garni
Weiß- oder Wirsingkohl (1 kg)
200 g kleine Möhren
200 g roher Schinken
20 g Butter, 20 g Mehl
Salz und Pfeffer
nach Bedarf

Möhren zu den Wachteln geben. In der Zwischenzeit den Schinken in dünne Streifen schneiden, zufügen und weitere 3 Minuten schmoren lassen.

4 Wachteln, Kohl, Möhren und Schinken herausnehmen. Auf eine vorgewärmte Platte legen. Die Brühe durch ein Sieb gießen. 600 ml davon einfrieren oder anderweitig verwenden.

5 Die Butter mit dem Mehl anschwitzen, die restliche Brühe zugießen. Auf 400 ml einkochen. Nach Bedarf mit Salz und Pfeffer nachwürzen.

Omas Empfehlung

In den Rezepten auf diesen beiden Seiten können Sie anstelle der Wachteln auch Rebhühner verwenden. Jüngere Rebhühner können Sie braten, ältere werden geschmort.

Gänsekeule mit Rotkohl

Gänsekeule ist eine gute Alternative zu einer ganzen Weihnachtsgans. Sie lässt sich einfacher braten und ist weniger fett.

1 Den Rotkohl waschen, in dünne Streifen schneiden und in eine Schüssel geben. Zucker, Rotwein, Apfelsaft, Rotweinessig vermischen und diese Marinade über den Rotkohl gießen. Einen Teller darauf legen und mit einem Gegenstand beschweren. Über Nacht kalt stellen.

2 Am nächsten Tag die Gänsekeulen waschen und trockentupfen. Mit Salz und Pfeffer einreiben. Dann mit wenig Mehl bestäuben.

3 Die Zwiebeln abziehen und in Viertel schneiden. Das Schmalz in einer Kasserolle erhitzen und die Keulen darin bei mittlerer Hitze auf beiden Seiten schön braun braten. Die Zwiebeln zufügen und kurz mitbraten.

4 Den Beifuß und die Hälfte der Brühe zum Fleisch geben. Aufkochen und dann im Backofen zugedeckt bei 200 °C (Gas: Stufe 3–4) etwa 1 Stunde weich schmoren. Dann den Deckel abnehmen. Die Keulen mit dem Bratenfett und 10 Minuten später mit dem Bier übergießen. Bei 220 °C (Gas: Stufe 4–5) nochmals etwa 30 Minuten backen, bis das Fleisch gar und knusprig ist.

5 In der Zwischenzeit den Rotkohl in ein Sieb schütten und die Marinade auffangen. Die Zwiebel abziehen und in Scheiben schneiden. Den Apfel waschen, schälen, vom Kerngehäuse befreien und in Scheiben schneiden. Das Gänseschmalz in einem Topf erhitzen. Die Zwiebel- und Apfelscheiben darin bei schwacher Hitze anbraten, den Rotkohl zufügen und unter Rühren 2–3 Minuten erhitzen.

6 Die Marinade zugießen und einen Gewürzbeutel zum Kohl geben. Zugedeckt köcheln lassen und dabei häufig umrühren. Bei Bedarf etwas Wasser zugießen. Den Gewürzbeutel entfernen. Den Kohl mit Salz und Pfeffer würzen.

4–5 Portionen

Für den Rotkohl:
1 Rotkohlkopf (1 kg)
40 g Zucker
150 ml Rotwein
100 ml Apfelsaft
50 ml Rotweinessig
1 Zwiebel, 1/2 saurer Apfel
60 g Gänseschmalz
1 Gewürzbeutel

Für das Fleisch:
2 Gänsekeulen (je etwa 500 g)
Salz, schwarzer Pfeffer
40 g Mehl, 3 Zwiebeln
3 EL Gänse- oder
Schweineschmalz
1 TL Beifuß
125 ml Fleischbrühe
150 ml Bier
30 g Butter
einige Stängel
Petersilie

7 Das restliche Mehl und die Butter zu einer Beurre manié kneten. Das Fett vom Bratensatz abschöpfen. Die restliche Brühe zu den Gänsekeulen gießen, aufkochen und die Sauce mit der Beurre manié binden. Die Petersilie waschen, trockentupfen und fein hacken.

8 Die Keulen auf eine vorgewärmte Platte legen und etwas Sauce darüber gießen und mit der Petersilie bestreuen. Die restliche Sauce, den Rotkohl und Salzkartoffeln dazureichen.

Variante: Zu den Gänsekeulen passen auch Beilagen mit Weißkohl. Dafür einen halben Kopf Weißkohl auseinander pflücken und von den dicken Rippen befreien. Die Blätter zusammenrollen, fein schneiden, in eine Schüssel geben und mit kochendem Salzwasser übergießen. 5 Minuten stehen lassen, dann in ein Haarsieb schütten und vorsichtig ausdrücken. 100 g geräucherten Speck in kleine Würfel schneiden. 1 Zwiebel abziehen und fein hacken. 1 EL Butter erhitzen und den Speck darin glasig braten. Die Zwiebel zugeben und mit dem Speck braun braten. Je 3 EL Weißweinessig und Wasser zugießen. Mit Salz und Pfeffer würzen. Aufkochen lassen. Die Hälfte des Weißkohls in eine Schüssel geben und die Sauce darüber gießen, warm stellen. Etwa 20 Minuten vor Ende der Kochzeit 300 g Kartoffeln schälen, waschen und in einem Dampfkochtopf kochen lassen, bis sie weich sind, aber noch nicht auseinander fallen. Die Kartoffeln in Scheiben schneiden und den restlichen Kohl untermischen. Beide Weißkohlbeilagen zu den Keulen reichen.

🔥 **Ober-/Unterhitze: 200 °C bzw. 220 °C**
🔥 **Gas: Stufe 3–4 bzw. 4–5**

Omas Empfehlung

Eine besonders schmackhafte Kruste erhalten die Gänsekeulen, wenn man sie am Ende der Backzeit mit Bier übergießt.

GUT ZU WISSEN

Wenn man Gewürze in einen Baumwoll- oder Leinenbeutel füllt, muss man sie später nicht einzeln aus der jeweiligen Sauce fischen. In den Gewürzbeutel gibt man 1 Gewürznelke, 5 zerdrückte Wacholderbeeren, 5 Pfefferkörner und ein 1 cm langes Stück Zimtstange.

Gans mit Apfelfüllung

Äpfel werden im gesamten Nordosten Deutschlands
als Füllung für Gänse verwendet. In Mecklenburg ersetzt man jedoch die
Sultaninen durch eingeweichte, entsteinte Backpflaumen.

1 Die Gans waschen und trocknen. Innen und außen mit Salz einreiben. Die Äpfel waschen, schälen, in Achtel schneiden und von den Kernen befreien. Den Backofen vorheizen. Das Brot toasten und reiben. Mit Beifuß, Sultaninen, Salz, Zucker und den Äpfeln mischen.

2 Die Gans damit füllen und die Öffnungen mit Küchengarn zunähen. Die Flügel verschränken, die Keulen am Körper festbinden. Etwa 1/2 l Wasser in die Bratenpfanne des Backofens gießen und auf die untere Schiene schieben. Die Gans auf den Rost legen und auf mittlerer

Schiene 1 Stunde braten, dann umdrehen und weitere 1 1/2–2 Stunden braten. Mehrmals die Haut einstechen. Kurz vor Ende der Bratzeit mit Salzwasser bepinseln. Garn lösen, Gans auf einer Platte warm halten.

3 Den Bratenfond aufkochen und die Brühe zugießen. Das Fett abschöpfen. Das Mehl mit wenig Wasser verrühren und zur Sauce gießen. Kurz aufkochen. Salzen und pfeffern. Zur Gans servieren.

6–8 Portionen
1 junge küchenfertige Gans (3 kg)
Salz
300 g säuerliche Äpfel
100 g Schwarzbrot
1 Hand voll Beifuß
2 EL Sultaninen
1 Prise Salz, 2 EL Zucker
125 ml Fleischbrühe
1–2 EL Mehl, Pfeffer

🔥 Ober-/Unterhitze: 200 °C
🔥 Gas: Stufe 3–4

GUT ZU WISSEN

Eine tiefgekühlte Gans benötigt mehrere Stunden zum Auftauen. Am besten lässt man sie über Nacht auf einem Gitter über einer Schüssel auftauen. Die sich bildende Flüssigkeit wegschütten.

Junge Ente mit Kresse

Dieses Gericht zeigt, dass Omas Küche nicht nur
bodenständig und deftig, sondern auch sehr fein sein konnte.

1 Die Enten innen und außen waschen. Mit Salz und Pfeffer ebenfalls außen und innen einreiben. Die Zwiebeln abziehen. Die Kräuter, dann die Geflügellebern waschen und trockentupfen. Zwiebeln, Kräuter und Leber getrennt fein hacken.

2 60 g Butter erhitzen und Zwiebeln sowie Kräuter darin kurz anbraten, herausnehmen und warm stellen. Die gehackte Leber im Fett 3 Minuten braten. Zwiebeln und Kräuter wieder zugeben. Die Eigelbe untermischen. Durch ein Haarsieb streichen und die Enten damit füllen. Mit Küchengarn die Öffnungen zunähen.

6–7 Portionen

2 junge küchenfertige
Enten (je 1,5 kg)
Salz, Pfeffer
2 Zwiebeln
1 Bund Kräuter
2 Geflügellebern
120 g Butter, 3 Eigelb
1 Suppengrün
400 g Brunnenkresse
2 EL Weißweinessig
300 ml Entenfond

3 Das Suppengrün putzen, waschen und klein schneiden. Die restliche Butter in einer Kasserolle erhitzen, die Ente hineingeben und das Gemüse herumlegen. Salzen und pfeffern. 1 1/2 Stunden bei schwacher Hitze schmoren lassen. Mehrmals etwas Wasser zugießen.

4 Die Kresse waschen und abtropfen lassen. Essig, Salz und Pfeffer vermischen. Über die Kresse gießen. Die Ente warm stellen. Den Bratensatz mit dem Fond ablöschen und durch ein Sieb gießen. Die Ente mit der Sauce übergießen und die Kresse dazu servieren.

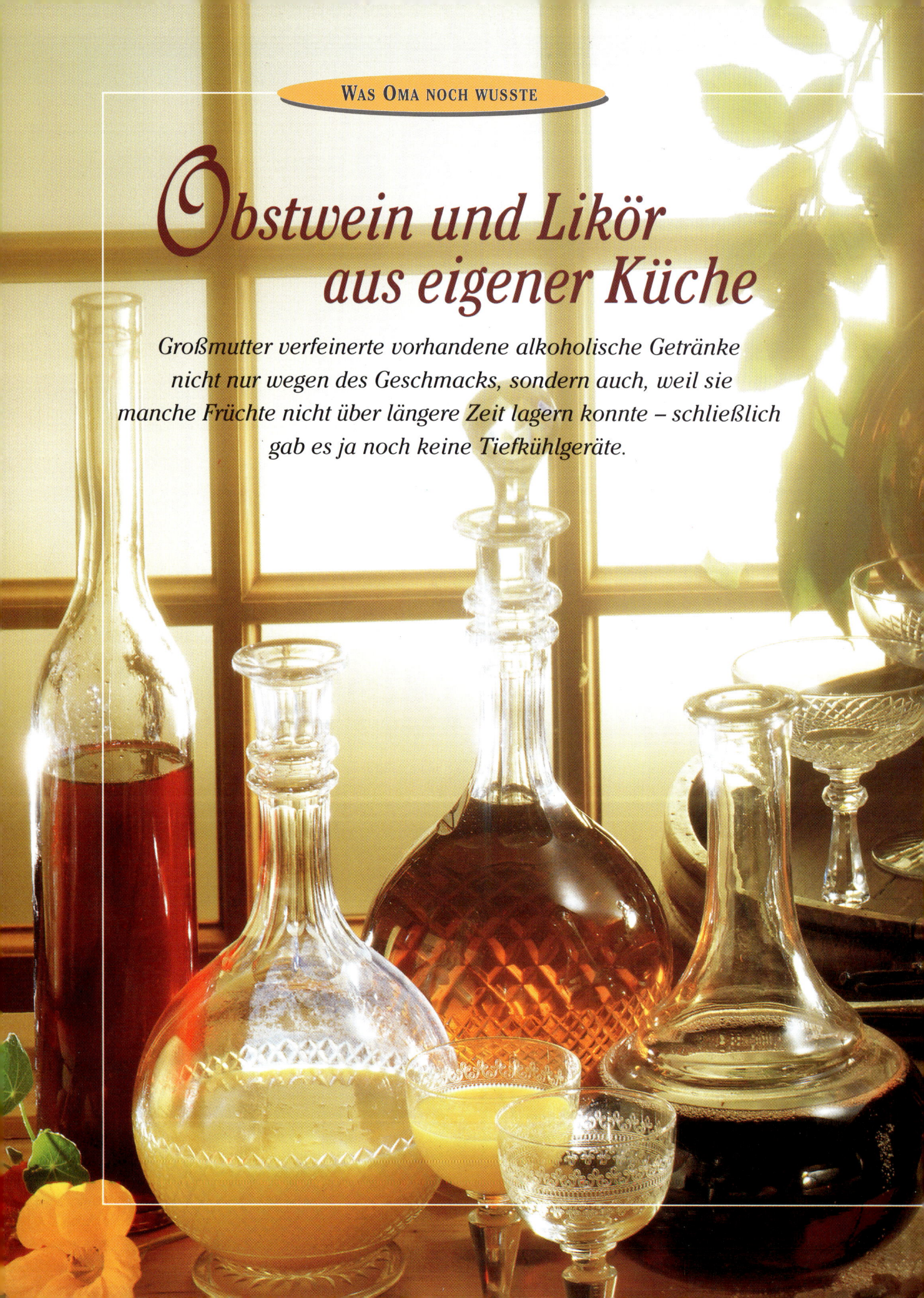

Obstwein und Likör aus eigener Küche

Großmutter verfeinerte vorhandene alkoholische Getränke nicht nur wegen des Geschmacks, sondern auch, weil sie manche Früchte nicht über längere Zeit lagern konnte – schließlich gab es ja noch keine Tiefkühlgeräte.

Johannisbeerlikör

**1 kg schwarze Johannisbeeren
250 g Kandiszucker
1 l Weinbrand
Kaffeefilter**

- Die Beeren waschen und mit der Gabel abstreifen. In eine Flasche füllen, den Kandis zufügen und den Branntwein darüber gießen. Die Flasche 4 Wochen an einer sonnigen Stelle platzieren.

- Dann den Inhalt durch den Filter gießen und auffangen. Den nicht aufgelösten Kandis mit wenig Wasser kochen, bis er sich gelöst hat.
- Eine zweite Flasche gut durchspülen, mit kochendem Wasser klarspülen und abtropfen lassen.
- Den Likör in die gesäuberte Flasche gießen und die Zuckerlösung zufügen. Nochmals 1 Woche warm stellen.

Eierlikör

**1 Vanilleschote
300 g Zucker
220 ml warmes Wasser
15 Eier
230 ml Weingeist (90%ig)
oder Wodka
110 ml kaltes Wasser**

- Die Vanilleschote mit einem spitzen Messer halbieren. Das Mark auskratzen.
- Im warmen Wasser den Zucker auflösen. Das Vanillemark zugeben.
- Die Eier trennen. Die Eiweiße beiseite stellen. Alle Eigelbe in eine Schüssel geben und mit einem Schneebesen glatt rühren.
- Dann durch ein Sieb streichen. Die Zuckerlösung portionsweise unter ständigem Rühren mit der Eigelbmasse mischen.

- Den Weingeist mit dem kalten Wasser mischen und unter die Eigelb-Zucker-Masse rühren.
- Eine Flasche gut durchspülen, dann mit heißem Wasser übergießen und abtropfen lassen. Den Eierlikör in die Flasche füllen, fest verschließen und kühl, aber nicht zu lange aufbewahren.

Tipp: Die beiseite gestellten Eiweiße portionsweise für späteren Gebrauch einfrieren.

Vanillelikör

**2 l Wasser
750 g Zucker
2 Vanilleschoten
1 l Weinbrand
250 ml Rum**

- Das Wasser und den Zucker aufkochen. In der Zwischenzeit die Vanilleschoten längs halbieren.
- Zum Zuckerwasser geben und 6–8 Minuten zugedeckt ziehen lassen.
- Erkalten lassen, die Schoten beiseite legen, den Weinbrand und den Rum zugießen. In Flaschen füllen und verkorken.

Tipp: Die beiseite gelegten Vanilleschoten können Sie klein schneiden und mit Zucker vermischen. Diesen Vanillezucker in einem verschlossenen Gefäß aufbewahren.

Kirschwein

**2 1/2 kg Sauerkirschen
2 l Wasser
2 kg Zucker
Reinzuchthefe nach Belieben**

- Die Kirschen waschen, in eine Schüssel geben und mit den Kernen zerquetschen.
- Das Wasser und den Zucker zufügen. Nach Belieben Reinzuchthefe zugeben.
- In ein Gärgefäß, z. B. eine große Glasflasche, füllen und 2 Tage gären lassen. Durch ein Sieb pressen.
- Den Saft wieder in das Gärgefäß füllen, mit einem Gärspund verschließen und bei etwa 20 °C gären. Wein-

flaschen spülen, mit kochendem Wasser übergießen.
- Wenn der Wein klar ist, wird der Schaum abgeschöpft und der Wein in die Flaschen gefüllt. Kühl aufbewahren.

Tipp: Die Reinzuchthefe ist nicht unbedingt notwendig, verhindert jedoch häufig eine Fehlgärung.

Gefüllter Hahn

Es gibt ganz verschiedene Arten von Füllungen. Gemeinsam war früher allen, dass die Innereien des Hahns auch verwendet wurden. Heutzutage nimmt man nur noch die Leber.

1 Den Hahn waschen, trockentupfen. Außen mit Salz, innen mit Salz und Pfeffer einreiben. Die Milch erwärmen. Die Brötchen in eine Schüssel legen, mit der Milch übergießen und einweichen. Die Zwiebel abziehen und fein hacken. Die Petersilie waschen, trockentupfen und fein hacken. Die Leber grob hacken.

2 Die Butter erhitzen. Zuerst die Zwiebel darin glasig braten, dann die Petersilie und die Leber zufügen. Unter Rühren braten, bis diese gar ist. Die Eigelbe untermischen. Mit wenig Salz und Muskat würzen. Die Brötchen ausdrücken und dazugeben. Die Masse in den Hahn füllen, die Öffnungen mit Küchengarn zunähen.

3 Im Backofen 45 Minuten braten. Mehrmals etwas Wasser darüber gießen. Den Hahn herausnehmen und warm stellen. Den Bratensatz mit der Brühe lösen und die Sahne untermischen. Bei Bedarf nachwürzen.

4 Portionen

1 junger Hahn (2 kg)
Salz, Pfeffer
250 ml Milch
2–3 Brötchen vom Vortag
1 Zwiebel
1 Bund Petersilie
1 Hühnerleber
40 g Butter, 3 Eigelb
geriebene Muskatnuss
200 ml Brühe
100 g saure Sahne

🔥 Ober-/Unterhitze: 200 °C
🔥 Gas: Stufe 3–4

Wiener Backhendl

Das „Backhendl" oder Backhuhn ist seit 1800 bekannt und gehört zu den Leibgerichten der Wiener. In Deutschland fand es durch die Restaurant-Kette Wiener Wald eine große Anhängerschar.

1 Das Hähnchen waschen, trockentupfen, in 6 Teile zerlegen und salzen.

2 Das Mehl auf einen Teller geben. Das Ei auf einem zweiten Teller verquirlen. Die Semmelbrösel auf einem dritten Teller verteilen.

3 Die Hähnchenteile zuerst im Mehl, dann im Ei und zum Schluss in den Semmelbröseln wenden. Die überschüssigen Semmelbrösel behutsam abschütteln.

4 Portionen

1 Hähnchen (800 g)
Salz
3 EL Mehl
1 Ei
2 EL Semmelbrösel
200 g Butterschmalz
oder Öl
1 unbehandelte Zitrone

Das Fett sehr heiß erhitzen. Die Hähnchenteile hineingeben. Die Bruststücke nach etwa 10 Minuten herausnehmen, die Schenkelstücke nach etwa 15 Minuten. Das Fett jeweils gut abtropfen lassen, dann warm stellen.

4 Die Zitrone waschen und trockentupfen und in 8 Teile schneiden. Die Hähnchenstücke auf eine Platte legen. Mit der geachtelten Zitrone verzieren.

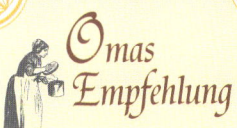 **Omas Empfehlung**

Wer nicht ganz auf etwas Grünes verzichten möchte, kann die Hähnchenteile mit gehackter Petersilie bestreuen.

In den Vierlanden – einem zu Hamburg gehörenden Gebiet zwischen Elbe und Geestrand – wurden einst die Hühner im Winter reichlich mit Fischen gefüttert, sodass sie früher brüteten als gewöhnlich. Einige Küken wurden in der warmen Stube aufgezogen – man setzte sie in die „Hühnerbank" und mästete sie, bis sie sehr fleischig, aber immer noch klein waren. So hatten die Bauern sehr früh im Jahr frisches Geflügel für den Markt.

Hamburger Küken

Hamburger Küken oder Stubenküken nannte man ein junges und kleines, rasch gemästetes Huhn. Heute erhält man kein „in der Stube gemästetes Küken" mehr, sondern man nimmt ein ganz junges Hähnchen.

1 Hähnchen waschen, trockentupfen und mit Salz einreiben. 120 g Butter in einem Topf erhitzen und die Hähnchen darin 30 Minuten braten, dabei immer wieder mit reichlich Wasser begießen.

2 In der Zwischenzeit die Zwiebeln abziehen. Die Champignons von den erdigen Enden befreien, waschen, die größeren halbieren und auf Küchenpapier abtrocknen lassen. Den Bauchspeck in Würfel schneiden. Die restliche Butter erhitzen. Zuerst die Zwiebeln bei schwacher Hitze darin weich braten, herausnehmen, dann die Champignons gar braten. Zum Schluss die Speckwürfel bei großer Hitze braun braten.

3 Zwiebeln, Champignons und Speck in eine Schüssel füllen und warm stellen. Die Hähnchen herausnehmen und in die Schüssel legen. Petersilie waschen, trocknen, fein hacken und darüber streuen. Den Bratensaft mit Wasser ablöschen und die saure Sahne untermischen. Salzen und pfeffern. Zu den Hähnchen servieren.

4 Portionen

2 junge Hähnchen (je 750 g)
Salz, 150 g Butter
100 g kleine Zwiebeln
200 g kleine Champignons
80 g Bauchspeck
150 g saure Sahne
Pfeffer
einige Stängel Petersilie

Huhn mit Reis

Früher war es ganz selbstverständlich, dass die
Hühner frei auf dem Hof oder in einem Gehege herumliefen und ihre
Nahrung suchten. Das Fleisch war deshalb viel aromatischer
als das der heutigen Tiere.

1 Das Huhn in Salzwasser 2 Stunden kochen. Herausnehmen, abtropfen lassen und die Haut abziehen. Das Huhn in 8 Stücke teilen. In etwas heißer Hühnerbrühe warm stellen.

2 400 ml Hühnerbrühe aufkochen und den Reis zugeben. Bei schwacher Hitze 25 Minuten weich kochen.

3 In der Zwischenzeit die Butter erhitzen, das Mehl unterrühren, bis es anfängt, gelb zu werden. Nach und nach so viel Hühnerbrühe zugießen, bis eine Sauce

4 Portionen

1 Suppenhuhn (800 g)
Salz
200 g Reis
40 g Butter
1 EL Mehl
2 TL Zitronensaft
1 EL Krebsbutter
nach Belieben
1 Eigelb
4 Kerbelstängel

entstanden ist. Den Zitronensaft und nach Belieben die Krebsbutter untermischen. Das Eigelb zugeben und verrühren.

4 Den Kerbel waschen, trockentupfen und die Blättchen abzupfen. Die Sauce von der Kochstelle nehmen. Den Reis abgießen und mit der Sauce zum Huhn servieren. Die Kerbelblättchen darüber streuen. Alternativ kann man den Reis auf einer Platte zu einem Kranz formen und die Hühnerstücke in die Mitte legen.

Omas Empfehlung

Wenn Sie zur Kochflüssigkeit ein Bouquet garni geben, wird die Hühnerbrühe noch geschmackvoller. Nehmen Sie nach dem Kochen das Bouquet heraus und bewahren Sie die nicht verwendete Brühe auf.

Kalte Hasenpastete

Dieses Gericht ist relativ aufwändig und
eignet sich daher als Vorspeise bei einem großen Gästeessen.

1 Den Hasen und den Hasenrücken waschen und trocknen. Das Fleisch ablösen, von dem Hasenrücken möglichst an einem Stück. Die Hasenknochen und die Schweinsfüße im Wasser etwa 2 Stunden kochen, bis die Brühe auf 125 ml eingekocht ist. Durch ein Sieb gießen. Die Brühe in eine kleine flache Form gießen und stehen lassen, bis sie fest ist.

2 Die Fleischstücke vom Hasenrücken in etwa 1 cm dicke Scheiben schneiden und breit klopfen. Das restliche Fleisch mit dem Schinken und dem Rückenfett mehrmals durch den Fleischwolf drehen. Eigelbe, Madeira und Salz untermischen. Durch ein Sieb streichen. Die Petersilie waschen,

12 Portionen

1 junger Hase
1 Hasenrücken
500 g Schweinsfüße
1 l Wasser
250 g gekochter Schinken
600 g Rückenfett
2 Eigelb, 2 EL Madeira
Salz, 1/2 Bund Petersilie
1 Dose Champignons
Pfeffer, Paprikapulver
Majoran, 1 EL Trüffelöl
100 g Speckscheiben

trockentupfen und fein hacken. Mit den Champignons, Pfeffer, Paprika, Majoran und dem Trüffelöl zum Hackfleisch geben.

3 Eine Pastetenform mit der Hälfte der Speckscheiben auskleiden. Dabei abwechselnd eine Schicht Hackfleischmasse und eine Schicht Rückenfleisch einfüllen. Die obere Schicht sollte aus Hackfleischmasse bestehen. Zum Abschluss den restlichen Speck darauf legen.

4 Zugedeckt im Wasserbad 1 Stunde kochen lassen. Erkalten lassen. Die Form mit der festen Brühe kurz in heißes Wasser tauchen, stürzen, in kleine Würfel schneiden und über der Pastete verteilen.

Omas Empfehlung

Da früher die Familien meist viele Köpfe zählten, blieben auch nach den Mahlzeiten größere Mengen übrig. Heutzutage bietet sich das Rezept daher eher nach Festessen oder Grillfesten an.

Kalter Wildpudding

Ein Pudding der ganz besonderen Art
lässt sich aus übrig gebliebenem Wildfleisch zubereiten.

1 Die Fleischreste fein hacken. Die Brötchen in lauwarmem Wasser etwa 20 Minuten einweichen. Die Schalotten abziehen und fein hacken. Die Petersilie waschen, trockentupfen und fein hacken. Die Sardellen zerpflücken. Den Speck in Würfel schneiden. Den Parmesan reiben. Die Brötchen ausdrücken. Alle bisher vorbereiteten Zutaten vermischen.

2 3 Eier trennen. 3 Eigelbe, die restlichen Eier und den Fond unter-

5 Portionen

1 kg Fleischreste vom Wild
4 Brötchen vom Vortag
3 Schalotten, 1 Bund Petersilie
2 Sardellen
50 g durchwachsener Speck
30 g Parmesan, 5 Eier
3 EL Wildfond
Salz, Pfeffer
3 Eiweiß, 2 EL Butter

rühren. Mit Salz und Pfeffer würzen. Die insgesamt 6 Eiweiße steif schlagen. Unter den Pudding ziehen. Eine Auflaufform mit der Butter einfetten.

3 Die Masse einfüllen und im Wasserbad 40 Minuten kochen lassen. Den Pudding erkalten lassen. Dazu passt eine Cumberlandsauce (siehe S. 54).

Variante: 500 g Wildfleisch- und 500 g Kalbfleischreste verwenden.

GUT ZU WISSEN

Wenn der Hase sehr „wild" riecht, kann man ihn mit rohen Kartoffelscheiben abreiben. Das mildert den Geruch etwas.

Sülze

Selbst gemachte Sülze ist in den meisten Küchen
heutzutage eine Seltenheit. Überraschen Sie doch einmal Ihre Familie …

1 Das Suppengrün putzen oder schälen und dann waschen. Schweinsknochen, Schweinsfüße und das Fleisch waschen. Mit dem Suppengrün in einen großen Topf mit reichlich Salzwasser geben. Das Lorbeerblatt zufügen. Zugedeckt bei schwacher Hitze etwa 1 ¹/₂ Stunden kochen, bis das Fleisch weich geworden ist. Das Fleisch von den Knochen lösen und in mundgerechte Stücke schneiden. Kalt stellen.

2 Die Brühe durch ein Sieb gießen. Mit Pfeffer und Essig nach Belieben würzen. Dann das Sülzenpulver gut darin verrühren und die Brühe gelieren lassen. Das Fett abnehmen und nochmals aufkochen lassen.

3 In der Zwischenzeit die Möhren schälen, waschen und in dünne Scheiben schneiden. Die Gurke ebenfalls in Scheiben schneiden.

4 Die Petersilie waschen, trockentupfen und fein hacken. Das Fleisch auf eine Platte oder auf Portionsteller legen. Die Möhren, die Gurke und die Petersilie gleichmäßig darum verteilen. Die Sülze darüber gießen. Dann erkalten lassen.

4 Portionen

1 Suppengrün
500 g Schweinsknochen
750 g Schweinsfüße
750 g mageres Schweinefleisch
Salz
1 Lorbeerblatt
Pfeffer
Essig nach Belieben
1 Päckchen Sülzenpulver
3 Möhren
1 saure Gurke
1 Bund Petersilie

Gut zu wissen

In alten Varianten des Rezepts wurde anstelle der Schweinsfüße auch Schweinskopf verwendet. Dieser ist aber heute kaum mehr erhältlich.

Gesulztes Wildbret

Als es noch keine Gefriergeräte und Konservierungsmittel gab,
wurden Speisen auf andere Weise, z. B. durch das Sulzen, haltbar gemacht.

1 Die Kalbsfüße waschen und in Stücke schneiden. Die Zwiebeln abziehen. Die Zitrone waschen, trockentupfen, schälen und die Schale in kleine Stücke schneiden. Das Suppengrün putzen und waschen.

2 Die Kalbsfüße in einen großen Topf legen und so viel Wasser zugießen, bis sie 2 cm hoch bedeckt sind. Zwiebeln, Zitronenschale, Suppengrün, Lorbeer, Pfefferkörner und 2 EL Essig zufügen. Zugedeckt bei schwacher Hitze 1 1/2 Stunden kochen lassen. Die Brühe mit Salz und dem restlichen Essig würzen. Dann das Sülzenpulver gut darin ver-

4 Portionen

13 Kalbsfüße
2 Zwiebeln
1 unbehandelte Zitrone
1 Suppengrün, 2 Lorbeerblätter
6 Pfefferkörner, 3 EL Essig, Salz
1 Päcken Sülzenpulver
400–500 g Wildfleischreste
3 Eier, 4 Cornichons
2 EL Kapern

rühren und die Brühe gelieren lassen. Das Fett abnehmen und nochmals aufkochen lassen.

3 Die Fleischreste in mundgerechte Stücke schneiden. Eier hart kochen und schälen. Eier und Cornichons in Scheiben schneiden. Mit der Hälfte der Kapern in eine Form geben. Dabei 6 Eierscheiben beiseite legen. So viel Brühe darüber gießen, bis alles bedeckt ist. Erkalten lassen, die Fleischstücke und die restlichen Kapern darauf verteilen, ganz oben die 6 Eierscheiben. Die restliche Brühe einfüllen und die Sülze fest werden lassen.

Omas
Empfehlung

Falls Sie keine Wildfleischreste haben, können Sie auch Kalbfleisch- oder Gänsefleischreste nehmen.

Gemüse und Salate

Gaisburger Marsch

Schon an den Spätzle ist es zu erkennen – bei
diesem Gericht handelt es sich um einen schwäbischen Eintopf.

1 Das Rindfleisch mit dem Markknochen und 1¹/₂ l kaltem Wasser in einen großen Topf geben. Aufkochen lassen, salzen und das Fleisch 1 Stunde garen. Das Fleisch herausnehmen und in Würfel schneiden. Die Brühe beiseite stellen.

2 Die Kartoffeln, die Möhren und den Sellerie schälen. Den Lauch von den äußeren Blättern befreien. Das Gemüse waschen und in Streifen schneiden. In einem Topf in der Butter oder dem Öl anbraten. Die Brühe zugießen und das Gemüse etwa 20 Minuten garen. Mit Salz, Pfeffer und Muskatnuss kräftig würzen und dann verrühren.

3 Für die Spätzle das Mehl, die Eier und etwa 200 ml Wasser zu einem halbfesten Teig rühren. Spätzle zubereiten wie auf S. 62 beschrieben. 5 Minuten kochen lassen, herausnehmen und mit kaltem Wasser abspülen. Spätzle und Fleischwürfel in die Gemüsesuppe geben und bei schwacher Hitze erwärmen. Die Petersilie waschen, trockentupfen und fein hacken. Die Suppe in eine Terrine füllen und die Petersilie darüber streuen.

4 Portionen
500 g Rindfleisch
1 Markknochen
etwa 1¹/₂ l Wasser
Salz
250 g Kartoffeln
4 Möhren, 250 g Sellerie
2 Stangen Lauch
2 EL Butter oder Öl
Pfeffer, geriebene Muskatnuss
250 g Mehl
2 Eier, 200 ml Wasser
1 Bund Petersilie

Gaisburg ist ein Stadtteil von Stuttgart und hat dem Eintopf seinen Namen gegeben: Vor dem Ersten Weltkrieg hatten Offiziersanwärter in der Stuttgarter Bergkaserne gewisse Vorrechte, u. a. dass sie nicht in der Kantine essen mussten, sondern ein Wirtshaus aufsuchen durften. Die Offiziersanwärter bevorzugten die „Bäckaschmiede", wo der Wirt einen schmackhaften und preiswerten Eintopf servierte. Vor dem Essen formierten sich daher die Offiziersanwärter zum „Gaisburger Marsch".

Omas Empfehlung

Geben Sie Gewürze nicht in heißes Fett, denn sie bekommen dann einen bitteren Geschmack.

Birnen, Bohnen und Speck

Einem süddeutschen Gaumen mag die Zusammenstellung von Birnen und grünen Bohnen vielleicht etwas seltsam vorkommen. In Hamburg ist sie sehr beliebt, wie man in Norddeutschland überhaupt die Mischung von süß und herb bis sauer schätzt.

1 Die Bohnen waschen und in Stücke schneiden oder brechen. Den Räucherspeck in Würfel schneiden. In einen Topf geben und auslassen.

2 Die Bohnen darunter mischen und so viel Fleisch- oder Gemüsebrühe zugießen, dass sie gerade bedeckt sind. Salzen und pfeffern nach Belieben. Das Bohnenkraut waschen und zu den Bohnen geben. Bei schwacher Hitze zugedeckt 30 Minuten kochen lassen.

4 Portionen
500 g junge grüne Bohnen
250 g durchwachsener
Räucherspeck
etwa 200 ml Fleisch-
oder Gemüsebrühe
Salz, Pfeffer
2–3 Stängel Bohnenkraut
300 g Birnen
1 EL Zucker

3 In der Zwischenzeit die Birnen waschen, schälen, halbieren und vom Kerngehäuse befreien. Mit dem Zucker und wenig Wasser in einen zweiten Topf geben und bei schwacher Hitze etwa 7 Minuten weich kochen.

4 Das Bohnenkraut entfernen. Die Bohnen mit dem Speck in einer Schüssel anrichten und die Birnenhälften darauf legen. Dazu passen am besten Butterkartoffeln.

*Die Heimat des Pichel-
steiner Eintopfs soll im
Bayerischen Wald liegen
und nach dem Ort
Büchelstein benannt sein.
Manchmal hört man auch
den Namen „Bismarck-
Ragout" dafür. Denn der
große deutsche Kanzler
habe es während seiner
Kur in Bad Kissingen mit
Vorliebe gegessen.*

Pichelsteiner Eintopf

Der genaue Ursprung des Pichelsteiner Eintopfs
liegt im Dunkeln. Seiner Beliebtheit in den deutschen Küchen und
auf den Speiseplänen konnte das nichts anhaben.

1 Das Fleisch waschen, trocknen, klopfen und in mundgerechte Stücke schneiden. Die Zwiebeln abziehen. Sellerie, Petersilienwurzel und Kartoffeln schälen und waschen. Alles in kleine Würfel schneiden. Die Lauchstange putzen, waschen und in Ringe schneiden. Möhren schälen, waschen und in dünne Scheiben schneiden.

2 Das Rindermark in Scheiben schneiden und einen Schmortopf damit auslegen. Darauf Fleisch, Zwiebeln, Gemüse und Kartoffeln schichtweise verteilen. Mit

4–5 Portionen

750 g Fleisch
(Kalb, Schwein und Rind)
2 Zwiebeln
1 Stück Knollensellerie (200 g)
1 kleine Petersilienwurzel
750 g Kartoffeln
1 Stange Lauch, 3 Möhren
80 g Rindermark, Salz
Paprika, ½ l Fleischbrühe
1 Bund Petersilie
frische Majoranstängel

Salz und Paprikapulver würzen. Die Brühe zugießen. Den Topf mit dem Deckel verschließen und bei schwacher Hitze 70 Minuten köcheln lassen.

3 In der Zwischenzeit die Petersilie und einige Majoranstängel waschen und trockentupfen. Die Petersilie fein hacken und die Majoranblättchen abzupfen.

4 5 Minuten vor Ende der Garzeit den Eintopf gut mischen, bei Bedarf noch etwas Brühe zufügen, kurz aufkochen. Petersilie und Majoran darüber streuen.

Gold und Silber

Nicht um edles Metall, sondern um Fleisch und Bohnen
geht es bei diesem Eintopf, der im Norden Deutschlands beheimatet ist.

1 Am Vorabend die Bohnen zugedeckt in reichlich Wasser einweichen. Am nächsten Tag die Rinderrippe waschen. In einem großen Topf reichlich Salzwasser aufkochen, das Fleisch zufügen und 1 Stunde kochen lassen. Das Fleisch herausnehmen und in kleine Würfel schneiden.

2 Die weißen Bohnen in ein Sieb schütten. Dann in der Fleischbrühe 30 Minuten kochen lassen. Die Möhren schälen, waschen und in Stücke schneiden. Die frischen Erbsen auspalen und waschen

4 Portionen

250 g weiße Bohnen
500 g Rinderrippe
Salz
250 g Möhren
350 g Palerbsen
(oder 300 g TK-Erbsen)
30 g Butter, 1 EL Mehl
1 Prise Pfeffer
geriebene Muskatnuss
Basilikumpulver
einige Basilikumblätter

(die TK-Erbsen nur aus dem Gefrierfach nehmen). Möhren und Erbsen in die Brühe geben und alles weitere 15 Minuten kochen.

3 Die Butter und das Mehl zu einer Beurre manié kneten und auf dem kochenden Gemüse schmelzen lassen. Mit Salz, Pfeffer, Muskatnuss und Basilikumpulver würzen. Die Fleischwürfel darin erhitzen.

4 Dann die Basilikumblätter waschen, trockentupfen und auf dem Eintopf verteilen. Dazu passen Salzkartoffeln.

Omas Empfehlung

Den Eintopf können Sie auch mit Puffbohnen zubereiten, die man auch unter dem Namen dicke Bohnen oder Ackerbohnen kennt.

Omas Junimenü

Die Natur präsentiert sich in sattem Grün und bietet als köstlichste Frucht die Süßkirschen, die aber nicht lange erhältlich sind. Deshalb sollte man sie jetzt genießen – pur oder als leckeren Nachtisch. Bei den Fischen steht in diesem Monat die Forelle an erster Stelle auf dem Küchenplan.

Forelle nach Müllerinart

4 Forellen
(küchenfertig, je 250 g)
1 Zitrone, Salz, 2 EL Mehl
50 g Butterschmalz
100 g Butter
1 Bund Petersilie
1 unbehandelte Zitrone

● Die Forellen innen und außen unter fließendem Wasser waschen. Mit Küchenpapier gut trockentupfen.
● Den Saft der Zitrone auspressen. Die Forellen mit dem Saft innen und außen beträufeln, dann salzen.
● Das Mehl auf einen Teller streuen und die Forellen darin wälzen. Das Butterschmalz in einer großen Pfanne erhitzen und die Fische darin auf jeder Seite etwa 5 Minuten braten.
● Das Fett abgießen und 1 EL Butter in die Pfanne geben. Die Forellen darin wenden und auf eine vorgewärmte Platte legen.
● Petersilie waschen, trockentupfen und fein hacken. Die unbehandelte Zitrone waschen, trockentupfen und in Scheiben schneiden.
● Die restliche Butter in einem Topf erhitzen, bis sie schaumig ist, und die Petersilie zugeben.
● Die Petersilienbutter über die Forellen gießen und die Zitronenscheiben darauf legen. Dazu passen neue Kartoffeln und ein Gurkensalat mit Dill.

Blumenkohlsuppe

1 Blumenkohl (500 g)
1 Möhre, 1 Sellerieblatt
etwa 1 l Gemüsebrühe, 1 Zwiebel
je 100 g Rinder- und Schweinehackfleisch
1 Eigelb, 2 EL Semmelbrösel
Salz, weißer Pfeffer aus der Mühle
1/2 Bund Petersilie
50 g kalte Butter

● Den Blumenkohl waschen und in Röschen teilen. Die Möhre schälen und waschen. Das Sellerieblatt waschen.
● Blumenkohl, Möhre und Sellerieblatt in einen Topf geben und so viel Gemüsebrühe zugießen, bis das Gemüse bedeckt ist.
● Aufkochen lassen und bei mittlerer Hitze 15–20 Minuten weich kochen. Die Zwiebel abziehen und fein hacken. Das Hackfleisch, die Zwiebel, das Eigelb, die Semmelbrösel, Salz und Pfeffer gut vermischen.
● Kleine Klößchen formen, in die Suppe geben und bei schwacher Hitze 10 Minuten ziehen lassen.
● Die Petersilie waschen, trockentupfen und fein hacken. Die Suppe von der Kochstelle nehmen. Die Butter unter die Suppe rühren und die Petersilie darüber streuen.

Kirschplotzer

1 kg schwarze
Süßkirschen
3/8 l Milch, 225 g Zwieback
4 Eier, 90 g Butter
50 g Zucker, 50 g gemahlene Mandeln
1 Msp. Zimtpulver
3 EL Kirschsaft
50 g Mandelblättchen
Fett für die Form

● Die Kirschen waschen, entsteinen und abtropfen lassen. Die Milch in einem Topf erhitzen. Den Zwieback zerbröckeln, mit der heißen Milch übergießen und einweichen. Die Eier trennen. 60 g Butter in einer Schüssel schaumig rühren, abwechselnd die Eigelbe und den Zucker unterrühren.
● Gemahlene Mandeln, Zimt, Kirschsaft und Zwiebackmasse zufügen. Gut vermischen. Die Eiweiße steif schlagen und unter die Zwiebackmasse heben.
● Die Kirschen untermischen. Den Backofen auf 200 °C (Gas Stufe 3–4) vorheizen. Eine Auflaufform einfetten.
● Den Teig einfüllen. Die restliche Butter in Flöckchen darauf geben und die Mandelblättchen darüber streuen. 1 Stunde backen. Warm oder kalt mit einer Vanillesauce servieren.

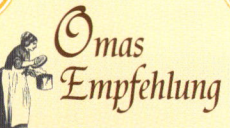

Leipziger Allerlei

Was heutzutage meist in Dosen unter dieser Bezeichnung angeboten wird, hat mit dem Originalrezept nur noch wenig zu tun.

1 Die Möhren und den Blumenkohl putzen. Die Möhren schräg in Scheiben schneiden. Den Blumenkohl in Röschen teilen. Den Spargel dünn schälen und in Stücke schneiden. Das Gemüse waschen. Abtropfen lassen. 1/4 l Wasser mit 1 EL Butter, etwas Salz und Zucker aufkochen.

2 Die Möhren zugeben und 5 Minuten kochen. Den Blumenkohl und den Spargel zufügen. Weitere 10 Minuten bei schwacher Hitze garen. Die Erbsen unaufgetaut zugeben oder die frischen Erbsen auspalen, waschen und dann zugeben. Noch 10 Minuten garen. Das Gemüse abtropfen lassen, dabei die Brühe auffangen. Die getrockneten Morcheln in lauwarmem Wasser einweichen.

3 Die Pilze herausnehmen und das Pilzwasser beiseite stellen. Die restliche Butter im Topf erhitzen. Mehl unterrühren und goldgelb anschwitzen. Gemüse- und Pilzwasser zugießen.

4 8 Minuten kochen. Mit geriebener Muskatnuss würzen. Die Krebsbutter und die Sahne zufügen. Das Gemüse und die Pilze zugeben. Erhitzen, aber nicht kochen lassen. Mit dem Krebsfleisch verzieren. Die Petersilie waschen, trockentupfen, fein hacken und über das Allerlei streuen.

4 Portionen

500g Möhren
1/2 Blumenkohl, etwa 200 g
250 g frischer Spargel
1 Bund Petersilie
1/4 l Wasser, 50 g Butter
Salz, 1 Prise Zucker
300 g TK- oder frische Palerbsen
125 g getrocknete Morcheln
30 g Mehl, Muskatnuss
50 g Krebsbutter
3 EL Schlagsahne
1 Dose Flusskrebsfleisch
1 Bund Petersilie

Märkischer Topf

Der magere Sandboden rings um Berlin ist für die kleinen und zarten Teltower Rübchen gerade richtig. Sie verleihen dieser Spezialität aus der Mark Brandenburg den besonderen Geschmack.

1 Rübchen schaben, abspülen und trockentupfen. Die Hälfte der Butter in einem Topf erhitzen, den Zucker darin goldgelb rösten, die Rübchen kurz darin schwenken. Die Brühe zugießen und salzen. 45 Minuten bei schwacher Hitze kochen.

2 Pilze putzen, waschen, abtropfen lassen und halbieren oder vierteln. In der restlichen Butter 10 Minuten braten. Mit Salz und Zwiebelsalz würzen. Die Filetspitzen in 0,5 cm dicke Scheiben schneiden. Die Zwiebeln abziehen

und fein würfeln. Das Öl in einem Topf erhitzen. Fleisch darin 2 Minuten braun braten (es muss innen noch rosig sein), herausnehmen und warm stellen.

3 Die Zwiebeln 5 Minuten im Bratfett andünsten, mit Mehl bestäuben, umrühren. Fond und Sahne zugießen. 5 Minuten bei schwacher Hitze kochen lassen. Salzen und pfeffern. Fleisch zufügen und erhitzen. Mit den Rüben und Pilzen auf einer vorgewärmten Platte dekorativ verteilen.

---

4 Portionen

500 g Teltower Rübchen
60 g Butter, 1 EL Zucker
$^1/_8$ l heiße Fleischbrühe
Salz, 375 g frische Steinpilze
Zwiebelsalz
750 g Rinderfiletspitzen
2 Zwiebeln, 3 EL Öl, 1 EL Mehl
200 ml Fleischfond
125 g saure Sahne
weißer Pfeffer

Johann Wolfgang von Goethe wusste die gute Küche zu schätzen. Er zog sogar manches Gemüse und Obst selbst in seinem Garten. Zu seinem großen Bedauern war das mit den Teltower Rübchen – benannt nach der Stadt Teltow südwestlich von Berlin – nicht möglich. Daher bat er alljährlich seine Freunde in Berlin, ihm diese Delikatesse nach Weimar zu schicken.

*R*otkohl

Rotkohl ist ein typisches Wintergemüse.
Er darf nicht in einer eisernen Kasserolle gekocht werden,
da er sonst seine schöne Farbe verliert.

1 Den Rotkohl von den äußeren Blättern und vom Strunk befreien. Dann waschen und in feine Streifen schneiden. Den Apfel waschen, schälen, in Viertel schneiden und vom Kerngehäuse befreien.

2 Das Gänse- oder Schweineschmalz in einer Kasserolle erhitzen und den Kohl darin 2 Minuten anbraten. Dann den Rotwein (oder Brühe bzw. Essig) zugießen. Den Zucker nach Belieben, die Gewürznelken, die Zimt-

4 Portionen

**1 Kopf Rotkohl
(700–800 g)
1 saftiger Apfel
2 EL Gänse- oder Schweineschmalz
350 ml Rotwein
(oder Brühe bzw. Essig)
Zucker nach Belieben
2–3 Gewürznelken
1 Zimtstange**

stange und den Apfel zufügen. Bei schwacher Hitze zugedeckt etwa 45 Minuten weich schmoren.

3 Bei Bedarf noch Flüssigkeit zugießen. Die Zimtstange entfernen. Der Kohl passt z. B. zu Gänsebraten oder zu Bratwürsten.

Variante: Statt in Rotwein, Brühe oder Essig, Zucker und den Gewürzen können Sie den Rotkohl auch im Saft saurer Pflaumen schmoren.

Schmorgurken

Schnell zubereitet und leicht verdaulich ist dieses
Gemüse. Vorzugsweise nimmt man dafür die großen Gemüsegurken,
in der Mark Brandenburg auch Senfgurken genannt.

1 Die Gurken schälen, längs halbieren, mit einem Löffel von den Kernen befreien und in fingerlange Stücke oder 2 cm dicke Scheiben schneiden.

2 In einem Topf die Butter schwach erhitzen, den Zucker zufügen und schmelzen. Mehl zugeben und unter Rühren 3 Minuten braten, bis die Masse Farbe annimmt.

3 Die Gurkenstücke zugeben und mehrmals umrühren. Die Milch zugießen. 15 Minuten bei schwacher Hitze

5 Portionen

1 kg Gemüsegurken
60 g Butter
1 EL Zucker
50 g Mehl
450 ml Milch
1 EL Essig
Salz, weißer Pfeffer
1 Stängel Dill

weich kochen. Mit Essig, Salz und weißem Pfeffer würzen. Dill waschen, trockentupfen. Blättchen abzupfen und über die Gurken streuen.

Variante: Die Gurken wie oben vorbereiten. 2 Zwiebeln abziehen, fein hacken. 75 g durchwachsenen Speck würfeln. 1 EL Butter erhitzen. Nacheinander Speck, Zwiebeln, 1 EL Zucker und Gurken anbraten. Mit 2 EL Essig ablöschen. Wie oben fertig kochen.

Omas Empfehlung

Die Schmorgurken eignen sich als Beilage zu Schweinebraten oder Buletten. Sie werden aber auch ohne Fleisch nur mit neuen Kartoffeln und ausgebratenem Speck als Hauptmahlzeit gegessen.

Sauerkraut

Früher hatte jede Hausfrau ihr eigenes Rezept für
Sauerkraut, denn das Kraut war hausgemacht – in einem Fässchen
wurden die fein gehobelten Kohlköpfe weich gestampft.

*Den Deutschen sagt
man eine große Vorliebe
für Kraut oder Kohl nach.
Wilhelm Busch bestätigt
dieses Klischee in seiner
Bubengeschichte von
Max und Moritz:
„Eben geht mit einem
Teller
Witwe Bolte in den
Keller,
Dass sie von dem Sauer-
kohle
Eine Portion sich hole,
Wofür sie besonders
schwärmt,
Wenn er wieder
aufgewärmt.“*

1 Die Zwiebel abziehen und fein hacken. Das Fett erhitzen und die Zwiebel darin goldgelb braten. Sauerkraut zugeben und mit zwei Gabeln lockern.

2 So viel Wasser zugießen, bis das Sauerkraut knapp bedeckt ist. Äpfel waschen, schälen, vom Kerngehäuse befreien, in Schnitze schneiden und zum Kraut geben. Zugedeckt $1^1/_2$ Stunden weich schmoren. Kurz vor Ende der Kochzeit die halbe Kartoffel

5–6 Portionen

1 Zwiebel
40 g Schweine- oder Gänsefett
1 kg Sauerkraut
4 saure Äpfel
$^1/_2$ rohe Kartoffel
Paprikapulver
20 g Zucker nach Belieben

reiben und zum Kraut geben. Mit Paprika würzen. Nach Belieben den Zucker zufügen.

Variante: Zwiebel und Sauerkraut vorbereiten wie oben beschrieben. 40 g Fett erhitzen. Die Zwiebeln und das Sauerkraut etwa 5 Minuten anbraten. Etwa 150 ml Gemüsebrühe zugießen. Kochen wie oben beschrieben, am Ende eine rohe Kartoffel reiben und zugeben.

GUT ZU WISSEN

*Sauerkraut ist wegen
seiner natürlichen Milchsäure sehr gesund,
besonders wenn man
es roh isst.*

Kohlrouladen

Wer dieses Gericht als „Arme-Leute-Variante"
der Rinderrouladen ansieht, sollte sich von den feinen Zutaten und
einem Testessen eines Besseren belehren lassen.

1 Für die Füllung das Brötchen in lauwarmem Wasser 20 Minuten einweichen, dann ausdrücken. Inzwischen die Zwiebel abziehen und fein hacken. Das ganze Hackfleisch sowie Brötchen, Zwiebel, Salz, Pfeffer, Muskat und Ei gut vermischen.

2 Den Kohl vom Strunk befreicn. Dic großcn Blättcr ablösen. Salzwasser aufkochen und die Blätter darin ziehen lassen, dann mit Wasser abspülen und abtropfen lassen.

3 Die Blätter und die Füllung in 4 Portionen aufteilen. Die Blätter pro Portion überlappend auslegen und mit Salz, Pfeffer und Kümmel bestreuen. Die Füllung darauf legen. Die Blätter zusammenrollen und mit Küchengarn zubinden.

4 Wurzelwerk waschen und klein schneiden. Schmalz in einem Topf erhitzen und das Wurzelwerk darin anbraten. Die Kohlrouladen dazugeben, den Speck darauf legcn. Im Backofcn 45 Minutcn backen, dann herausnehmen. Das Mehl mit Wasser verrühren und den Bratensatz damit ablöschen. Die Sauce zu den Rouladen reichen.

4 Portionen

1 Brötchen
1 kleine Zwiebel
400 g Rinderhackfleisch
350 g Schweinehackfleisch
Salz, Pfeffer
geriebene Muskatnuss, 1 Ei
1 Kopf Weißkohl
Salz, Pfeffer, Kümmel
200 g Wurzelwerk
3 EL Schweineschmalz
4 Scheiben geräucherter
magerer Speck
1 EL Mehl

🔥 **Ober-/Unterhitze: 190 °C**
🔥 **Gas: Stufe 3**

Gefüllte Kohlrabi

Kohlrabi haben als Gemüse etwas von den Rüben
und dem Kohl. Allerdings werden nur Blätter von jungen Kohlrabi
verwendet. Früher wurden die Kohlrabi während des
Winters in Sandbeeten im Keller aufbewahrt.

1 Die Kohlrabi dünn abschälen und waschen. Oben einen Deckel abschneiden. Die Knollen mit einem Apfelbohrer oder einem kleinen Messer ausstechen, ohne sie zu zerbrechen.

2 Kohlrabi in Salzwasser nicht zu weich kochen. In der Zwischenzeit die Petersilie waschen, trockentupfen und klein hacken. Das Öl in einer Pfanne erhitzen.

3 Das Hackfleisch darin braten, es sollte aber nicht braun werden. Ei, Semmelbrösel und Petersilie untermischen. Die Kohlrabi herausnehmen und auf einem trockenen Tuch oder Küchenpapier abtropfen lassen. Die Füllung großzügig in die Kohlrabi geben und jeweils mit Aluminiumfolie bedecken.

4 Eine weiße Grundsuppe (siehe S. 13) zubereiten. 2 Eigelbe und 2 TL Zitronensaft unterrühren. Die Kohlrabi hineinsetzen und etwa 10 Minuten bei ganz schwacher Hitze ziehen lassen. Dazu passt Hammel- oder Rindfleisch.

4–5 Portionen
16 große Kohlrabi
$^{1}/_{2}$ Bund Petersilie
2 EL Öl
375 g Kalbs- oder Schweinehackfleisch
1 Ei
20 g Semmelbrösel
$^{3}/_{4}$ l weiße Grundsuppe
2 Eigelb
2 TL Zitronensaft

Reibekuchen

Kartoffelreibekuchen sind ein einfaches, aber
sehr beliebtes Gericht. Da finden in manchen Familien regelrechte
Wettbewerbe statt, wer am meisten davon vertilgen kann.
Danach ist oft ein Mittagsschläfchen vonnöten.

1 Kartoffeln schälen, waschen und reiben. In einem Tuch gut ausdrücken. Zwiebel abziehen und fein reiben. Kartoffeln, Zwiebel, Eier und Salz verrühren.

2 Wenn die Masse noch zu feucht ist, das Mehl untermischen. Man kann die Kartoffeln, Zwiebeln und Eier auch im Mixer zerkleinern, danach Salz und nach Bedarf das Mehl zufügen.

3 In einer großen Pfanne das Fett erhitzen. Jeweils 2 EL der Kartoffelmasse in die Pfanne geben und zu kleinen Kuchen drücken, am besten mit der Rückseite eines Holzlöffels. Von beiden Seiten knusprig braten.

4 Heiß servieren und dazu entweder Apfelmus und Preiselbeeren oder grünen Salat reichen.

Variante: Für deftigere Reibekuchen den Teig vorbereiten wie oben beschrieben. 60 g Speck würfeln. In der Pfanne zerlassen. 2 Zwiebeln abziehen und in Scheiben schneiden. Den Teig einfüllen. Je eine Zwiebelscheibe darauf legen, braten, umdrehen und fertig braten.

4 Portionen
1 kg große Speisekartoffeln
1 kleine Zwiebel
3 kleine Eier
1 Prise Salz
1–2 EL Mehl bei Bedarf
Fett zum Braten, z. B.
Schweineschmalz

Pellkartoffeln mit Quark

Obwohl auch dieses Gericht eher einfach und schnell
zu kochen ist, erhält es durch den besonders fein zubereiteten Quark
die entscheidende geschmackliche Abrundung.

1 Die Kartoffeln waschen. Wasser zum Kochen bringen und Salz und Kümmel zugeben. Die Kartoffeln darin weich kochen.

2 Inzwischen den Quark in eine Schüssel geben, mit der Milch glatt rühren. Mit Salz, Pfeffer, Paprika- und Kümmelpulver abschmecken.

3 Die Zwiebeln schälen und fein hacken. Den Schnittlauch waschen und in Röllchen schneiden. Den Quark in die Portionsschälchen füllen. In den Quark

Vertiefungen drücken und jeweils ein Viertel der Zwiebeln hineinfüllen. Das Leinöl darüber träufeln. Den Schnittlauch darauf verteilen.

4 Die Butter in kleine Portionsstücke schneiden. Die Pellkartoffeln abgießen, ausdampfen lassen und mit der Schale zu Tisch bringen.

5 Jeder schält („pellt") sich seine Kartoffeln selbst und nimmt nach Belieben Quark und Butter dazu.

4 Portionen

1 kg neue, kleine Kartoffeln
Salz, 1 TL Kümmel
500 g Quark (20 %), 100 ml Milch
weißer Pfeffer
je 1 Prise Paprika- und
Kümmelpulver
1 Zwiebel, 1 Bund Schittlauch
frisch gepresstes Leinöl
Butter

Omas Empfehlung

Nehmen Sie für das Gericht nur mehlig kochende Kartoffeln. Als das beste Leinöl galt früher das Spreewalder Öl.

Schinkenkartoffeln

Da man früher Kartoffeln in größeren Mengen vorrätig hatte,
war dieses Gericht schnell zubereitet. Heute haben viele Haushalte
keine Möglichkeit mehr, Kartoffeln länger aufzubewahren.

1 Die Kartoffeln unter fließendem Wasser abbürsten. In einen Topf mit reichlich Wasser geben und etwa 20 Minuten kochen. Den Schinken in kleine Würfel schneiden. Dann die Zwiebeln abziehen und in Scheiben schneiden.

2 Den Backofen vorheizen. Die Kartoffeln abgießen, etwas abkühlen lassen, dann pellen, in Scheiben schneiden und warm stellen. Eine Auflaufform einfetten.

3 Eine Lage Kartoffelscheiben hineinlegen, darüber kleine Butterstücke, dann eine Lage Schinken und darauf die Zwiebelscheiben verteilen. So wei-

terverfahren, bis alle Zutaten verbraucht sind. Oben sollte eine Schicht Kartoffeln mit Butterstücken darauf sein. Den Auflauf in den Backofen schieben.

4 Eier, Milch, Salz und Muskat verrühren. Wenn die Kartoffeln heiß sind, die Sauce darüber gießen und die Semmelbrösel darauf streuen. Nochmals 35 Minuten backen. Wird die Oberfläche des Auflaufs zu schnell braun, die Form mit Aluminiumfolie bedecken.

4 Portionen

1½ kg Kartoffeln
250 g gekochter Schinken
2 große Zwiebeln
125 g Butter
Fett für die Form

Für die Sauce:
3 Eier
200 ml Milch
1 Prise Salz
geriebene Muskatnuss
2 EL Semmelbrösel

🔥 Ober-/Unterhitze: 200 °C
🔥 Gas: Stufe 3–4

Omas Empfehlung

Man kann zu diesem Kartoffelauflauf sehr gut das Endstück eines gekochten Schinkens verwenden, das sich nicht mehr in schöne Scheiben schneiden lässt.

Himmel und Erde

Der außergewöhnliche Name des rheinländischen
Gerichts leitet sich von den Äpfeln ab, die am Himmel hängen, und
den Kartoffeln, die in der Erde liegen.

1 Die Kartoffeln schälen, waschen, vierteln und in Salzwasser etwa 20 Minuten kochen, bis sie weich sind. Die Äpfel waschen, schälen, vierteln und vom Kerngehäuse befreien. In einem Topf mit wenig Wasser kochen. Zucker und Zitronensaft zufügen. Häufig umrühren, bis sie weich sind. Dann zu Mus rühren.

2 Die Kartoffeln abgießen und zu Mus stampfen. Das Apfel- und das Kartoffelmus gründlich ver-

rühren. Mit Salz, Pfeffer und Muskat würzen. In eine Schüssel füllen und warm stellen.

3 Den Speck in Würfel schneiden. Die Zwiebeln abziehen und in Ringe schneiden. Den Speck in der Pfanne ausbraten. Die Zwiebeln zufügen und goldbraun braten. Dann Speck und Zwiebeln herausnehmen. Die Würste im Fett braten und in Scheiben schneiden. Speck, Zwiebeln und Würste auf das Mus legen.

4 Portionen

1 kg Kartoffeln, 1 kg Äpfel
2 EL Zucker, 2 EL Zitronensaft
½ TL Salz, Pfeffer
geriebene Muskatnuss
100 g durchwachsener
geräucherter Speck
2 Zwiebeln
je 250 g Blut- und
Leberwurst

Geschichtsbewusste Frankfurter erzählen, dass die Grie Soß von zugewanderten italienischen Familien mitgebracht wurde. Andere meinen, dass sie aus Frankreich stammt, wo sie „Sauce verte" heißt. Ganz sicher aber ist, dass sie nicht von Goethes Mutter erfunden wurde, wie manche behaupten.

Grie Soß

Viele Kräuter sind ein Muss für diese „Grüne Sauce". Wenn Sie nicht alle erhalten, können Sie von den anderen etwas mehr nehmen. Wichtig ist, dass die sauren Kräuter das Übergewicht haben.

1 Kräuter waschen und trockentupfen. Den Schnittlauch in Röllchen schneiden. Die restlichen Kräuter getrennt fein hacken.

2 Dann alle Kräuter mischen. Die Eier hart kochen, abkühlen lassen, fein hacken. Die halbe Zitrone auspressen.

3 Das Öl, den Senf, den Meerrettich, den Joghurt, die Crème fraîche, die Mayonnaise, den Zitronensaft, den Zucker, Salz und Pfeffer verrühren. Die Knoblauchzehe abzie-

hen, durch eine Knoblauchpresse drücken und untermischen. Die Eier zufügen.

4 So lange Buttermilch zugeben, bis die Sauce dünnflüssig genug ist. Die Kräuter untermischen, 1 EL davon darüber streuen. Mit Pellkartoffeln servieren.

Variante: Wenn die Sauce weniger habhaft sein soll, können Sie Joghurt, Crème fraîche und Mayonnaise durch mehr Buttermilch ersetzen.

4 Portionen

je 20 g Schnittlauch, glattblättrige Petersilie und Pimpinelle
je 10 g Garten- und Brunnenkresse sowie Kerbel
je 15 g Borretsch und Sauerampfer
5 Eier, $\frac{1}{2}$ Zitrone, 5 EL Öl
1 TL Senf, 1 EL Meerrettich
je 125 g Joghurt und Crème fraîche
5 EL Mayonnaise, 1 TL Zucker
1 TL Salz, weißer Pfeffer
1 Knoblauchzehe, Buttermilch

Gebackener Blumenkohl

Der Blumenkohl gehört zu den blühenden Kohlsorten.
Dabei besteht der Kopf aus vielen noch ungeöffneten und verwachsenen
„Blütenknospen", die sich von einem Stamm aus verästeln.

1 Den Blumenkohl vom braunen Stielende befreien und waschen. In reichlich Salzwasser etwa 30 Minuten kochen, bis er weich ist. Herausnehmen und 1/4 l Blumenkohlwasser abmessen. Das restliche Wasser für eine Blumenkohlsuppe aufbewahren.

2 Eine Mehlschwitze aus 40 g Butter, dem Mehl und dem Blumenkohlwasser zubereiten. Die Brühwürfel darin auflösen und die Sahne zufügen. Die Sauce kochen, bis sie dick geworden ist. Mit der Muskatblüte würzen.

4 Portionen

600 g Blumenkohl
60 g Butter
30 g Mehl
2 Brühwürfel
125 g Sahne
1 Prise Muskatblüte
100 g Parmesan

3 Den Blumenkohl in eine ofenfeste Form legen, die Sauce darauf verteilen, den Parmesan darüber reiben. Im Wasserbad im Backofen 20 Minuten backen.

Variante: 500 g kleine Tomaten mit kochendem Wasser überbrühen und abziehen. 300 g gemischtes Hackfleisch mit 1 EL Semmelbrösel, 1 Ei, Salz, Pfeffer und Paprikapulver verkneten. Um den Blumenkohl legen und die Tomaten darauf verteilen. Backen wie oben beschrieben.

Omas Empfehlung

Wenn Sie den Blumenkohl als Ganzes servieren wollen, dürfen Sie ihn nicht zu lange kochen, sonst zerfällt er.

Würziger Essig und süßer Senf

Heute kann man die verschiedensten Essigsorten einfach kaufen. Früher wurden sie selbst hergestellt. Sogar Senf, der einen guten Essig als Grundlage hat, entstand unter den kundigen Händen von Großmutter.

Gewürzessig

¹/₂ Schalotte
je 1 unbehandelte Bitterorange, Orange
und Zitrone
1 Gewürznelke, 6 Pfefferkörner
3 Msp. Muskatblüte
2 Msp. Ingwerpulver, 1 Msp. Zimt
1 l Weinessig, 50 g Zucker

- Die Schalotte abziehen und fein hacken. Die Orangen und die Zitrone waschen, trockentupfen und jeweils etwa ¹/₄ TL von der Schale abreiben.
- Schalotte, Orangen- und Zitronenschale, Nelke, Pfefferkörner, Muskatblüte, Ingwer und Zimt in ein Gefäß geben. Essig und Zucker aufkochen und sofort über die Gewürze gießen. Zugedeckt bei Zimmertemperatur 14 Tage stehen lassen. Durch ein sauberes Tuch gießen, in Flaschen füllen und verkorken.

Himbeeressig

1 kg Himbeeren
¹/₂ l Weinessig
¹/₂ l Wasser
500 g Zucker
kleine Flaschen mit Korken
Küchenpapier bei Bedarf

- Die Himbeeren sorgfältig verlesen. Bei Bedarf die Beeren vorsichtig mit Wasser übersprühen und auf Küchenpapier trocknen lassen. In ein Gefäß, z. B. einen Steintopf, geben.
- Den Essig und das Wasser zugießen.
- Ein sauberes Tuch darauf legen und fest zubinden. 24 Stunden bei Zimmertemperatur stehen lassen.
- Am folgenden Tag den Essig durch ein frisches sauberes Tuch in einen Topf gießen. Den Zucker zugeben.
- Aufkochen und dabei den Schaum abschöpfen. Den Essig erkalten lassen.
- In der Zwischenzeit die Flaschen mit Spülmittel auswaschen, mit kochendem Wasser ausspülen und abtropfen lassen.
- Den Essig hineingießen und fest verkorken. Er passt zu Salaten und auch Fisch.

Tipp: Himbeeressig, mit Zucker eingenommen, soll fiebersenkend wirken.

Kräuteressig

3 große Stängel Estragon
etwa 10 Basilikumblätter
2 Wacholderbeeren
5 Schalotten
2 Lorbeerblätter
1 l Weinessig

- Estragon und die Basilikumblätter waschen. Die Wacholderbeeren mit einer Gabel zerdrücken. Die Schalotten abziehen und fein hacken.
- Estragon, Basilikum, Wacholderbeeren, Schalotten und Lorbeerblätter in ein Gefäß, z. B. einen Steinkrug, geben. Den Essig aufkochen und darüber gießen. Mit einem sauberen Tuch bedecken und zubinden. 8 Tage bei Zimmertemperatur stehen lassen. Dann den Essig durch ein Haarsieb gießen und in Flaschen füllen.

Süßer Senf

¹/₂ l hochwertiger Essig,
z. B. Weinessig
250 g Zucker
250 g braunes Senfmehl
kleine Tontöpfe
oder Gläser
Klarsichtfolie oder
kleine dekorative Tücher

- Den Essig mit dem Zucker aufkochen und dann erkalten lassen.
- Das Senfmehl portionsweise über 1¹/₂ Stunden verteilt zum Essig geben.
- Beim Zufügen des Senfmehls kräftig umrühren.
- Die Töpfe oder Gläser mit Spülmittel ausspülen, mit kochendem Wasser übergießen und auf einem sauberen Tuch abtropfen lassen.
- Dann den Senf einfüllen und mit einem Deckel verschließen. Bei der Verwendung als Geschenk mit Klarsichtfolie oder Tüchern bedecken und diese zubinden.
- Den Senf verschlossen im Kühlschrank aufbewahren, sonst verliert er sein Aroma.

Rote Bete

Sehr gebräuchlich für dieses Wurzelgemüse
ist auch der Name Rote Rüben. Sie werden als Salat und
als Gemüse zubereitet.

1 Die Roten Beten von den Wurzeln und Blättern befreien, ohne die Knollen zu verletzen (sonst würde beim Kochen der rote Saft herauslaufen). Die Rüben waschen und gründlich bürsten. In einen großen Topf geben. So viel Wasser zugießen, bis sie bedeckt sind. Zugedeckt bei schwacher Hitze 45–60 Minuten kochen.

2 Mit einer Gabel oder einem Messer prüfen, ob sie weich sind. Mit kaltem Wasser abschrecken, schälen und in Scheiben schneiden. Die Zwiebel abziehen und fein hacken. Das Butterschmalz in einem Topf erhitzen, die Rüben darin 2 Minuten anbraten.

3 Dann die Zwiebeln, das Nelkenpulver, den Kümmel, den Essig, 2 Prisen Salz und 1 Prise Zucker zugeben und weitere 1–2 Minuten schmoren.

4 Die Brühe zugießen und 5 Minuten weiterschmoren. Die saure Sahne und das Mehl verrühren und zu den Rüben geben. Sie können dazu noch ein kleines Schälchen mit geriebenem Meerrettich servieren.

6 Portionen

2 kg Rote Bete
1/2 Zwiebel
50 g Butterschmalz
1 Prise Nelkenpulver
1 TL Kümmel
2 EL Weinessig
2 Prisen Salz
1 Prise Zucker
200 ml Gemüsebrühe
3 EL saure Sahne
1 TL Mehl

Grünkohl

„Gott schuf den Winter – und den Grünkohl
als Mittel dagegen", so lautet eine Inschrift an einem
Dithmarscher Bauernhaus.

1 Den Grünkohl von den Rippen befreien und mehrmals mit viel Wasser waschen. In einem Topf mit wenig Wasser aufkochen, abgießen, mit kaltem Wasser übergießen und gut ausdrücken. Mit dem Wiegemesser grob zerkleinern.

2 Die Zwiebel abziehen und fein hacken. Im Schmortopf das Fett erhitzen, die Zwiebel darin 2 Minuten anbraten und dann den Kohl zugeben.

3 Etwas Brühe darüber gießen. Mit Nelkenpulver und Salz würzen. Zugedeckt bei schwacher Hitze unter häufigem Zugießen der Brühe 45 Minuten weich kochen. Zum Schluss den Grieß untermischen und noch 10 Minuten köcheln lassen.

Variante: Den Grünkohl vorbereiten, blanchieren und mit den Zwiebeln anbraten wie oben beschrieben. Die Brühe zugießen. Dann 1 Kartoffel schälen, waschen, reiben und zum Kohl geben. 250 g durchwachsenen und geräucherten Bauchspeck dazulegen. Zugedeckt kochen lassen. Nach 1 Stunde einen Ring Pinkel (Grützwurst) zugeben und 1 weitere Stunde kochen.

6 Portionen

2 kg Grünkohl
1 kleine Zwiebel
100 g Schweineschmalz
250 ml Fleischbrühe
1/2 TL Nelkenpulver
Salz
30 g Grieß

Wirsing

Wirsing kommt im Sommer in grünen und zum Herbst in gelblichweißen Köpfen auf den Markt. Wirsing können Sie in allen Rezepten durch Weißkohl ersetzen.

1 Den Wirsing in vier Teile schneiden. Die äußeren Blätter, den Strunk und die dicken Blattrippen entfernen. Die Teile 10 Minuten in Salzwasser legen. Abtropfen lassen. Dann in frischem Salzwasser etwa 10 Minuten kochen, bis sie weich sind. Das Wasser abgießen.

2 In der Zwischenzeit die Zwiebeln abziehen und fein hacken. Die Petersilie waschen, trockentupfen und fein hacken.

4–5 Portionen

1 Wirsing (etwa 1 kg)
Salz
2 kleine Zwiebeln
$1/2$ Bund Petersilie
2 EL Butter
2 EL Mehl
100 ml Fleischbrühe

3 Die Butter in einem zweiten Topf erhitzen, die Zwiebeln darin goldbraun braten, die Petersilie und den Kohl zugeben. Mit dem Mehl bestäuben. Die Brühe zugießen und noch 10 Minuten bei schwacher Hitze dämpfen.

Variante: Statt der Butter können Sie auch Bratenfett und statt der Fleischbrühe Sauce oder Brühe von fettem Geflügel nehmen.

Grüne Bohnen mit Tomaten

Die grünen Bohnen stammen aus Amerika und wurden im 16. Jh. von den Spaniern nach Europa gebracht. Die älteste Beschreibung findet sich in einem Kräuterbuch von 1543.

1 Die Bohnen von den Enden befreien, waschen und in Stücke schneiden. 20 g Butter erhitzen, die Bohnen bei schwacher Hitze darin 3 Minuten braten und wenig Wasser zufügen. Kochen lassen, bis sie weich sind.

2 Die Tomaten waschen und in Scheiben schneiden. Den Schinken in feine Streifen schneiden. Die Zwiebel abziehen und fein hacken.

3 Die restliche Butter erhitzen, die Zwiebel und den Schinken darin 3 Minuten braten. Die Tomaten zufügen und bei schwacher Hitze zugedeckt etwa 10 Minuten dünsten.

4 Inzwischen die Petersilie waschen, trockentupfen und fein hacken. Die Tomatenmasse durch ein Haarsieb streichen, zu den Bohnen gießen, den Fond zufügen und einmal aufkochen lassen. Mit Salz und Pfeffer würzen. Die Petersilie darüber streuen.

Variante: Sie können statt der Bohnen auch 1 kg Pal- oder Zuckererbsen mit der Tomatenmasse zubereiten.

6 Portionen

1 kg grüne Bohnen
50 g Butter
1 kg Tomaten
40 g roher Schinken
1 kleine Frühlingszwiebel
1/2 Bund Petersilie
1 TL Fleischfond
Salz
Pfeffer

GUT ZU WISSEN

Grünes Gemüse behält seine kräftige Farbe, wenn man pro Liter Kochwasser eine Messerspitze Natron zufügt. Dann sollte das Gemüse jedoch gar nicht mehr oder nur wenig gesalzen werden.

Omas Empfehlung

Für einen Schwaben gehört unbedingt ein Schuss Essig zu den Linsen. Man sollte ihn aber erst zugeben, wenn sie weich sind. Die Säure könnte sonst das Weichwerden verhindern.

Linsen mit Spätzle

Auch wenn das Gericht von der Ästhetik her nicht
so viel bietet – waschechte Schwaben werden dafür (fast)
alles andere stehen und liegen lassen.

1 Am Vortag die Linsen waschen und über Nacht in reichlich Wasser zugedeckt einweichen. Am nächsten Tag die Zwiebeln abziehen. Die Butter erhitzen und die Zwiebeln darin unter Rühren glasig braten.

2 Die Linsen in ein Sieb schütten. In einem Topf Wasser zum Kochen bringen, die Zwiebeln, den Speck und die Linsen zufügen.

3 Zugedeckt die Linsen etwa 1 Stunde weich kochen. Etwa 20 Minuten vor Kochende reichlich Salzwasser aufkochen, Fertigspätzle zu-

4 Portionen

400 g Linsen
6–8 kleine Zwiebeln
2 EL Butter
200 g magerer geräucherter Bauchspeck
250 g Spätzle
40 g Schweineschmalz, 40 g Mehl
Salz, Pfeffer
1 EL Essig nach Belieben
2 Paar Saitenwürste
3–4 Petersilienstängel

geben und kochen lassen, bis sie weich sind, oder die Spätzle selbst machen (siehe S. 62).

4 Inzwischen das Schmalz erhitzen, bis es braun ist, das Mehl zugeben und braun rösten. Zu den Linsen geben. Mit Salz, Pfeffer und Essig nach Belieben würzen.

5 Den Speck in Scheiben schneiden und mit den Würsten auf die Linsen legen. Die Spätzle abtropfen lassen und zu den Linsen servieren. Petersilie waschen, trockentupfen, fein hacken und darüber streuen.

Erbsenmus

Für Erbsenmus nimmt man möglichst gelbe
geschälte Erbsen, die auch als Trockenerbsen bekannt sind.

Waren vom Erbsenmus Reste übrig, gab es früher oft Erbsensuppe. Berühmt geworden ist diese Suppe durch das Restaurant Aschinger in Berlin. Bei Aschinger kostete ein Teller beste Erbsensuppe 35 Pfennige und man konnte sich dazu mit Brötchen „à la discrétion" (d. h. umsonst) bedienen.

1 Die Erbsen am Vortag in reichlich Wasser über Nacht zugedeckt einweichen. Dann in ein Sieb schütten und in einen Topf mit reichlich Salzwasser geben. Das Fleisch waschen. Zu den Erbsen geben. Mit dem Majoran würzen.

2 Aufkochen und zugedeckt bei schwacher Hitze 1 Stunde kochen lassen. Das Fleisch herausnehmen und die Erbsen durch ein nicht zu feines Sieb streichen. In einen Topf geben und 50 g Butter unterrühren. Bei schwacher Hitze noch 10 Minuten ziehen lassen. Dabei häufig umrühren.

3 Inzwischen die Zwiebel abziehen. Zwiebel und Speck in Würfel schneiden. Die restliche Butter erhitzen. Zwiebel und Speck darin

4 Portionen

250 g Trockenerbsen
Salz
100 g gepökeltes Schweinefleisch
1 EL getrockneter Majoran
70 g Butter
1 Zwiebel
75 g durchwachsener Speck

braun braten. Das Erbsenmus in eine vorgewärmte Schüssel füllen. Die Zwiebel-Speck-Masse darauf verteilen. Dazu passt das Fleisch oder Kasseler mit Sauerkraut.

Variante: Für eine Erbsensuppe die Erbsen wie oben einweichen. Dann mit einigen Speckschwarten 1 Stunde kochen. Ein Suppengrün putzen, waschen und würfeln. Zur Suppe geben und eine weitere Stunde kochen. Die Speckschwarten entfernen. Mit Majoran und Pfeffer würzen. 1/2 Zwiebel abziehen und fein hacken. 150 g durchwachsenen Speck in Würfel schneiden. In der Pfanne auslassen und die Zwiebel darin braun braten. Zur Suppe geben.

Pastinakenpüree

Die Pastinaken sind weniger als eigenständiges
Gemüse denn als traditionelle Suppenbeigabe bekannt.

1 Die Pastinaken schälen, waschen und dann in Scheiben schneiden. Ein Drittel der Butter in einem Topf erhitzen, zuerst die Pastinaken zugeben, dann nacheinander 2 EL Fleischbrühe, 1 Msp. Salz und den Zucker zufügen.

2 Aufkochen und bei mittlerer bis starker Hitze unter häufigem Rühren kochen lassen. Jedesmal wenn die Brühe eingekocht ist, wieder 2 EL Brühe zugeben. Wenn die Pastinaken weich sind, die Hälfte der restlichen Butter sorgfältig untermischen.

4 Portionen

500 g Pastinaken
60 g Butter
etwa 150 ml Fleischbrühe
1 Msp. Salz
1 Prise Zucker
3 EL Schlagsahne
Pfeffer

3 Dann durch ein Sieb streichen. Nochmals aufkochen und die restliche Butter und die Sahne zufügen. Mit Pfeffer und bei Bedarf mit Salz würzen. Unter Rühren kochen, bis die Flüssigkeit eingezogen ist.

Variante: Die Pastinaken vorbereiten wie oben beschrieben. In Brühe weich kochen und abtropfen lassen. 30 g Butter erhitzen, 30 g Semmelbrösel, Maggiwürze und Brühe zugeben. Einkochen lassen und die Pastinaken darin erhitzen.

GUT ZU WISSEN

Statt des Salzwassers und des gepökelten Schweinefleischs kann beim Erbsenmus auch die entsprechende Menge Fleischbrühe zugegeben werden.

Lauch-Schinken-Auflauf

In Norddeutschland hat das Gemüse den
vom Altfranzösischen abgeleiteten Namen Porree übernommen.

1 Die Lauchstangen jeweils von den äußeren Blättern befreien, waschen, einmal quer durchschneiden, sodass es insgesamt 8 Stücke gibt. In wenig Salzwasser zugedeckt 12 Minuten weich kochen. Abtropfen lassen, die Brühe auffangen und beiseite stellen.

2 Die Lauchstücke jeweils mit den Schinkenscheiben umwickeln. Eine Auflaufform einfetten und die Stücke hineinlegen. Aus der Butter und dem Mehl eine helle Mehlschwitze zubereiten. Mit der Lauch-

brühe nach und nach aufgießen und rühren, bis eine glatte Sauce entstanden ist. Aufkochen lassen. Mit Muskat würzen.

3 Die Petersilie waschen, trockentupfen und fein hacken. Den Edamer reiben. Sahne und Edamer zur Sauce geben. Die Sauce über die Lauchstücke gießen, die Petersilie darüber streuen und im Backofen überbacken.

4 Portionen

4 dicke Stangen Lauch
Salz
8 Scheiben gekochter Schinken
2 EL Butter, 2 EL Mehl
geriebene Muskatnuss
50 g Edamer
2 EL saure Sahne
3 Stängel Petersilie
Fett für die Form

🔥 Ober-/Unterhitze: 200 °C
🔥 Gas: Stufe 3–4

Laubfrösche

Warum dieses einst so beliebte und originelle
Gericht in Vergessenheit geraten ist, weiß niemand zu sagen.

1 Die Spinatblätter von den Stielen befreien, waschen und mit kochendem Salzwasser übergießen. 5 Minuten stehen lassen, bis die Blätter etwas weich geworden sind. Abschütten und etwas kaltes Wasser zugießen. Jedes Blatt auf einem nassen Tuch ausbreiten (oder zwei kleine Blätter zusammenlegen).

2 Für die Füllung die Brötchen in lauwarmem Wasser etwa 20 Minuten einweichen. Die Zwiebel abziehen und fein hacken. Die Petersilie waschen, trockentupfen und fein hacken. 2 EL Butter erhitzen und die Zwiebel darin glasig braten, zum

4 Portionen
25–30 große Spinatblätter
Salz
6 Brötchen vom Vortag
1 Zwiebel, ½ Bund Petersilie
60 g Butter
2 große Eier, 1 Prise Salz
geriebene Muskatnuss
Pfeffer
150 g gemischtes Hackfleisch
etwa 300 ml Fleischbrühe
2 EL Bratensauce oder
Fleischfond

Schluss die Petersilie kurz anbraten. Beiseite stellen. Die Brötchen gut ausdrücken. Eier, 1 Prise Salz, Muskat, wenig Pfeffer, das Hackfleisch, die Brötchen und die Zwiebel-Petersilie-Mischung gut vermengen.

3 Auf jedes Spinatblatt 1 EL Füllung legen, das Blatt zuwickeln und etwas platt drücken. In einem flachen Topf die restliche Butter schmelzen, die Frösche dicht nebeneinander hineinlegen, so viel Brühe zugießen, dass sie nicht ganz bedeckt sind. Bratensauce oder Fond zugeben. Zugedeckt bei schwacher Hitze 15 Minuten dämpfen.

Die Laubfrösche sind bereits im 18. Jh. in Kochbüchern erwähnt worden. Hier der Ausschnitt eines Rezeptes aus Henriette Löfflers großem illustrierten Kochbuch: „Schneide von recht schönen Spinat- oder Mangoldblättern (Beißkohl) die Stiele ab, wasche und brühe sie mit siedendem Wasser an und reibe zum Füllen die Rinde von weißem Brod ab, weiche das Brod in Milch ein, drücke es wieder aus und dämpfe es in Butter …"

Pilzgulasch

Früher war das Pilzgulasch eine günstige Alternative zum teuren Fleischgulasch. Heutzutage ist es umgekehrt – Fleisch ist günstig zu haben, Waldpilze sind eher selten und teuer.

1 Die Pilze von den erdigen Enden befreien, waschen und in nicht zu kleine Würfel schneiden. Die Zwiebeln abziehen und fein hacken. Die Tomaten waschen und in Scheiben schneiden.

2 Die Butter in einem Topf erhitzen und die Zwiebeln darin goldgelb braten. Dann die Pilze und zum Schluss die Tomaten zufügen. Unter Rühren 5 Minuten dünsten. Die Fleischbrühe erhitzen und über die Pilz-Tomaten-Mischung gießen. Mit Salz und Pfeffer würzen.

3 Zugedeckt etwa 10 Minuten bei schwacher Hitze weich kochen. Die Sahne und das Mehl verrühren.

4 Das Gulasch damit binden. Die Petersilie waschen, trockentupfen, fein hacken und über das Gulasch streuen. Dazu passen Wildfleisch oder Klöße.

2–3 Portionen
500 g Mischpilze
3 Zwiebeln, 400 g Tomaten
50 g Butter
125 ml Fleischbrühe
Salz, Pfeffer
125 ml saure Sahne
1 EL Mehl
1/2 Bund Petersilie

GUT ZU WISSEN

Reste von Pilzgerichten sollten höchstens 24 Stunden im Kühlschrank aufbewahrt werden.

Hopfensprossen

Die Hopfensprossen sind die jungen
Triebe der Hopfenpflanzen, die von April bis Anfang Mai
aus der Erde kommen.

1 Die Hopfensprossen gründlich waschen. In Salzwasser etwa 20 Minuten kochen, dann abtropfen lassen.

2 Die Sahne erhitzen. Das Mehl mit Zitronensaft und etwas Wasser verrühren. Zur Sahne geben.

3 Das Eigelb verquirlen und zur Sauce geben. Den Topf sofort von der Kochstelle nehmen. Die Hopfensprossen auf eine Platte legen und die Sauce darüber gießen.

2–3 Portionen

500 g Hopfensprossen
Salz
125 g Schlagsahne
2 EL Mehl
1/2 TL Zitronensaft
1 Eigelb
1 EL Butterschmalz oder Öl
3 Eier
Petersilie nach Belieben

4 Das Fett in einer Pfanne erhitzen. Die Eier darin zu Spiegeleiern braten. Mit Salz würzen. Nach Belieben Petersilie waschen, trockentupfen und fein hacken. Über die Eier streuen. Das Gemüse passt auch zu Lammfleisch.

Variante: Die Sprossen in Essigwasser kochen. Eine Mehlschwitze aus 50 g Butter, 30 g Mehl und etwa 200 ml Brühe zubereiten. Die Sprossen zugeben.

Die Hopfensprossen waren ursprünglich „Abfallprodukte", denn jede Hopfenpflanze hat ungefähr ein Dutzend solcher Triebe, von denen sich jedoch nur ein bis zwei entwickeln und dann kräftige Früchte tragen sollen (nämlich den Hopfen für das Bierbrauen). Die anderen werden daher abgeschnitten. Da man sie nicht wegwerfen wollte, wurden sie als Gemüse gegessen. Mittlerweile gelten sie sogar als Delikatesse.

Omas Julimenü

Im Juli ist ein Festessen mit Hähnchen zu empfehlen, denn die 2–4 Monate alten Tiere sind sehr zart und schmecken vorzüglich. Dazu passen frische Himbeeren, die jetzt zur vollen Reife gelangen. Für Heidelbeeren, Johannisbeeren, Sauerkirschen und Reineclauden ist schon Einmachzeit.

Gefülltes Hähnchen

1 Hähnchen mit Leber
(küchenfertig, ca. 1,2 kg)
Salz, 1 Brötchen vom Vortag
2 Zwiebeln, 1/2 Bund Petersilie
1 EL Butter, 1 Ei
weißer Pfeffer aus der Mühle
Paprikapulver, 1 Knoblauchzehe
2 EL Butterschmalz
1 Möhre
1/4 l Fleischbrühe

● Das Hähnchen innen und außen unter fließendem Wasser waschen, trockentupfen und mit Salz einreiben. Das Brötchen in Wasser einweichen. Die Zwiebeln abziehen, eine fein hacken, die zweite halbieren. Die Petersilie waschen, trockentupfen und fein hacken. Die Hähnchenleber fein wiegen.
● Die Butter erhitzen. Die fein gehackte Zwiebel darin glasig braten, Petersilie mitbraten. In eine Schüssel geben. Brötchen ausdrücken und mit dem Ei und der Leber zufügen. Gut mischen und mit Salz, Pfeffer und Paprika würzen. Den Backofen auf 200 °C (Gas Stufe 3–4) vorheizen.
● Das Hähnchen mit der Lebermasse füllen. Mit Küchengarn zunähen. In einer Kasserolle das Schmalz erhitzen und das Hähnchen von allen Seiten goldbraun braten. Knoblauchzehe abziehen. Möhre schälen und waschen. Mit der halbierten Zwiebel und dem Knoblauch zum Hähnchen geben.
● Im Backofen zugedeckt 1 Stunde schmoren lassen. Die Hälfte der Fleischbrühe zugießen und das Hähnchen mehrmals mit dem Bratensatz begießen. Nach der halben Schmorzeit das Hähnchen wenden. 10 Minuten vor Schmorende den Deckel abnehmen.
● Hähnchen herausnehmen und warm stellen. Fett abgießen. Bratensatz mit der restlichen Brühe ablöschen. Durch ein Sieb streichen. Die Sauce zum Hähnchen servieren. Dazu passt ein Spinatsalat.

Buttermilchsuppe

1 Scheibe Schwarzbrot
1/4 l Wasser, 1 Zimtstange
1/2 TL Anis, 1/2 EL Butter
50 g Korinthen
50 g Zucker, 1 EL Mehl
1 l Buttermilch
Salz, 2 Eigelb

● Die Brotscheibe in kleine Würfel schneiden. Mit dem Wasser, dem Zimt, dem Anis und der Butter unter Rühren kochen, bis ein Brei entstanden ist.
● Durch ein Sieb streichen. Wieder in den Topf geben. Die Korinthen und den Zucker untermischen.
● Das Mehl und 3 EL Buttermilch verquirlen. Unter die restliche Buttermilch mischen und zu dem Brotbrei gießen.
● Aufkochen, mit Salz würzen, von der Kochstelle nehmen und die Eigelbe unterziehen.

Himbeertörtchen

Für den Teig:
125 g Butter, 100 g Zucker
2 Päckchen Vanillezucker
1 Prise Salz, 3 Eier
200 g Mehl, 2 TL Backpulver
Fett für die Formen

Für den Belag:
250 g Schlagsahne
1/2 Päckchen Vanillezucker
500 g Himbeeren
70 g Mandelblättchen

● Butter, Zucker, Vanillezucker, Salz, Eier, Mehl und Backpulver mit den Rührbesen des Handrührgeräts oder der Küchenmaschine zu einem glatten Teig verrühren.
● 8 Tortenförmchen mit 10 cm ∅ einfetten. Den Teig einfüllen und glatt streichen.
● Im Backofen bei 190 °C (Gas Stufe 3) etwa 15 Minuten backen, bis die Törtchen goldgelb sind. Stürzen und erkalten lassen.
● Die Schlagsahne steif schlagen und den Vanillezucker einrieseln lassen. Die Himbeeren verlesen, nur bei Bedarf vorsichtig waschen und trocknen.
● Die Sahne auf die Törtchen verteilen und die Himbeeren darauf legen. Mit den Mandelblättchen verzieren.

Löwenzahnsalat

Früher waren die Blätter des Löwenzahns das erste
frische Grün im Frühjahr und wurden daher gern als Salat gegessen.
Dann geriet der Salat jedoch lange Zeit in Vergessenheit.

1 Die Blätter putzen, waschen und in lauwarmes Wasser legen, bis sie nicht mehr bitter schmecken. Abtropfen lassen und in eine Schüssel geben.

2 Den Speck in ganz kleine Würfel schneiden. In einer Pfanne erhitzen und das Fett auslassen. Von der Kochstelle nehmen, den Essig zugeben.

3 Noch warm über den Salat geben und nach Belieben etwas salzen und mit Gänseblümchen verzieren.

2–3 Portionen

**200 g frische
Löwenzahnblätter
lauwarmes Wasser
50 g geräucherter Speck
1 EL Estragonessig
Salz nach Belieben
Gänseblümchen**

Variante 1: Für Löwenzahn als Gemüse 500 g Löwenzahnblätter etwa 35 Minuten in Wasser kochen und dann fein hacken. 2 EL Butter erhitzen, den Löwenzahn anbraten und mit 100 ml Gemüsebrühe übergießen. 1 EL Semmelbrösel zufügen und pfeffern.

Variante 2: 250 g Löwenzahn und 250 g Sauerampfer getrennt kochen. Dann weiter zubereiten wie in Variante 1.

Omas Empfehlung

Man sollte den Löwenzahn abseits befahrener Straßen sammeln. Die Blätter können vor der Blüte der Pflanze als Salat gegessen werden. Je kleiner die Blätter sind, desto weniger bitter schmecken sie.

Endiviensalat

Die Endivie, die zu den Zichorienarten gehört,
stammt aus Ostindien und wird schon seit fast einem
Jahrhundert bei uns angebaut.

1 Die äußeren Blättern und die dicken Rippen des Salats entfernen. Die restlichen Blätter in feine Streifen schneiden. Wenn sie zu bitter sind, etwa 20 Minuten wässern. Die Orangen schälen und filetieren.

2 Dann die Endivienstreifen trockentupfen und in eine Salatschüssel füllen. Für die Sauce Sahne, Senf, Salz, Pfeffer und nach Belieben Cayennepfeffer vermischen. Über den Salat gießen

3 Portionen

300 g Endiviensalat
2 Orangen
200 ml Schlagsahne
2 TL Senf
Salz
Pfeffer
Cayennepfeffer
nach Belieben

und vorsichtig unterziehen. Die Orangenfilets darauf verteilen.

Variante: Einen ganzen Endiviensalat waschen, in Streifen schneiden und in Salzwasser 10 Minuten kochen. 1 Zwiebel abziehen. 100 g geräucherten Speck würfeln und auslassen. Zwiebel darin braten, Endivienstreifen zugeben. Mit Salz, Pfeffer, 1 Msp. Senf würzen und kurz dünsten.

GUT ZU WISSEN

Durch das Wässern kann der bittere Geschmack des Endiviensalats gemildert werden, allerdings verliert er dabei auch Vitamine.

Grüner Salat

Der grüne Salat ist auch als Kopfsalat bekannt.
Hier zeigt sich wieder ein Unterschied zwischen der Küche in Nord- und
Süddeutschland. Im Norden mag man den Salat süß und mit
Sahne, im Süden hingegen sauer und scharf.

1 Den Salatkopf von den äußeren Blättern befreien, den Strunk abschneiden und die großen Blätter zerpflücken. Gründlich waschen und in einer Salatschleuder trocknen.

2 Die Kresse vorsichtig waschen, auf Küchenpapier legen und trocknen lassen. Die Röhrchen der Zwiebeln abschneiden, waschen und in etwa 1 cm lange Stücke schneiden. Für die Sauce in einer Salatschüssel Essig, Salz und Pfeffer gut ver-

4 Portionen
1 Kopf grüner Salat
1 Hand voll Gartenkresse
das Grün von
3 Frühlingszwiebeln
2 EL Essig
Salz, Pfeffer
6 EL Öl
2 Eier
nach Belieben

mischen. Das Öl zufügen und gründlich verrühren.

3 Salat, Kresse und Zwiebelröhrchen einfüllen und alles mischen. Nach Belieben 2 Eier hart kochen, in Viertel schneiden und auf dem Salat verteilen.

Variante: Den Salat vorbereiten wie oben beschrieben. 60 g Speck ausbraten. Das Fett, 3 EL Essig, 1 TL Senf und Salz vermischen und über den Salat gießen.

Spargelsalat

Der grüne Spargel ist schon seit Jahrtausenden
bekannt und wurde vielfach auch als Heilpflanze genutzt. Der so
genannte Bleichspargel trat seinen Siegeszug durch die
Küchen Europas erst ab dem 18. Jh. an.

Immer wieder entbrennt der Streit darum, ob der Spargel als Ganzes mit den Fingern in den Mund geschoben werden darf oder ob er mit Messer und Gabel verzehrt werden muss. Der Streit hat eine lange Tradition: Kaiserin Maria Theresia soll es den Damen bei Tisch untersagt haben, den Spargel auf die erstgenannte Weise zu verspeisen …

1 Den Spargel von den holzigen Enden befreien und zum Kopfende hin schälen. Dann waschen, mit Küchengarn zu kleinen Bündeln binden und in Salzwasser kochen, bis er weich ist. Das Fenchelgrün waschen und trocknen lassen.

2 Die Orange waschen und trockentupfen. Zwei Drittel der Schale abreiben, den Rest in ganz feine Streifen schneiden. Den Saft auspressen. Den Saft und die abgeriebene Schale mit Zucker, Salz, Pfeffer und Dijonsenf gut mischen. Erst zum Schluss das Walnussöl unterrühren.

4 Portionen
600 g Spargel
etwa 2 Stängel Fenchelgrün

Für die Sauce:
1 unbehandelte Orange
2 TL Zucker, Salz, Pfeffer
1 TL Dijonsenf
125 ml Walnussöl

3 Den Spargel auf eine Platte legen, vom Garn befreien und die Sauce darüber gießen. Das Fenchelgrün abzupfen und mit den Orangenstreifen darauf verteilen.

Variante: Spargel zubereiten wie oben beschrieben. 600 g Krebsschwänze 15 Minuten in Wasser weich kochen. Abkühlen lassen und unter den Spargel mischen. Darüber eine Senfsauce aus 2 gekochten Eigelben, je 1 TL gehackter Petersilie und Estragon sowie 1 TL Senf, 1½ EL Essig und 3 EL Olivenöl gießen.

Omas Empfehlung

Auch das Waschen des Salats hat seine Tücken: Er verliert seine Frische, wenn man ihn im Wasser liegen lässt oder das Wasser anschließend nicht gründlich entfernt. Am besten geeignet ist eine Salatschleuder.

GUT ZU WISSEN

Grüne Bohnen sollte man nie roh essen oder mit anderen Zutaten zusammen kochen.

Bohnensalat

Die Samen dieser Gartenfrüchte führen in den verschiedenen Regionen auch die Namen „Faseolen, Fasohlen oder Fisolen", was vermutlich auf die lateinische Bezeichnung „phaseolus vulgaris" zurückzuführen ist.

1 Die Bohnen von den Enden befreien und waschen. Das Bohnenkraut waschen und einige Blättchen abzupfen.

2 Salzwasser zum Kochen bringen. Zuerst das restliche Bohnenkraut einige Minuten darin kochen, dann die Bohnen zugeben und etwa 20 Minuten bei mittlerer Hitze weich kochen.

3 In ein Sieb schütten, das gekochte Bohnenkraut entfernen. Die Bohnen abtropfen lassen. Die Zwiebel abziehen, fein hacken und dann zu den noch warmen Bohnen geben.

4 Portionen

750 g grüne Bohnen
1 Bund Bohnenkraut
Salz
1 Zwiebel
2 EL Essig
1 Prise Salz
schwarzer Pfeffer
4 EL Öl

4 Essig, Salz, Pfeffer und Öl in einer Schüssel verrühren. Die Bohnen untermischen und mit den Bohnenkrautblättchen verzieren.

Variante: Die grünen Bohnen kochen wie oben beschrieben. Sie sollten nicht zu weich sein. Abtropfen lassen. Essig, Salz, Pfeffer und Öl wie oben beschrieben verrühren und über die Bohnen gießen. Je 1/2 Bund Petersilie und Schnittlauch waschen, trockentupfen und fein hacken. Die Kräuter über die Bohnen streuen und unterziehen.

Rotkohlsalat

In letzter Zeit sind rohe Gemüsesalate im Trend,
doch findet man sie auch schon im Repertoire der traditionellen
Küche – beispielsweise diesen Rotkohlsalat.

1 Den Kohlkopf vierteln, waschen, die harten Rippen entfernen und die Blätter in sehr feine Streifen schneiden. In eine Schüssel legen, mit Salz bestreuen und mit 150 ml Essig begießen. 10 Minuten stehen lassen. Nach Belieben inzwischen 2 Eier hart kochen.

2 Die Kohlblätter aus dem Essigwasser nehmen und ausdrücken. Die Zwiebeln abziehen und fein hacken. Eine Sauce aus dem Pfeffer, den Zwiebeln, dem restlichen Essig und dem Öl zubereiten.

3 Die Salatblätter waschen und trockenschleudern, auf einer Platte auslegen, den

4 Portionen

1 kleiner Kopf
Rotkohl (500 g)
Salz
2 Eier nach Belieben
200 ml Rotweinessig
2 Zwiebeln
1 Prise Pfeffer, 6 EL Öl
je einige Blätter grüner Salat
und Endiviensalat

Rotkohl mit der Sauce dazugeben. Die Eier schälen, vierteln und den Rotkohlsalat damit verzieren.

Variante 1: Als zusätzliche Zutat Backpflaumen verwenden: Früchte entkernen, 20 Minuten in Rotwein einweichen, abtropfen lassen und unter den Salat mischen.

Variante 2: 150 g Knollensellerie schälen, waschen, in Scheiben schneiden und in wenig Salzwasser weich kochen. 2 Äpfel waschen, schälen und in Schnitze schneiden. Sellerie, Äpfel und 1 EL Zucker zusätzlich unter den Salat mischen.

Italienischer Salat

Kurioserweise zählt der Italienische Salat
zu einem der beliebtesten Salate in der deutschen Küche – und
das seit mehr als 150 Jahren. Er fehlt in keinem
traditionellen deutschen Kochbuch.

1 Am Vortag den Hering in eine Schüssel legen und Wasser darauf gießen. Zugedeckt über Nacht wässern (oder die Sardellen 2 Stunden vor der Zubereitung wässern).

2 In einem kleinen Topf 2 EL Butter erhitzen, das Kalbfleisch von allen Seiten braun braten. Mit Salz und Pfeffer würzen. Die Brühe zugießen. Das Fleisch zugedeckt bei schwacher Hitze etwa 45 Minuten weich schmoren.

3 Die Kartoffeln waschen und in reichlich Wasser etwa 25 Minuten weich kochen. Das Hähnchenbrustfilet waschen, trockentupfen und in Würfel schneiden. 2 EL Öl in einer Pfanne erhitzen und die Würfel darin unter Rühren braten, bis sie gar sind. Herausnehmen und erkalten lassen.

4 Die Kartoffeln abgießen, erkalten lassen, pellen und in kleine Würfel schneiden. Das Kalbfleisch erkalten lassen und in feine Streifen schneiden.

5 Den Schinken in feine Streifen schneiden. Den Hering (oder die Sardellen) abtropfen lassen und mit einem Wiegemesser zerkleinern. Die Zwiebel abziehen und fein hacken. Die Äpfel waschen, schälen, halbieren und vom Kerngehäuse befreien. Dann in feine Scheiben schneiden, ebenso die beiden Gurken in feine Streifen schneiden. Die Eier etwa 8 Minuten hart kochen. 2 Eier schälen und würfeln.

6 Den Hering (oder die Sardellen), die Kapern, das Fleisch und den Schinken, die geschnittenen Äpfel und Gurken, die Eierwürfel und die Kartoffeln auf eine große Platte legen und dekorativ verteilen.

6 Portionen
1 Hering
(oder 100 g Sardellen)
2 EL Butter
150 g Kalbfleisch
Salz, Pfeffer
200 ml Fleischbrühe
250 g Salatkartoffeln
100 g Hähnchenbrustfilet
2 EL Öl
100 g gekochter Schinken
1 Zwiebel
250 g Äpfel
1 kleine Pfeffergurke
1 saure Gurke
5 Eier
2 TL Kapern
1 Prise Zucker, 2 EL Öl
1 EL Essig, Pfeffer
1/2 Glas Rote Bete (in Stücken)
2–3 Lachsscheiben,
3–4 Salatherzen und
1–2 EL Mixed Pickles
zur Verzierung

Für die Mayonnaise:
3 Eigelb
etwa 350 ml Öl
1/4 TL Zitronensaft
1 TL Senf
Salz, Pfeffer

7 Den Zucker, das Öl und den Essig und noch etwas Pfeffer zu einer Sauce verrühren. Die Sauce über den Salat gießen. Wenn der Salat immer noch nicht saftig genug ist, einige weitere Löffel mit Wasser verdünnten Essig zugießen (der Salat sollte einen süßsauren Geschmack haben).

8 Den Salat mindestens 30 Minuten ziehen lassen. Die restlichen gekochten Eier schälen und in Scheiben schneiden. Die Eierscheiben zusammen mit den Rote-Bete-Stücken, den Lachsscheiben, den Salatherzen und den Mixed Pickles als Verzierung für den Salat verwenden.

9 Für die Mayonnaise die Eigelbe im Mixer oder mit dem Mixstab verrühren. Das Öl in einem dünnen Strahl zugießen, bis eine dicke hellgelbe Masse entstanden ist. Zitronensaft, Senf, Salz und Pfeffer unterrühren. In eine große Schüssel geben und zum Salat servieren.

Variante 1: Sie können den Hering (oder die Sardellen), die Kapern, das Fleisch, den Schinken, die Äpfel, Gurken, Eierwürfel und Kartoffeln mit der Mayonnaise mischen und den Salat 2 Stunden darin ziehen lassen. Dann ist die Essig-Öl-Sauce nicht unbedingt notwendig.

Variante 2: Für eine feinere Variante die Kartoffeln weglassen, stattdessen gekochtes, in kleine Würfel geschnittenes Ochsenmaul, 50 g Aal und 50 g Cervelatwurst zufügen. Zur Verzierung eignen sich Krebsschwänze und grüne Oliven.

GUT ZU WISSEN

*Früher wurde der Ma-
yonnaise noch Schlag-
sahne zugefügt. Heute
lässt man sie wegen der
Kalorien weg. Statt der
selbst gemachten Mayon-
naise können Sie auch
fertige Salatmayonnaise
verwenden, die noch
weniger Fett enthält.*

Kartoffelsalat

Die Konsistenz des Kartoffelsalats ist dem Schwaben
sehr wichtig – er darf „nicht zu nass und nicht zu trocken" sein.
Am liebsten isst er ihn noch lauwarm.

1 Die Kartoffeln waschen und in einem großen Topf etwa 25 Minuten kochen, bis sie weich, aber noch schnittfest sind. Abgießen und etwas abkühlen lassen. Dann schälen und in dünne Scheiben schneiden.

2 Die Zwiebeln abziehen und 1 Zwiebel fein hacken. Die zweite in Ringe schneiden. Die gehackte Zwiebel unter die Kartoffeln mischen. Die Fleischbrühe erwärmen. Essig, Salz, Pfeffer und Brühe verrühren und über die Kartoffeln gießen.

3 3 EL Öl darüber träufeln. Bei Bedarf noch etwas Brühe hinzufügen. 1 Stunde ziehen lassen.

4 Den Schnittlauch waschen, trockentupfen und in feine Röllchen schneiden. Das restliche Öl erhitzen und den Fleischkäse darin bei mittlerer Hitze goldbraun braten. Heiß zum Salat legen. Zwiebelringe und Schnittlauch dazugeben.

4 Portionen

1 kg Salatkartoffeln
2 Zwiebeln
etwa 250 ml Fleischbrühe
4 EL Weinessig
Salz
weißer Pfeffer
4 EL Öl
½ Bund Schnittlauch
4 Scheiben Fleischkäse

GUT ZU WISSEN

Der Fleischkäse heißt im schwäbischen Sprachraum Leberkäse und genießt dort einen sprichwörtlichen Ruf.

Kartoffelsalat mit Hering

Wesentlich mehr Zutaten enthält der Kartoffelsalat in seiner norddeutschen Ausprägung. Damit verbunden ist dann auch eine ganz andere Geschmacksrichtung.

1 Am Vortag die Heringe oder Filets in eine Schüssel füllen und Wasser dazugießen. Zugedeckt über Nacht stehen lassen. Am nächsten Tag die Kartoffeln waschen und in reichlich Wasser etwa 25 Minuten kochen, bis sie weich sind. Abgießen und etwas abkühlen lassen, dann schälen und in Scheiben schneiden.

2 Den Apfel waschen, schälen, vom Kerngehäuse befreien und in Scheiben schneiden. Die Gurken in kleine Würfel schneiden. Die Heringe aus dem Wasser nehmen und in Streifen schneiden.

4 Portionen

2 Salzheringe oder
4 Heringsfilets
1 kg Salatkartoffeln
1 säuerlicher Apfel
2 Gewürzgurken
125 ml Fleischbrühe
4 EL Weinessig
Salz, weißer Pfeffer
1 Prise Zucker
4 Stängel Petersilie
100 g durchwachsener Speck
1 Zwiebel

3 Die Kartoffeln in eine Salatschüssel geben. Den Apfel, die Gurken und die Heringe zufügen. Die Brühe erwärmen und darüber gießen.

4 Essig, Salz, Pfeffer und Zucker mischen. Über den Salat gießen. 1 Stunde ziehen lassen.

5 Die Petersilie waschen, trockentupfen und fein hacken. Den Speck in Würfel schneiden. Die Zwiebel abziehen und fein hacken. Den Speck und die Zwiebel in einer Pfanne goldgelb braten. Speck, Zwiebel und Petersilie auf dem Salat verteilen.

Süßspeisen

Orangeade-Obstsalat

Am schönsten sieht der Salat in einer
Glasschüssel aus, denn auf diese Weise kommen die
Farben der Früchte besser zur Geltung.

1 Die Orangen schälen, einschließlich der weißen Haut, und filetieren. Die Äpfel und Birnen waschen, schälen, vierteln, vom Kerngehäuse befreien und in dünne Scheiben schneiden.

2 Die Bananen schälen und in Scheiben schneiden. Die Pfirsiche abreiben oder die Haut abziehen, vierteln, vom Stein befreien und in Scheiben schneiden.

3 Die Aprikosen waschen, halbieren und vom Stein befreien. Die Kirschen waschen, von den Stielen befreien und entkernen. Alle Früchte in eine

6 Portionen

3 Orangen
2 Äpfel
2 Birnen
2 Bananen
2 Pfirsiche
3 Aprikosen
1 Hand voll süße Kirschen
1 EL Maraschino
3 EL Orangeade
1 Hand voll Nüsse

Schüssel geben, vermischen, Maraschino und Orangeade darüber gießen. Salat portionieren. Die Nüsse grob zerkleinern und auf die Portionen verteilen.

Variante: Für ein Orangenkompott 4 Orangen schälen, in Scheiben schneiden, dabei von den Kernen befreien. Mit etwa 40 g Zucker bestreuen und 30 Minuten an einem kalten Ort ziehen lassen. Dann nochmals mit etwa 40 g Zucker bestreuen. Nach Belieben mit einigen Tropfen Orangenlikör beträufeln.

Himbeerkompott

Bei diesen zarten Früchten enthalten die
Gartenhimbeeren den meisten, die roten Wald- oder Gebirgshimbeeren
am wenigsten Zucker, diese bieten aber das intensivere Aroma.

1 Die Himbeeren verlesen, in eine Schüssel geben und den Zucker darüber streuen. Einige Stunden stehen lassen. In ein Sieb schütten und den Saft in einem Topf auffangen. 2 TL Saft beiseite stellen. Den restlichen Saft etwa 3 Minuten einkochen lassen.

2 Von der Kochstelle nehmen und die Himbeeren zugeben. Kalt werden lassen. 200 g Schlagsahne steif schlagen und den beiseite gestellten Saft untermischen. Das Kompott auf Schalen verteilen und mit der Himbeersahne verzieren.

4 Portionen

500 g Himbeeren
100 g Puderzucker
200 g Schlagsahne

Für die Eiweißhippen:
3 Eiweiß
je 75 g Mehl und Zucker
1/2 Päckchen Vanillezucker
225 g Schlagsahne
Fett für das Backblech

3 Für die Eiweißhippen die Eiweiße steif schlagen. Mehl, Zucker, Vanillezucker und die Sahne verrühren, dann den Eischnee unterziehen.

4 Ein Backblech einfetten. Mit einem Teelöffel den Teig jeweils kreisförmig und dünn verteilen. Im Backofen 10 Minuten backen, dann sofort vom Blech lösen. Vorsichtig aufrollen oder über einen Holzlöffelstiel zur Rolle formen.

🔥 Ober-/Unterhitze: 200 °C
🔥 Gas: Stufe 3–4

Apfelkompott

Durch die Jahrtausende während Kultivierung der
Äpfel sind unzählige Sorten entstanden, die sich jeweils in
Geschmack und Haltbarkeit unterscheiden.

1 Äpfel waschen, schälen, halbieren und vom Kerngehäuse befreien. In einen Topf legen, Wasser und Zucker zugeben.

2 Die Zitrone waschen, trockentupfen und einen Streifen Schale abschälen. Zimt und Zitronenschale zu den Äpfeln geben.

3 Zum Kochen bringen und etwa 10 Minuten bei schwacher Hitze zugedeckt köcheln lassen, dabei die Äpfel öfter wenden. Dann die Äpfel herausnehmen und auf Dessertschalen vertei-

4 Portionen

750 g Äpfel,
z. B. Reinetten oder Borsdorfer
750 ml Wasser
200 g Zucker
1 unbehandelte Zitrone
1 kleine Zimtstange
2 EL Weißwein

len. Den Saft mit dem Wein einkochen und durch ein Sieb über die Äpfel gießen. Erkalten lassen und servieren.

Variante: Die Äpfel und die Zitrone vorbereiten wie oben. Den Saft der Zitrone auspressen. 1 EL davon mit 1 l Wasser mischen. Die Zitronenschale im restlichen Zitronensaft aufkochen, durchsieben und mit 200 g Zucker zum Wasser geben. Die Äpfel in dieser Mischung dämpfen.

GUT ZU WISSEN

Für das Apfelkompott sollten Sie alte Apfelsorten bevorzugen. Die Früchte sind zwar kleiner, haben aber ein kräftigeres Aroma.

Erdbeerenkaltschale

Besonders gut schmeckt die Kaltschale mit Walderdbeeren. Geeignet sind aber auch andere Sorten, wenn die Früchte reif und nicht zu groß sind.

1 Die Erdbeeren nur bei Bedarf waschen, von den Stielansätzen befreien und dabei die schlechten Beeren sorgfältig aussortieren. 300 g Erdbeeren in eine Schüssel geben. 100 g Zucker darüber schütten.

2 Die restlichen Erdbeeren durch ein Sieb streichen und den restlichen Zucker untermischen. Den Wein aufkochen, dann abkühlen lassen. Den Vanillezucker und das Erdbeerpüree zum Wein geben. Gut verrühren. Die beiseite gestellten Erdbeeren unterziehen. Kalt stellen.

3 Nach Belieben Mandelbogen zubereiten: die Mandeln mit kochendem Wasser überbrühen, abziehen und die Hälfte stifteln. Die restlichen Mandeln fein mahlen und in einer Pfanne ohne Fett rösten.

4 Die Zitrone waschen, trockentupfen und die Hälfte der Schale abreiben. Die Mandeln, die Zitronenschale, Zitronat, Zimt und Zucker vermischen.

5 Eiweiße steif schlagen und unter die Mischung ziehen. Den Teig auf die Oblaten streichen und im Backofen 15 Minuten backen. Noch warm in Streifen schneiden und zu Bogen formen.

4 Portionen

500 g Walderdbeeren
350 g Zucker
250 ml lieblicher Rotwein
1 Päckchen Vanillezucker

Mandelbogen nach Belieben:
250 g Mandeln
1 unbehandelte Zitrone
40 g Zitronat
$1/2$ TL Zimt
180 g Zucker
2 Eiweiß, 40 Oblaten

🔥 Ober-/Unterhitze: 180 °C
🔥 Gas: Stufe 2–3

GUT ZU WISSEN

Sehr einfach und schnell kann man die Schalen abkühlen, wenn man sie in eine größere Schüssel mit Eiswasser stellt.

Aprikosenkaltschale

Das Herkunftsland der Aprikosen ist vermutlich China. Dort wurden schon 2000 v. Chr. die wild wachsenden Arten kultiviert.

1 Die Aprikosen waschen, halbieren und vom Stein befreien. Zucker und Wasser zu Sirup kochen. Die Aprikosen zwei- bis dreimal darin aufkochen lassen, bis sie weich sind. Die Früchte herausnehmen. Den Sirup noch etwas einkochen.

2 8 weichere Hälften aussuchen, durch ein Haarsieb streichen und den Sirup zufügen. Die restlichen Aprikosen in kleine Stücke schneiden.

4 Portionen

12 reife Aprikosen
180 g Zucker
200 ml Wasser
250 ml Schlagsahne
1 Päckchen
Vanillezucker

3 Die Sahne erhitzen, den Vanillezucker zufügen und zum Aprikosenpüree gießen. Die Aprikosenstücke untermischen. In eine Schüssel geben und vor dem Servieren 1 Stunde kalt stellen.

Variante: Wer den edlen Rebensaft auch beim Dessert schätzt, kann statt der Schlagsahne die gleiche Menge Weißwein verwenden.

Omas Empfehlung

Zucker wird häufig klumpig. Am besten zerkleinern Sie die Zuckerklumpen in einem Mörser oder zwischen zwei Küchentüchern, indem Sie dann mit einer Teigrolle darüber rollen.

Rhabarber mit Schlagsahne

Rhabarber ist eines der ersten frischen Gemüse im Jahr.
Dabei werden nur die fleischigen Blattstiele zum Kochen verwendet,
die auch nur bis Juni zum Verzehr geeignet sind.

1 Den Rhabarber bei Bedarf abziehen, waschen und in fingerlange Stücke schneiden. Die Zitrone waschen, trockentupfen und die Schale abreiben. Zusammen mit Zucker, Wasser, Zimtstange und Rhabarber in einen Topf geben. Bei schwacher Hitze etwa 10 Minuten kochen.

2 In der Zwischenzeit die Gelatine abspülen und in heißem Wasser einweichen. Die Zimtstange aus dem Topf nehmen. Die Gelatine untermischen, dann die Rhabarbermasse durch ein Haarsieb streichen und kalt stellen.

3 Die Schlagsahne steif schlagen und bevor das Rhabarberpüree fest zu werden beginnt, die Sahne bis auf 3 EL unterziehen.

4 Die restliche Sahne mit dem Zimt mischen. In einen Spritzbeutel füllen und die Rhabarbercreme damit verzieren.

4 Portionen

500 g Rhabarber
1 unbehandelte Zitrone
200 g Zucker
200 ml Wasser
1 Zimtstange
8 Blatt Gelatine
280 g Schlagsahne
1 Prise Zimt

GUT ZU WISSEN

Die Säure des Rhabarbers wird gemildert durch Ingwer, Zimt oder Orangensaft. Gerade diese Obstsäure macht aus dem Rhabarber ein besonders passendes Dessert nach einem fetten und schweren Essen.

Pflaumenkompott

Süße saftige Pflaumen sind ein herrliches
Tafelobst. Im 15. Jh. sind diese Früchte aus Frankreich und Italien
in unsere Breiten eingeführt worden.

1 Die Pflaumen mit kochendem Wasser übergießen, die Haut abziehen, an einer Seite aufschneiden und vom Stein befreien. Die Mandeln ebenfalls mit kochendem Wasser überbrühen. 5 Minuten stehen lassen, dann die Schale abziehen.

2 Die Mandeln in die Pflaumen legen. Die Zitrone waschen, trockentupfen und ein Stück Schale abschneiden. Die Pflaumen in eine flache Kasserolle legen und den

4 Portionen

600 g Pflaumen
etwa 100 g Mandeln
1 unbehandelte Zitrone
350 g Zucker
6–8 EL Rotwein
oder Portwein
1 Zimtstange

Zucker darauf streuen. Den Rot- oder Portwein darüber gießen.

3 Die Zitronenschale und die Zimtstange zufügen. Zugedeckt bei schwacher Hitze etwa 5 Minuten köcheln lassen, bis die Pflaumen weich sind, aber noch nicht zerfallen.

4 Die Zimtstange und die Zitronenschale entfernen. Das Kompott kalt stellen. Dann in Dessertschalen füllen und servieren.

Omas Empfehlung

Überprüfen Sie beim Kochen des Kompotts mit einer spitzen Gabel öfters die Konsistenz der Pflaumen – sie dürfen nicht zu weich sein.

Konfitüre, Mus und Gelee selbst machen

Nichts geht über „selbst Eingemachtes" – das gilt heute noch genauso wie früher. Damals waren die Schätze an köstlichen Konfitüren und Gelees im Keller aber viel umfangreicher und galten als Ausdruck weitsichtiger Vorratshaltung.

Brombeerkonfitüre

500 g Brombeeren
350 g Zucker
4 EL Cognac oder Brandy
1 Marmeladenglas

- Die Brombeeren waschen und auf Küchenpapier trocknen lassen. In einen Einmachtopf oder in einen Topf mit dickem Boden geben.
- Den Zucker zufügen. Bei schwacher Hitze kochen.

- Die Gelierprobe machen, indem man mit einem Holzlöffel etwas Marmelade auf einen kleinen Teller legt. Wenn sich eine Haut bildet, ist der Gelierpunkt erreicht.
- Das Glas mit kochendem Wasser ausspülen und auf einem sauberen Küchentuch abtropfen lassen. Die Marmelade einfüllen, mit Cognac oder Brandy beträufeln und fest verschließen.

Johannisbeergelee

400 g rote Johannisbeeren
100 g schwarze Johannisbeeren
etwa 500 g Zucker
Rum
Zellophanpapier

- Die Johannisbeeren waschen, die Beeren abstreifen und in einem Topf mit wenig Wasser bei schwacher Hitze aufkochen lassen.
- In ein Sieb schütten. Dabei den Saft auffangen und wiegen. Auf 500 g Saft werden 500 g Zucker gegeben.
- Saft und Zucker bei schwacher Hitze aufkochen, 2 Minuten kochen lassen, den Topf von der Kochstelle nehmen und den Schaum abschöpfen.
- Nochmals 5 Minuten aufkochen und erneut den Schaum abschöpfen.
- Beim dritten Mal 3 Minuten kochen lassen und den Schaum abschöpfen.
- Die Gelierprobe machen: Mit einem Silberlöffel einige Tropfen Gelee auf einen Teller geben. Sie sollten eine gallertartige Konsistenz haben.
- Das Gelee in ein ausgespültes Glas füllen und zudecken. Nach 3 Tagen mit in Rum getauchtem Zellophanpapier bedecken und fest verschließen.

Pflaumenmus

1,2 kg Pflaumen
etwa 70 g Zucker
nach Belieben 1 EL Pflaumenschnaps

- Die Pflaumen waschen, halbieren, vom Stein befreien und wiegen: Die 70 g Zucker sind auf 1 kg berechnet (daher die Zugabe später entsprechend anpassen).
- Die Pflaumen grob schneiden oder im Mixer grob zerkleinern. In die Fettpfanne – sie sollte absolut sauber sein – des Backofens füllen und auf die unterste Schiene des Ofens schieben. Bei 250 °C 30 Minuten aufkochen.
- Dann bei 75 °C 8–10 Stunden im Ofen lassen. Den Zucker zufügen, verrühren und 30 Minuten weiterkochen. Sofort in Gläser oder Steintöpfe füllen, nach Belieben Schnaps darüber gießen und verschließen.

Fruchtkonfitüre

Je 200 g reife Erd- oder Himbeeren, Johannis- oder Heidelbeeren, unreife Stachelbeeren
200 g Äpfel
200 g reife Pfirsiche
1 kg Zucker

- Erd- oder Himbeeren, Johannis- oder Heidelbeeren waschen und trocknen. Stachelbeeren waschen und mit wenig Wasser weich kochen.
- Die Äpfel waschen, schälen, vom Kerngehäuse befreien und in 200 ml Wasser weich kochen. Die Pfirsiche abziehen, halbieren und vom Stein befreien. Alle Früchte durch ein Sieb streichen, mit dem Zucker mischen und in ausgekochte Gläser füllen, dabei 2 cm bis zum Rand frei lassen. Fest verschließen.
- In einen Topf ein Gitter legen, die Gläser darauf stellen, kaltes Wasser zugießen, bis die Gläser etwa 4 cm hoch im Wasser stehen. Aufkochen. 2 Minuten kochen lassen.

Rote Grütze

Die Rote Grütze ist ursprünglich in den nördlichen Gegenden Deutschlands beheimatet, befindet sich aber schon seit langem auf einem Siegeszug nach Süden.

1 Die Sauer- und Süßkirschen waschen. Von den Stielen und Kernen befreien. Die Johannisbeeren waschen und abzupfen. Die Himbeeren und die Brombeeren auslesen. Die Brombeeren bei Bedarf waschen.

2 Süßkirschen, Himbeeren und Brombeeren in eine Schüssel geben. Die Sauerkirschen und Johannisbeeren im Wasser aufkochen und so lange kochen lassen, bis sie weich sind. Durch ein Haarsieb streichen. Den auf-

6 Portionen

250 g Sauerkirschen
100 g süße Kirschen
250 g rote Johannisbeeren
100 g Himbeeren
100 g Brombeeren
etwa 1 l Wasser
100 g Stärkemehl
150 g Zucker
250 g Schlagsahne

gefangenen Saft aufkochen lassen. Das Stärkemehl mit etwas Wasser verquirlen und unter ständigem Rühren mit dem Schneebesen zum Saft geben.

3 Wenn die Masse fest zu werden beginnt, 120 g Zucker zufügen. In die Schüssel mit den Früchten füllen, umrühren und kalt werden lassen. Die Schlagsahne halb steif schlagen. Den restlichen Zucker über die rote Grütze streuen und mit der Sahne servieren.

Der Schriftsteller Hermann Claudius (1878–1980) hat auf Plattdeutsch die Rote Grütze gefeiert: „Rodegrütt! Rodegrütt! Kik mal, wat lütt Hein hütt itt. Als rundum hett he vergeten. Rodegrütt, dat ist en Eten! Rodegrütt!"

Westfälische Götterspeise

Die Westfälische Götterspeise hat nichts
gemein mit der Götterspeise aus der Fertigpackung, die man
scherzhaft auch „Wackelpudding" nennt.

1 Die Kirschen von den Stielen befreien und entkernen. Den Zucker darüber streuen. Die Pumpernickelscheiben toasten und reiben.

2 Den geriebenen Pumpernickel mit Maraschino beträufeln. Kirschen und Pumpernickel 2 Stunden stehen lassen. Die Sahne steif schlagen, dabei erst zum Schluss den Vanillezucker einrieseln lassen.

3 Die Kirschen abtropfen lassen. Die Hälfte des geriebenen Pumpernickels in eine Glasschale füllen, darauf die Hälfte der Sahne glatt streichen. Die Kirschen darauf verteilen. Mit dem restlichen Pumpernickel belegen.

4 Die restliche Sahne mit einer Spritztüte darauf geben und mit der Hälfte der Makronen verzieren. Die andere Hälfte dazu servieren.

Variante: Die Kirschen weglassen, 4 Scheiben Schwarzbrot zerbröckeln. Mit Zucker und Zimt vermischen und darüber eine dicke Schicht Gelee oder Konfitüre verstreichen. Halb fest geschlagene Sahne darüber gießen.

4 Portionen

500 g Sauerkirschen
100 g Zucker
4 Scheiben Pumpernickel
1 EL Maraschino
250 g Schlagsahne
1 EL Vanillezucker
100 g Makronen

Omas Empfehlung

Die Schokolade lässt sich am besten in gut gekühltem Zustand auf einer Küchenreibe reiben.

Birnen in Schokoladensauce

Die Birne enthält sehr wenig Fruchtsäure, dafür umso mehr Mineralstoffe. Wer sie öfter roh verspeist, darf sie dann guten Gewissens auch einmal mit etwas Schokoladensauce genießen.

1 Die Birnen waschen, schälen, in Viertel schneiden und vom Kerngehäuse befreien. Die Birnen, das Wasser, den Zucker und die Vanilleschote in einen Topf geben und bei schwacher Hitze köcheln lassen.

2 Die Schokolade reiben. In einen Topf geben und erhitzen (oder in einer Schüssel ins warme Wasserbad stellen). Mit 4 EL Birnensaft zergehen lassen. Die Butter zugeben (bei Bedarf etwas Zucker zufügen). Die weich gekochten Birnen herausnehmen.

4 Portionen

600 g Birnen
300 ml Wasser
etwa 60 g Zucker
1 Stück Vanilleschote
100 g Zartbitterschokolade
30 g Butter

3 Die Sauce bei schwacher Hitze ständig rühren, bis eine dickliche glatte Masse entstanden ist. Noch heiß über die Birnen gießen.

Variante: 750 g Preiselbeeren in $1/4$ l Wasser 15 Minuten kochen. Die Beeren durch ein Tuch pressen und mit 250 g Zucker aufkochen. 1 kg Birnen vorbereiten wie oben, dann zugeben und im Saft weich kochen. Herausnehmen und den Saft einkochen. Über die Birnen gießen und kalt stellen.

Geflammter Pfirsich

Pfirsiche sind äußerst wohlschmeckend und aromatisch.
Um diese Vorzüge zu entwickeln, benötigen sie viel Wärme und Sonne.
Daher gedeihen sie bei uns nur in wenigen Regionen, während
sie im Mittelmeerraum ein ideales Klima vorfinden.

1 Die Pfirsiche mit heißem Wasser übergießen und die Schale abziehen.

2 Das Kirschwasser und die Pfirsiche in einer Kupferpfanne sehr stark erhitzen. Dabei mehrmals die Pfirsiche mit einer Gabel einstechen.

3 Das Kirschwasser mit Kaminstreichhölzern vorsichtig entzünden. Wenn es brennt, die Pfanne schütteln und den Puderzucker zufügen. Sofort servieren. Dazu

5 Portionen
800 g reife Pfirsiche
4 EL Kirschwasser
50 g Puderzucker
Eiweißhippen

Eiweißhippen geben (siehe dazu das Rezept auf S. 224).

Variante: 8 reife Pfirsiche schälen, halbieren und vom Stein befreien. 250 g Schlagsahne steif schlagen. 300 g reife Himbeeren durch ein Sieb streichen. 50 g Puderzucker zugeben. Je zwei Pfirsichhälften mit der Vertiefung nach oben auf Teller legen. Himbeermus in die Vertiefung geben. Mit Sahne verzieren.

GUT ZU WISSEN

Pfirsiche müssen, wenn sie reif sind, bald verzehrt oder verwendet werden, da sie sehr leicht Druckstellen bekommen und dann schnell verderben.

Savarin mit Obst

Die feine deutsche Küche hat sich über lange Zeit
am stärksten von der französischen Küche inspirieren lassen – so
wie bei diesem exquisiten, aber aufwändigen Dessert, das
auch Großmutter nur an Festtagen zubereitete.

Seinen Namen verdankt dieses Gericht dem französischen Schriftsteller und Gourmet Jean Anthelme Brillat-Savarin, der 1825 das Buch „Physiologie des Geschmacks" veröffentlichte. Berühmt geworden ist er mit seinem Aphorismus: „Sag' mir, was Du isst, und ich sage Dir, wer Du bist."

1 Das Mehl in eine Schüssel geben und in der Mitte eine Vertiefung formen. In 3 EL lauwarmer Milch die Hefe und 1 TL Zucker auflösen, in die Vertiefung gießen und mit etwas Mehl bedecken. Den Vorteig etwa 20 Minuten an einem warmen Ort gehen lassen, bis die Mehldecke kleine Risse zeigt.

2 Inzwischen in einem Topf die Butter in der restlichen Milch bei schwacher Hitze schmelzen. Zitrone waschen, trockentupfen und die Hälfte der Schale abreiben.

3 Den Vorteig mit dem Mehl verrühren. Die Milch-Butter-Mischung, den restlichen Zucker sowie Bourbonvanille, Mandelöl, Salz, abgeriebene Zitronenschale und Eier zufügen. Alle Zutaten mit den Knethaken des Handrührgeräts oder der Küchenmaschine zu einem glatten Teig verkneten, bis er sich von der Schüssel löst.

4 Den Teig zugedeckt an einem warmen Ort etwa 45 Minuten gehen lassen, bis er sein Volumen verdoppelt hat. Eine Kranzform mit einem Durchmesser von 21 cm einfetten und mit Mehl bestreuen. Den Teig einfüllen und zugedeckt etwa 15 Minuten an einem warmen Ort gehen lassen. Dann im Backofen etwa 40 Minuten backen. Damit keine harte Kruste entsteht, mit Aluminiumfolie bedecken.

5 Inzwischen für die Glasur Wein, Zucker und Arrak oder Maraschino aufkochen, dann etwa 2 Minuten weiterkochen, bis der Zucker sich vollständig aufgelöst hat.

6 Den Kuchen herausnehmen und in der Form noch 10 Minuten stehen lassen. Auf eine Kuchenplatte stürzen und mit der Weinglasur beträufeln.

6 Portionen

Für den Teig:
300 g Mehl
etwa $\frac{1}{8}$ l Milch
20 g Hefe, 30 g Zucker
100 g Butter
1 unbehandelte Zitrone
1 Msp. Bourbonvanille
2 Tropfen Bittermandelöl
1 Prise Salz
2 Eier
Fett und Mehl für die Form

Für die Glasur:
250 ml Wein
100 g Zucker
4 EL Arrak oder Maraschino

Für die Füllung:
500 g frische Pfirsiche oder
Pfirsiche aus der Dose
150 g frische Erdbeeren
250 g Schlagsahne
75 g Zucker
100 g Mandelstifte

7 Für die Füllung die frischen Pfirsiche mit kochendem Wasser übergießen, häuten, halbieren und entsteinen (oder die Dosenpfirsiche abtropfen lassen). Einen Pfirsich in Scheiben, die restlichen in kleine Würfel schneiden.

8 Die Erdbeeren waschen, vom Stielansatz befreien, dabei einige Früchte beiseite legen. Die restlichen mit wenig Wasser dick einkochen. Abkühlen lassen.

9 Die Schlagsahne steif schlagen. Den Zucker nach und nach zugeben. Mit den gewürfelten Pfirsichen und dem Erdbeermark vermischen. In die Mitte des Kuchens füllen. Mit den beiseite gelegten Erdbeeren und Pfirsichscheiben verzieren. Mit den Mandeln spicken.

Variante 1: Statt der Schlagsahne eine Creme verwenden: 3 Eigelbe, 250 ml Wein, die abgeriebene Schale und den Saft einer halben unbehandelten Zitrone und 1 TL Stärkemehl verrühren. Im Wasserbad zu einer dicken Creme kochen. 3 Eiweiße steif schlagen und unter die Creme ziehen. Abkühlen lassen. Die Pfirsiche und das Erdbeermark in die Mitte des Kuchens füllen und die Creme darauf geben.

Variante 2: Einen Napfkuchenteig zubereiten (siehe S. 302) und in einer Ringform backen. Dann 200 ml Weißwein, 2 EL Zucker und 1 EL Rum verrühren. Über den erkalteten Savarin träufeln. 400 g Aprikosenkompott abtropfen lassen und einfüllen. Den Saft dazu servieren.

🔥 **Ober-/Unterhitze: 200 °C**
🔥 **Gas: Stufe 3–4**

Omas Empfehlung

Stellen Sie den Hefeteig in einer zugedeckten Schüssel in warmes Wasser oder in den vorgeheizten Backofen (50 °C oder Gas: Stufe 1/2), dann geht er besser und schneller auf.

Bratäpfel

Was gab es Schöneres, als an kalten Winterabenden
in Großmutters warmer Stube zu sitzen und sich auf die im Kachelofen
brutzelnden Bratäpfel zu freuen?

1 Die Äpfel waschen, trockentupfen und das Kerngehäuse großzügig ausstechen. Die Mandeln mit kochendem Wasser überbrühen, von der Schale befreien und grob hacken.

2 Das Gelee, die Korinthen und die gehackten Mandeln mischen. Die Füllung in die ausgehöhlten Äpfel füllen.

3 Zwei Drittel der Butter in einem kleinen Topf schmelzen lassen. Dann in eine kleine Auflaufform gießen, mit einem Pinsel verteilen und die Äpfel hineinsetzen. Im Backofen etwa 20 Minuten backen, bis die Haut der Äpfel aufplatzt.

4 Portionen

4 große säuerliche Äpfel
(Boskoop oder Glockenäpfel)
10 Mandeln
4 EL Johannisbeergelee
2 EL Korinthen
50 g Butter
2 EL Honig

4 Äpfel mit der restlichen Butter belegen und mit dem Honig beträufeln. Dazu passt eine Vanillesauce (siehe S. 241).

Variante: Man kann statt des Gelees auch Johannisbeermarmelade oder andere Marmelade nehmen. Saurer wird die Füllung durch Zugabe von 2 TL Zitronensaft und der abgeriebenen Schale einer halben unbehandelten Zitrone.

🔥 **Ober-/Unterhitze: 200 °C**
🔥 **Gas: Stufe 3–4**

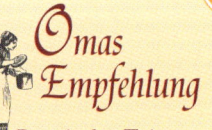

Omas Empfehlung

Damit der Teigmantel sich beim Backen nicht von den Äpfeln löst, sollten Sie die Teigecken sorgfältig übereinander schlagen und fest andrücken. Bei Bedarf bepinseln Sie die Kanten mit etwas Eigelb. Oder Sie setzen ein kleines Teigstück auf die Verbindungsstelle.

Äpfel im Schlafrock

Der originelle Name nimmt darauf Bezug,
dass die Äpfel mit Teig umwickelt werden – so als kleide
man sich in einen Morgenmantel.

1 Die Blätterteigplatten aus der Packung nehmen und 2 Stunden auftauen lassen. Dann die Platten überlappend zu einer Fläche auslegen, mit der Teigrolle dünn ausrollen und in 6 gleiche Rechtecke teilen.

2 Die Äpfel waschen, schälen und das Kerngehäuse ausstechen. Die Rosinen und die Hälfte des Zuckers mischen und in die ausgehöhlten Äpfel füllen.

3 Die Mandeln zubereiten wie im obigen Rezept Bratäpfel beschrieben. Die Äpfel auf die Teigstücke stellen und die Ecken darüber zusammenschlagen. Den Teig mit den Eigelben be-

6 Portionen

1 Packung TK-Blätterteig
6 kleine Äpfel
4 EL Rosinen
3 EL Zucker
10 Mandeln, 1–2 Eigelb
Schlagsahne nach Belieben
Mehl zum Ausrollen

pinseln. Den restlichen Zucker und die Mandeln darüber streuen. Im Backofen etwa 30 Minuten backen, bis der Teig schön goldgelb ist. Nach Belieben Schlagsahne dazu reichen.

Variante: Die Teigstücke vorbereiten wie oben beschrieben, mit Marmelade bestreichen, mit geriebenen Mandeln und Sultaninen bestreuen, dann die Äpfel einwickeln und backen wie oben.

🔥 **Ober-/Unterhitze: 180 °C**
🔥 **Gas: Stufe 2–3**

Apfelcharlotte

Unter Charlotte versteht man eine runde glattwandige
Form mit hohem Rand, die früher oft verwendet wurde. Darin zubereitete
Speisen erhielten dann den Namenszusatz „Charlotte".

1 Die Äpfel waschen, schälen und das Kerngehäuse ausstechen. Die Äpfel in Scheiben schneiden. Die Scheiben, den Zucker, den Zimt, die Korinthen, die Mandeln und den Rum in einer Schüssel mischen und 1 Stunde stehen lassen.

2 In der Zwischenzeit die Butter bis auf 2 TL schmelzen. Die Weißbrotscheiben damit beträufeln. Mit der restlichen Butter eine Kuchenform oder eine Auflaufform einfetten.

4 Portionen

1 kg Äpfel
4 EL Zucker, $1/2$ TL Zimt
125 g Korinthen
40 g gehackte Mandeln
1–2 EL Rum
125 g Butter
etwa 8 Weißbrotscheiben
Puderzucker nach
Belieben

3 Den Boden und den Rand mit etwa drei Fünftel des Brotes belegen, die Füllung darauf verteilen und mit dem restlichen Brot bedecken.

4 Im Backofen etwa 50 Minuten backen. Stürzen und kalt oder warm servieren. Nach Belieben die Apfelcharlotte mit Puderzucker bestreuen.

🔥 Ober-/Unterhitze: 180 °C
🔥 Gas: Stufe 2–3

Omas Empfehlung

Wenn Sie verhindern wollen, dass sich die Apfelstücke verfärben, legen Sie sie bis zur Verwendung in Zitronenwasser.

Vanilleflammeri

Der Name Flammeri leitet sich von
dem englischen Wort „flummery" für Mehl- oder Haferbrei ab.

1 Die Milch in einem Topf mit dickem Boden aufkochen. In der Zwischenzeit die Eigelbe, das Mehl, den Zucker und den Vanillezucker mischen und glatt rühren. Die Masse unter die kochende Milch rühren und nochmals aufkochen. Abkühlen lassen.

2 Eiweiße steif schlagen und unter die lauwarme Masse heben. In Portionsschüsseln füllen und kalt stellen.

3 Für die Fruchtsaucen die Heidelbeeren auslesen und waschen, einige beiseite stellen. Die Johannisbeeren waschen und abstreifen. Die Beeren in je eine Schüssel geben. Jeweils die Hälfte des Zuckers darüber verteilen. 3 Stunden

4 Portionen

³/₄ l Milch, 3 Eigelb
100 g Mehl
100 g Zucker
1 Päckchen Vanillezucker
4 Eiweiß

Für die Saucen:
je 200 g Gartenheidel- und
Johannisbeeren
150 g Zucker
1 Zitrone

stehen lassen, bis sich reichlich Saft gebildet hat.

4 Die Beeren getrennt im Mixer oder mit dem Mixstab pürieren. Durch ein Sieb streichen. Die Zitrone auspressen. Den Saft untermischen. Die Flammeri auf Dessertteller stürzen und jeweils 1 EL Heidelbeer- und Johannisbeersauce dazugeben. Mit den beiseite gestellten Heidelbeeren verzieren.

Variante: Für eine Schokoladensauce 100 g Zartbitter- und 50 g Vollmilchschokolade schmelzen. Mit 125 g Schlagsahne einkochen. 1 TL Instantkaffee und 1 TL Butter zugeben. Kalt stellen.

Schokoladenflammeri

Am feinsten schmeckt dieses Flammeri, wenn
man Zartbitterschokolade als Zutat verwendet. Man kann sie
jedoch durch Kakao und Zucker ersetzen.

Omas Empfehlung

Die Milch brennt beim Kochen nicht so schnell an, wenn man den Topf kurz zuvor mit sehr kaltem Wasser ausspült. Es soll dabei etwas Wasser im Topf zurückbleiben.

1 Die Schokolade reiben. In einer Rührschüssel 4 EL kalte Milch mit dem Stärkemehl vermengen, sodass eine glatte Mischung entsteht.

2 In einem Topf mit dickem Boden die restliche Milch mit der Schokolade aufkochen. Den Zucker zufügen. Dann die Stärkemehl-Milch-Mischung hineingießen und unter kräftigem Rühren aufkochen. Anschließend in Portionsschalen füllen und erkalten lassen.

4 Portionen

125 g Zartbitterschokolade
³/₄ l Milch
80 g Stärkemehl, 80 g Zucker

Für die Sauce:
½ Vanilleschote, ³/₄ l Milch
1 EL Stärkemehl, 3 TL Zucker
Kakaopulver
nach Belieben

3 Für die Sauce die halbe Vanilleschote auskratzen und das Mark mit 3 EL Milch, dem Zucker und dem Stärkemehl gründlich verrühren. Die restliche Milch aufkochen.

4 Die Vanillemasse darunter rühren. Die Sauce kurz aufkochen, in ein Kännchen gießen und kalt stellen. Das Flammeri auf Dessertteller stürzen und die Vanillesauce darüber verteilen. Nach Belieben mit Kakaopulver bestreuen.

Bayerische Creme

Diese lockere Creme hat sogar außerhalb
der Grenzen Deutschlands Berühmtheit erlangt und ist vielerorts
als „Crème bavaroise" bekannt.

1 Die Vanilleschote längs aufschneiden und das Mark auskratzen. Den Zucker mit den Eigelben schaumig schlagen. Die Milch mit dem Mark bis kurz vor dem Siedepunkt erhitzen.

2 Die Eigelbmasse mit dem Schneebesen unter die Milch mischen. Wenn die Masse hochzusteigen beginnt, den Topf von der Kochstelle nehmen. Die Gelatine in etwas lauwarmem Wasser auflösen und unter die Vanillemasse rühren.

4 Portionen

1 Vanilleschote
125 g Zucker
4 Eigelb
¹/₄ l Milch
1 Päckchen gemahlene
weiße Gelatine
¹/₄ l Schlagsahne
150 g Himbeeren
Puderzucker

3 Die Masse abkühlen lassen und mehrmals umrühren. Die Sahne steif schlagen und unter die Creme ziehen.

4 Eine Form oder Portionsschüssel mit kaltem Wasser ausspülen und die Creme einfüllen. Kalt stellen. Nach dem Festwerden stürzen.

5 Die Himbeeren sorgfältig auslesen und nur bei Bedarf waschen. Das Dessert mit den Beeren verzieren. Den Puderzucker darüber streuen.

GUT ZU WISSEN

Statt Gelatine können Sie auch Agar-Agar, ein Dickungsmittel aus Meeralgen, nehmen. Allerdings braucht man sehr viel weniger davon, da es deutlich stärker geliert.

Grießpudding

Grießspeisen gehören zu den Lieblingsessen
vieler Kinder, aber auch mancher Erwachsene gesteht auf
Nachfrage, dass er ihnen nicht widerstehen kann.

1 Milch, 1 EL Butter, Vanillezucker und Salz in einem Topf aufkochen. Den Grieß unter ständigem Rühren einrieseln lassen. Kochen lassen, bis sich die Masse vom Topf löst.

2 Etwas abkühlen lassen. Die Eier trennen. Die Eigelbe und 2 EL Zucker unter die Grießmasse mischen. Die Eiweiße steif schlagen und unterziehen. Eine Puddingform mit der restlichen Butter einfetten, die Grießmasse einfüllen und glatt streichen. Die Form bedecken und

4 Portionen

350 ml Milch, 30 g Butter
1/2 Päckchen Vanillezucker
1 Prise Salz, 85 g Grieß
3 Eier, 2 EL Zucker

Für die Himbeersauce:
300 g Himbeeren
1 unbehandelte Zitrone
100 g Zucker, 3 EL Weißwein
Zimt, Puderzucker

in einem heißen Wasserbad etwa 1 Stunde garen.

3 Für die Sauce 250 g Himbeeren durch ein Haarsieb streichen. Die Zitrone waschen, trockentupfen und die Schale abreiben.

4 100 g Zucker, Wein, Zimt und 1/2 TL Zitronenschale unter die Himbeermasse mischen. Sauce kurz aufkochen und in ein Kännchen gießen. Den Pudding stürzen und mit den restlichen Himbeeren und Puderzucker verzieren.

Omas Empfehlung

Sie sollten die Puddingform gut einfetten, damit sich der Pudding leichter lösen lässt. Verteilen Sie die Grießmasse am besten mit einem Löffel.

Schwarzbrotpudding

Pumpernickel ist nicht nur für die Brotzeit oder
als Beilage zum Schinken beliebt, sondern taucht als Zutat
auch in Süßspeisen, in Cremes und Puddings auf.

1 Die Brot- und Pumpernickelscheiben toasten, fein reiben, in
eine Schüssel geben und den
Rotwein darüber träufeln.

2 4 Eier trennen. 4 Eigelbe,
die restlichen Eier und
140 g Zucker schaumig schlagen. Die Schokolade fein reiben. Die Zitrone waschen,
trockentupfen, die Hälfte der
Schale abreiben und 1 Stück
Schale abschneiden.

3 Die geriebene Schokolade
und Zitronenraspel sowie die
Mandeln zur Eimasse geben und verrühren. Dann unter die Brotmasse mi-

4 Portionen

je 100 g Schwarzbrot- und
Pumpernickelscheiben
3 EL Rotwein
7 Eier, 340 g Zucker
75 g Zartbitterschokolade
1 unbehandelte Zitrone
75 g gehackte Mandeln
375 ml Weißwein
2 Eigelb
3 EL Rum
Butter für die Form

schen. Die Eiweiße steif schlagen
und unterziehen. Eine Puddingform einfetten und den Brotpud-
ding in einem heißen Wasserbad etwa 1 Stunde garen.

4 Für die Sauce den restlichen Zucker und den
Weißwein in einem Topf einkochen. Das Stück Zitronenschale einige Minuten darin
ziehen lassen.

5 Die Eigelbe mit dem Rum
verquirlen und in den
Weißwein gießen. Die Zitronenschale herausnehmen. Den Pudding
stürzen, die Sauce dazu servieren.

*Pumpernickel ist ein
Markenzeichen West-
falens. Dieses süßlich-
aromatische Brot wird
nur aus Roggenschrot in
einer Backzeit von etwa
16 Stunden und mithilfe
von Dampf hergestellt.
Die Westfalen schätzen
es sehr, doch nicht alle
Gaumen können sich mit
seinem Geschmack
anfreunden. So soll sich
einst ein französischer
Abt beklagt haben, dass
seine mitgereisten Dienst-
boten sich weigerten,
dieses Brot zu essen.*

Omas Augustmenü

Wenn der Sommer noch über seine ganze Kraft verfügt, beginnt die Erntezeit für Freilandtomaten, die ein viel kräftigeres Aroma als die Tomaten aus dem Treibhaus besitzen. Was liegt näher, als daraus ein feines Süppchen zu machen? Als Dessert bieten sich erntefrische Brombeeren an.

Tomatensuppe

16–18 Tomaten
1 Zwiebel, 4 EL Butter
Salz, 1 TL Zucker
6 EL Fleischbrühe
1 gestrichener EL Mehl
100 g Schlagsahne
nach Belieben
weißer Pfeffer

● Tomaten waschen und halbieren. Zwiebel abziehen und fein hacken. Butter in einem Topf erhitzen. Die gehackte Zwiebel darin braten, bis sie hellgelb ist. Tomaten, Salz und Zucker zugeben.
● Etwa 6 Minuten bei schwacher Hitze köcheln lassen. Die Fleischbrühe zugießen. Das Mehl mit etwas kaltem Wasser verquirlen und unter die Suppe rühren. Weitere 10 Minuten köcheln lassen.
● Nach Belieben die Sahne steif schlagen. Dann die Suppe durch ein Sieb streichen und mit wenig Pfeffer würzen. Die Suppe auf Suppentassen verteilen und mit Sahnehäubchen verzieren.

Rinderzunge mit Nudeln

1 Rinderzunge
1 Suppengrün, 1 Zwiebel

Für die Nudeln:
450 g Mehl, 2 kleine Eier, Salz

Für die Sauce:
80 g Butter, 2 EL Mehl
$1/2$ l Fleischbrühe
$1/2$ Lorbeerblatt, 6 Pfefferkörner
2 EL Essig, 3 EL Wasser
4 EL Rinderfond

● Die Rinderzunge waschen. Das Suppengrün putzen und grob schneiden. Die Zwiebel abziehen und halbieren.
● Die Zunge, das Suppengrün und eine Zwiebelhälfte in einen großen Topf mit etwa 2 l kaltem Salzwasser geben. Aufkochen und 2 Stunden köcheln lassen.
● Inzwischen für den Nudelteig 450 g Mehl, Eier und etwas Salz schnell verrühren und mit den Handballen kneten, bis der Teig nicht mehr klebt. Die Menge dritteln, jeweils messerrückendick ausrollen und 15 Minuten stehen lassen. Dann die Teigplatten in 1 cm breite Streifen schneiden.
● Etwa 2 l Salzwasser zum Kochen bringen und die Nudeln darin etwa 15 Minuten kochen lassen. Abgießen und warm stellen.
● Für die Sauce 80 g Butter schmelzen, 2 EL Mehl untermischen und hellgelb braten. Die zweite Zwiebelhälfte fein hacken. Zwiebelstücke, Brühe, Lorbeer, Pfefferkörner, Essig und Wasser zugeben und 20 Minuten kochen lassen. Den Rinderfond zugeben. Durch ein Sieb gießen und salzen.
● Die Zunge herausnehmen, die Haut abziehen und das Fleisch in etwa 1 cm dicke Scheiben schneiden. Auf eine Platte legen und etwas Kochbrühe darüber gießen. Mit den Nudeln, der Sauce und einem Gurkensalat servieren.

Kalter Milchreis mit Brombeeren

1 l Milch
120 g Rundkornreis
2–3 EL Zucker
1 Prise Salz
400 g Brombeeren
250 g Schlagsahne

● Die Milch aufkochen, den Reis zugeben und bei ganz schwacher Hitze köcheln lassen, bis die Körner weich sind. Zucker und Salz untermischen. Erkalten lassen.
● Brombeeren waschen und zum Trocknen auf Küchenpapier legen. Die Sahne steif schlagen und unter den Reis ziehen.
● Die Reismasse in Formen füllen, einige Minuten stehen lassen und dann stürzen. Mit den Brombeeren verzieren, die restlichen dazureichen.

Zitronatpudding

Da früher nicht zu allen Jahreszeiten Südfrüchte zu erhalten waren, kandierte man die Schale von Orangen und Zitronen und verwendete sie für Gebäck und Süßspeisen.

1 Für den Brandteig die Milch, 100 g Butter und das Mehl in einem Topf vermischen und unter ständigem Rühren erhitzen, bis sich der Teig vom Topf löst. Abkühlen lassen.

2 Die Eier trennen. Das Zitronat in kleine Würfel schneiden. Die Eiweiße steif schlagen. Die Eigelbe, den Zucker und 100 g Zitronat unter den Teig rühren. Den Eischnee unterziehen. Eine Puddingform mit der restlichen Butter einfetten.

4 Portionen

$^{1}/_{4}$ l Milch
110 g Butter, 250 g Mehl
6 Eier
200 g Zitronat
100 g Zucker
250 g Schlagsahne
2 EL Erdbeersaft
100 g Erdbeeren
Puderzucker

3 Die Form mit dem restlichen Zitronat auslegen und den Teig einfüllen. Dann in ein warmes Wasserbad stellen, bedecken und den Pudding etwa 1 Stunde garen.

4 Schlagsahne steif schlagen und den Erdbeersaft untermischen. Die Erdbeeren waschen, von den Stielansätzen befreien und halbieren. Den Pudding stürzen, mit den Erbeeren und dem Puderzucker verzieren. Die Sahne dazureichen.

Erdbeercreme

Erdbeeren sind erfrischend und gesund,
man schrieb ihnen früher sogar eine Heilwirkung bei
Gicht, Fieber und Harnwegsbeschwerden zu.

1 Die Eier trennen. Die Eiweiße beiseite stellen. Die Gelatine mit kaltem Wasser abspülen und in 2 EL lauwarmem Wasser auflösen. Die 6 Eigelbe, Milch, Zucker und Vanillezucker in einem Topf unter ständigem Rühren bis kurz vor dem Kochen erhitzen. Von der Kochstelle nehmen, etwas abkühlen lassen und die Gelatine zugeben. Kalt stellen.

2 4 Glasbecher mit den Makronen auslegen. Den Wein und den Saft darüber träufeln. Die Eiweiße und

4 Portionen

3 Eier
4 Blatt Gelatine
3 Eigelb
250 ml Milch
2 EL Zucker
1 Päckchen Vanillezucker
100 g kleine Makronen
je 2 EL Wein und Erdbeersaft
150 g Schlagsahne
600 g Erdbeeren

die Sahne getrennt steif schlagen, 4 EL Sahne beiseite stellen. Eiweiße und restliche Sahne unter die Creme ziehen.

3 Die Erdbeeren behutsam waschen und von den Stielansätzen befreien. Etwa 10 schöne Erdbeeren beiseite stellen, die restlichen halbieren.

4 Abwechselnd die Erdbeeren und die Creme in die Becher füllen. Mit der restlichen Sahne und den beiseite gestellten Erdbeeren verzieren.

Omas Empfehlung

Frische Erdbeeren sind nicht sehr lange haltbar. Am besten legen Sie sie an einem kühlen Ort auf Küchenpapier aus.

Weincreme

Wenn es im Winter besonders kalt war,
hat man sich einst in Weingegenden diese „hochgeistige" Creme
zubereitet, um Körper und Seele damit zu wärmen.

1 Die Zitrone waschen, trockentupfen und die Schale abreiben. 3 Eier trennen.

2 Den Wein in einen Topf mit dickem Boden gießen. Zitronenschale, Zucker, Gewürznelken, Zimtstange, 3 Eier, 3 Eigelbe und das Stärkemehl zugeben. Mit dem Schneebesen gut verrühren.

3 Den Topf auf die Kochstelle stellen und unter ständigem Rühren bei mittlerer Hitze aufkochen lassen. Von der Kochstelle nehmen. Die Zimtstange und die Nelken entfernen.

6–8 Portionen
1 unbehandelte Zitrone
6 Eier
1 Flasche Weißwein (0,7 l)
150 g Zucker
2 Gewürznelken
1 kleines Stück Zimtstange
2 EL Stärkemehl

4 Die 3 Eiweiße steif schlagen und den Eischnee unter die Wein-Ei-Zucker-Masse ziehen. Die Weincreme kann warm oder kalt in Dessertgläsern serviert werden.

Variante: Für den Hessischen Schaumwein 1 l Apfelwein oder trockenen Weißwein, 4 Eier und 200 g Zucker in einen Topf geben und unter ständigem Rühren mit dem Schneebesen aufkochen. Sofort von der Kochstelle nehmen, etwas abkühlen lassen und in Gläser füllen.

Karamellcreme

Karamell ist bei Alt und Jung sehr beliebt. Sie
können Karamell selbst herstellen, müssen allerdings dabei
auf ein gutes „Timing" achten.

1 Das Wasser und die Milch getrennt in zwei Töpfen erhitzen. Den Zucker in eine Pfanne geben, erhitzen und mit einem Holzlöffel rühren, bis er flüssig und braun ist.

2 Das Wasser zum Zucker gießen und aufkochen lassen. Wenn die Flüssigkeit zu karamellisieren beginnt, sofort zur Milch gießen. Dann die Vanille, das Ei, die Sahne und das Stärkemehl dazugeben. Unter kräftigem Rühren aufkochen lassen, bis eine glatte Creme entstanden ist.

3 Von der Kochstelle nehmen. In eine Schüssel oder kleine Formen füllen. Nach dem Er-

6 Portionen
3 EL Wasser
¹/₂ l Milch
60 g Zucker
1 Msp. Bourbonvanille
1 Ei
2 EL Sahne
1 EL Stärkemehl
¹/₂ l Aprikosen- oder Fruchtsauce nach Belieben

kalten auf Dessertteller stürzen und nach Belieben Aprikosensauce (siehe S. 71) oder Fruchtsauce (siehe S. 268) darüber gießen.

Variante: 100 g Zucker und 50 ml Wasser karamellisieren wie oben beschrieben. In kleine Formen gießen. ¹/₂ l Milch mit 1 Msp. Bourbonvanille erhitzen. 3 Eier, 3 Eigelbe und 50 g Zucker verrühren, unter Rühren zur Milch geben und in die Förmchen gießen. Auf die mit Wasser gefüllte Fettpfanne in den Backofen stellen. Bei 200 ℃ etwa 35 Minuten garen, dann abkühlen lassen und stürzen.

Omas Empfehlung

Bei der Karamell-herstellung ist es wichtig, den richtigen Zeitpunkt nicht zu verpassen: Sobald kein Wasserdampf mehr aus der Wasser-Zucker-Mischung aufsteigt, beginnt der Zucker zu karamellisieren und muss dann sofort zur Milch gegossen werden.

Charlotte russe mit Früchten

Es gibt sehr verschiedene Varianten dieses
Gerichts. Bei diesem Rezept handelt es sich um die verfeinerte
Charlotte auf Moskowiter Art. Grundlage sind der
Biskuitteig und die besondere Creme.

1 Die möglichst kalte Butter grob zerteilen und in eine Schüssel geben. Das Mehl, das Eigelb und 1 Prise Salz zugeben. Zügig zu einem glatten Teig kneten. Bei Bedarf noch etwas Wasser oder Mehl zufügen. Den Teig in Kunststofffolie einwickeln und 30 Minuten in den Kühlschrank legen.

2 In der Zwischenzeit für den Biskuitteig die Eier und das Wasser 3 Minuten mit den Schneebesen des Handrührgeräts oder der Küchenmaschine verrühren. Den Zucker zufügen und etwa 5 Minuten weiterrühren, bis eine hellgelbe schaumige Masse entstanden ist. Das Mehl, das Stärkemehl und das Backpulver mischen. Esslöffelweise zur Eimasse geben.

3 Den Backofen auf 220 °C vorheizen. Aus dem Backpapier vier Kreise mit jeweils 20 cm ⌀ ausschneiden. Jeweils ein Viertel des Teigs darauf streichen und dann auf ein Backblech ziehen.

4 Den Teig bei der Vorheiztemperatur etwa 5 Minuten backen. Dann herausnehmen und die Ränder mit einem Tortenring mit 20 cm ⌀ glatt abschneiden. Das Papier abziehen. Auf Kuchengittern oder dem Rost des Backofens abkühlen lassen. Die Biskuitböden mit dem Rum oder Arrak beträufeln.

5 Den Mürbeteig aus dem Kühlschrank nehmen und gut durchkneten. Die Arbeitsfläche mit Mehl bestreuen und den Teig zu einem Boden mit 20 cm ⌀ ausrollen. Das Backblech einfetten, den Teigboden darauf legen, mehrmals mit der Gabel einstechen und bei 200 °C etwa 10–12 Minuten backen.

6 Portionen

Für den Mürbeteig:
50 g Butter
100 g Mehl
1 Eigelb, Salz

Für den Biskuitteig:
3 Eier
1½ EL warmes Wasser
75 g Zucker, 75 g Mehl
1 EL Stärkemehl
1 Msp. Backpulver
2 EL Rum oder Arrak

Für die Creme:
8 Blatt weiße Gelatine
1 unbehandelte Zitrone
4 Eigelb, 160 g Zucker
1 Msp. Bourbonvanille
1 EL Orangensaft
375 ml Weißwein
250 g Schlagsahne

Für das Obst:
125 g Obstkompott
2 EL Aprikosenkonfitüre
75 g Schlagsahne
28 Löffelbiskuits
Puderzucker
Fett für das Blech

6 Für die Creme die Gelatine in Wasser einweichen. Zitrone waschen, trockentupfen, die Schale abreiben und den Saft auspressen. Eigelbe, Zucker, Vanille, Zitronen- und Orangensaft, Wein und Zitronenschale in einen Topf geben. Unter ständigem Rühren erhitzen, bis die Masse dick geworden ist, aber nicht kochen lassen.

7 Die Gelatine ausdrücken und zugeben. Von der Kochstelle nehmen. Weiterrühren, bis die Creme erkaltet ist. Die Schlagsahne steif schlagen. Wenn die Creme zu stocken beginnt, die Sahne unterziehen. Das Kompott abtropfen lassen und in kleine Stücke schneiden.

8 Den Mürbeteigboden auf eine Tortenplatte legen und einen Tortenring herumlegen. Mit der Konfitüre bestreichen. Einen Biskuitboden darüber legen und etwas fest drücken. Ein Drittel der Creme darauf streichen. Den zweiten Boden darüber legen. Ein Viertel der restlichen Creme zugeben. Kompott darauf verteilen.

9 Etwas mehr als ein Viertel der restlichen Creme darüber streichen und mit dem dritten Biskuitboden belegen. Die restliche Creme darauf glatt streichen. Mit dem vierten Boden bedecken. 1 Stunde kalt stellen. Die Sahne steif schlagen. Den Tortenring lösen, den Rand der Charlotte mit der Sahne bestreichen und die Löffelbiskuits fest andrücken. Reichlich mit dem Puderzucker bestreuen.

🔥 **Ober-/Unterhitze: 220 °C bzw. 200 °C**
🔥 **Gas: Stufe 4–5 bzw. 3–4**

Omas
Empfehlung

Das Ergebnis
kommt der Qualität
von Großmutters
Charlotte natürlich
dann am nächsten,
wenn Sie sie mit selbst
gemachtem Kompott
zubereiten.

Mandelcreme

Mandeln sind seit dem Ende des Mittelalters bei uns sehr beliebt. In einem Kochbuch aus dem 18. Jh. findet man sogar Gerichte wie „Mandelsulz, Mandelkäß und Mandel-Brod".

1 Die Vanilleschote mit einem spitzen Messer der Länge nach halbieren und das Mark auskratzen. Die Butter mit den Schneebesen des Handrührgeräts oder der Küchenmaschine rühren, bis sie schaumig ist.

2 Den Zucker, das Vanillemark (oder den Vanillezucker), die Eier, die Mandeln und das Mandelöl unterrühren. Etwa 5 EL Creme beiseite stellen. Eine glatte, kleinere Form am Boden und am Rand mit Löffelbiskuits (gezuckerte oder glasierte Seite nach außen) auslegen. Die Creme einfüllen, mit den restlichen Biskuits belegen.

3 Eine Untertasse auf die Mitte der Form stellen und gut beschweren. Mehrere Stunden stehen lassen. 30 Minuten vor dem Verzehr ins Gefrierfach stellen.

4 Die Form herausnehmen. Heißes Wasser in eine große Schüssel füllen, die Form eintauchen, stürzen und mit der beiseite gestellten Mandelcreme sowie den kandierten Kirschen verzieren.

4 Portionen

¹/₂ Vanilleschote
(oder 1–2 Päckchen
Vanillezucker)
100 g Butter
100 g Zucker, 2 Eier
100 g gemahlene Mandeln
3–4 Tropfen Bittermandelöl
etwa 30 Löffelbiskuits
kandierte Kirschen

Diplomatencreme

Charakteristisch für den Pudding à la diplomate
sind kandierte Früchte und Maraschino.

1 Das Zitronat oder die kandierten Früchte in kleine Würfel schneiden. Die Rosinen und Sultaninen waschen, abtropfen lassen und in eine Schüssel geben. Zitronat oder kandierte Früchte untermischen. Mit 1 EL Maraschino oder Rum beträufeln.

2 Die Gelatine in kaltem Wasser einweichen. Den Zucker mit den Eigelben verrühren. Das Stärkemehl mit 2 EL Milch verrühren, dann mit der restlichen Milch zur Eigelb-Zucker-Mischung geben. In einem Topf unter ständigem Rühren aufkochen. Die Gelatine ausdrücken, dazugeben und verrühren, bis sie sich aufgelöst hat. Den Topf von der Kochstelle nehmen. Vanillezucker untermischen. Die Makronen grob zerbröckeln. Mit dem restlichen Maraschino oder Rum beträufeln. Zur Zitronat-Rosinen-Mischung geben.

3 Wenn die Creme fest zu werden beginnt, eine Form mit kaltem Wasser ausspülen. Abwechselnd eine Schicht Creme, dann eine Schicht Zitronat-Makronen-Mischung usw. einfüllen, bis die Zutaten verbraucht sind. Die oberste Schicht sollte aus Creme sein. Mindestens 2 Stunden in den Kühlschrank stellen. Die Form in heißes Wasser tauchen und auf eine Platte stürzen.

4 Portionen

160 g Zitronat oder
gemischte kandierte Früchte
60 g Rosinen
60 g Sultaninen
4 EL Maraschino oder Rum
7 Blatt weiße Gelatine
100 g Zucker, 5 Eigelb
1 TL Stärkemehl
1/2 l Milch
2 Päckchen Vanillezucker
70 g Makronen

Omas Septembermenü

*Nun gibt es junge Wildhasen zu kaufen,
deren Bestand allerdings stark zurückgeht. Das Fleisch der
weiblichen Tiere ist dabei wohlschmeckender als das der männlichen.
Auf jeden Fall muss das Fleisch 2 Tage lang in einer
Beize eingelegt werden.*

Grünkernsuppe mit Kerbel

70 g Butter
90 g Grünkernmehl
1¹/₂ l Fleischbrühe
Salz, Pfeffer, geriebene Muskatnuss
1 Bund Kerbel
200 g Schlagsahne
5 EL Semmelbrösel

● 50 g Butter in einem Topf erhitzen, das Grünkernmehl zugeben und braten, aber nicht braun werden lassen. Brühe zugießen. Mit Salz, Pfeffer und Muskat würzen. 15 Minuten kochen lassen.
● In der Zwischenzeit den Kerbel waschen, trockentupfen und fein hacken. Den Kerbel zur Suppe geben und kurz aufkochen. Die Sahne zugießen und den Topf von der Kochstelle nehmen.
● Die restliche Butter erhitzen und die Semmelbrösel darin goldbraun braten. Die Suppe in eine Terrine füllen und mit den Semmelbröseln bestreuen.

Hasenrücken mit Weintrauben

2 Hasenrücken
1 Möhre, 1 Bund Petersilie
1 Knoblauchzehe
250 ml Wasser, 4 EL Rotweinessig
3 Thymianstängel, 1 Lorbeerblatt
Salz, Pfeffer, 3 EL Butter
Paprikapulver, 5 EL Cognac

Für den Selleriesalat und die Sauce:
2 kleine Sellerieknollen
200 g Schlagsahne
1 EL Salatmayonnaise, Salz
1 TL Currypulver, 1 Zitrone
1 TL scharfer Senf
1 EL Butter, Pfeffer
200 g kernlose
Weintrauben

● Die Hasenrücken von der Haut befreien und waschen. Möhre schälen, waschen und in Scheiben schneiden. Petersilie waschen. Knoblauchzehe abziehen. 250 ml Wasser, Essig, Petersilie, Thymian, Lorbeer, Möhre, Salz, Pfeffer und Knoblauch mischen. Das Fleisch in dieser Beize zugedeckt 2 Tage stehen lassen. Dabei mehrmals wenden.
● Hasenrücken herausnehmen und abtrocknen. 3 EL Butter in einer Kasserolle erhitzen. Das Fleisch darin bei schwacher Hitze 35 Minuten weich braten. Mit Salz, Pfeffer und Paprika würzen.
● Für den Salat Sellerieknollen schälen, waschen und reiben. Mit 100 g Sahne, Mayonnaise, Salz, Curry und dem Saft der Zitrone mischen. Hasenrücken herausnehmen, den Cognac darüber gießen und anzünden. Warm stellen.
● Für die Sauce den Bratensaft bei schwacher Hitze mit der restlichen Sahne, Senf, 1 EL Butter, Salz und Pfeffer erhitzen. Über die Hasenrücken gießen. Die Weintrauben waschen und mit wenig Wasser 4 Minuten bei schwacher Hitze schmoren. Zum Fleisch geben. Dazu passen gebratene Pfifferlinge und Tomaten.

Gebackene Aprikosen

1 Ei, 1 Eigelb
150 g Mehl, 125 ml Weißwein
Salz, 2 gehäufte EL Zucker
etwa 700 g reife Aprikosen
100–150 g Marzipan
Frittierfett
Puderzucker
nach Belieben

● Das Ei trennen. Das Mehl in eine Schüssel geben. Mit dem Wein, den Eigelben und dem Salz zu einem glatten Teig rühren. Das Eiweiß zu festem Schnee schlagen, Zucker einrieseln lassen, unter den Teig ziehen.
● Aprikosen waschen, abtropfen lassen, auf einer Seite einschneiden, entsteinen.
● Dann das Marzipan in kleine Würfel schneiden. Je einen Würfel in die Aprikosen legen und diese zusammendrücken.
● Das Frittierfett in einem breiten Topf oder in einer Fritteuse erhitzen. Die Aprikosen in den Teig tauchen und im Frittierfett goldgelb backen. Mit einem Schaumlöffel herausnehmen. Heiß servieren. Nach Belieben mit Puderzucker bestreuen.

Birnen in Teig

Bei diesem Mecklenburger Rezept wurde
früher die Auflaufform mit Scheiben von fettem Speck ausgekleidet.

1 Die Birnen waschen, schälen und in Achtel schneiden. Die Zitrone waschen, trockentupfen und 1 Stück Schale abschneiden. So viel Wasser in einen Topf gießen, bis der Boden bedeckt ist.

2 Die Birnen, 2 EL Zucker, die Zimtstange und die Zitronenschale aufkochen. Bei schwacher Hitze weiterkochen, bis die Birnen weich sind.

3 Inzwischen die Milch aufkochen, den Grieß einrieseln lassen und bei mittlerer Hitze zu einem dicken Brei kochen. Die Birnen in ein Sieb schütten, den Saft auffangen und beiseite stellen. Die Birnen und den Grießbrei im Topf dick einkochen. Erkalten lassen. Dann die Eier,

4–5 Portionen
1 kg Birnen
1 unbehandelte Zitrone
80 g Zucker
1 kleine Zimtstange
750 ml Milch
150 g Grieß
4 Eier
1 Prise Salz
1 EL Mehl
1–1½ EL Stärkemehl
Butter für die Form

den restlichen Zucker, das Salz und das Mehl mit dem Schneebesen verrühren und mit dem Birnenbrei vermischen.

4 Eine Auflaufform einfetten, dann die Masse einfüllen. Im Backofen etwa 30 Minuten backen, bis sie hellbraun ist.

5 Inzwischen das Stärkemehl mit 2 EL Birnensaft verquirlen. Den restlichen Birnensaft aufkochen und mit der Mehlflüssigkeit binden. Erkalten lassen und die Sauce zu den Birnen im Teig servieren.

🔥 Ober-/Unterhitze: 180 °C
🔥 Gas: Stufe 2–3

Quittenauflauf

In Portugal werden die Quitten zu einem Mus
verarbeitet, das den Namen Marmelo trägt. Davon stammt
der Name Marmelade ab.

1 Die Quitten mit einem Tuch abreiben, schälen, vom Kerngehäuse befreien und in Schnitze schneiden. Das Ingwerstück schälen. Wasser, 50 g Zucker, Ingwer und Quitten in einen Topf geben, aufkochen und bei schwacher bis mittlerer Hitze kochen, bis die Quitten weich sind.

2 In ein Sieb schütten, den Saft auffangen und erkalten lassen. Den Ingwer entfernen. Die Brötchen in Scheiben schneiden. Den Saft über die Brötchenscheiben gießen.

4 Portionen

3 große Quitten
1 Stück frischer Ingwer
300 ml Wasser
175 g Zucker
4 Brötchen
250 g Butter
70 g gemahlene
Mandeln
8 Eiweiß
Fett für die Form
Zucker für die Form

3 Die Quitten durch ein Haarsieb streichen. 200 g Butter schaumig schlagen, den restlichen Zucker, die Brötchen, das Quittenmus und die Mandeln zufügen. Die Eiweiße steif schlagen und untermischen.

4 Eine Auflaufform einfetten und mit Zucker bestreuen. Die Quittenmasse einfüllen. Mit der restlichen Butter belegen. Im Backofen etwa 45 Minuten backen.

🔥 Ober-/Unterhitze: 180 °C
🔥 Gas: Stufe 2–3

GUT ZU WISSEN

Nach ihrer Form unterscheidet man Apfel- und Birnenquitten sowie portugiesische Quitten mit länglichen, gerippten Früchten. Birnenquitten sind für diesen Auflauf geeigneter als Apfelquitten.

Kastanienauflauf

Die Esskastanie ist die Frucht des Edelkastanienbaums,
der nicht mit der Rosskastanie in unseren Breiten verwandt ist. Die
Esskastanien wurden bei uns im Winter oft auf den
Märkten als heiße Maronen angeboten.

1 Die Kastanien mit einem scharfen Messer an der Spitze kreuzweise einschneiden. Im Backofen 20 Minuten backen. Etwas abkühlen lassen und dann schälen.

2 Die Kastanien in einen Topf geben und die Milch darüber gießen. Bei schwacher Hitze etwa 30 Minuten weich kochen. Dann durch ein Sieb streichen.

3 Die Eier trennen. Die Butter schaumig rühren. Den Zucker, die Eigelbe, den Kastanienbrei und den

4 Portionen

250 g Esskastanien
125 ml Milch
3 Eier
50 g Butter
60 g Zucker
1 EL Maraschino oder Arrak
Butter für die Form
Puderzucker
200 g Schlagsahne
nach Belieben

Maraschino oder Arrak zufügen. Alles mit den Rührbesen des Handrührgeräts oder der Küchenmaschine 5 Minuten verrühren.

4 Die Eiweiße steif schlagen und unterziehen. Eine Auflaufform einfetten. Die Kastanienmasse einfüllen, im Backofen 50 Minuten backen, dann mit Puderzucker verzieren. Die Sahne steif schlagen und dazu servieren.

🔥 **Ober-/Unterhitze: 180 °C**
🔥 **Gas: Stufe 2–3**

Nussauflauf

Die beste Zeit, Walnüsse zu verwenden,
ist der Herbst und der Winter. Sehr alte Nüsse haben gewöhnlich
einen etwas tranigen Beigeschmack.

1 Die Eier trennen. Die Walnüsse knacken, von den Schalen befreien, mit kochendem Wasser übergießen, Haut abziehen und fein mahlen. Die Zitrone waschen, trockentupfen und die Hälfte der Schale abreiben. Die Butter schaumig rühren. Dann nacheinander Zucker, Eigelbe, gemahlene Nüsse, Zimt und die abgeriebene Zitronenschale zufügen.

2 Alle diese Zutaten mit den Rührbesen des Handrührgeräts oder der Küchenmaschine etwa 5 Minuten gründlich verrühren. Dann die Eiweiße steif schlagen.

4 Portionen

3 Eier
100 g Walnüsse
1 unbehandelte Zitrone
50 g Butter
60 g Zucker
1 Prise Zimt
Butter für die Form
Puderzucker

3 Unter die Nussmasse ziehen. Eine Auflaufform einfetten, die Masse einfüllen und im Backofen 45 Minuten backen. Mit Puderzucker bestreuen.

Variante: 6 Eier trennen. Die 6 Eigelbe und 200 g Zucker schaumig rühren. 200 g gemahlene Haselnüsse untermischen. Die 6 Eiweiße steif schlagen und unterziehen. 45 Minuten im warmen Wasserbad backen.

🔥 **Ober-/Unterhitze: 180 °C**
🔥 **Gas: Stufe 2–3**

Omas Empfehlung

Frisch geerntete Walnüsse sollten Sie etwa drei Wochen liegen und trocknen lassen, bevor Sie sie einlagern.

Omas Empfehlung

Schneiden Sie die Kastanien unbedingt kreuzweise ein, bevor Sie sie in den Backofen geben, weil sie sonst platzen und sogar den Backofen beschädigen könnten.

Hagebuttenauflauf

Hagebutten waren früher nicht nur bei den
Hausfrauen beliebt, sondern auch bei frechen Buben – denn die
Kerne sind ein wirksames Juckmittel.

1 Die Butter bei Zimmertemperatur weich werden lassen. Dann die Eier trennen. Die Eiweiße beiseite stellen.

2 Zucker, Eigelbe und Butter etwa 8 Minuten mit den Rührbesen des Handrührgeräts oder der Küchenmaschine schaumig rühren. Die Mandeln, die Semmelbrösel und die Hagebuttenkonfitüre untermischen.

3 Die Eiweiße steif schlagen und unter die Hagebuttenmasse ziehen. Eine Auflaufform einfetten. Die Masse einfüllen und im Backofen etwa 30 Minuten backen. Mit Puderzucker bestreuen.

4 Für die Sauce die Konfitüre, Rotwein und Zucker aufkochen. Abkühlen lassen. Zum Auflauf servieren.

Variante: Für Hagebuttenkonfitüre 250 g Hagebutten halbieren, auskratzen und mit 250 g Zucker aufkochen, durch ein Sieb streichen und 1 TL Zitronensaft zugeben.

4 Portionen

60 g Butter
3 Eier, 60 g Zucker
30 g gemahlene Mandeln
100 g Semmelbrösel
3 EL Hagebuttenkonfitüre
Butter für die Form, Puderzucker

Für die Hagebuttensauce:
2 EL Hagebuttenkonfitüre
3 EL Rotwein
30 g Zucker

🔥 **Ober-/Unterhitze: 180 °C**
🔥 **Gas: Stufe 2–3**

Stachelbeerauflauf

Die Stachelbeere war früher eine sehr
verbreitete und wild wachsende Frucht, die sich auch auf
kargem Boden behaupten konnte.

1 Die Stachelbeeren waschen. In einen Topf füllen und das Wasser darüber gießen. 15 Minuten kochen. Die Beeren abtropfen lassen und durch ein Sieb streichen. Die Eier trennen.

2 Die Zitrone waschen, trockentupfen und die Schale abreiben. Eigelbe, Zucker, Zitronenschale und Zimt mit den Rührbesen des Handrührgeräts oder der Küchenmaschine etwa 5 Minuten schaumig schlagen.

4 Portionen

500 g grüne
unreife Stachelbeeren
$1/2$ l Wasser
6 Eier
1 unbehandelte Zitrone
200 g Zucker
1 Prise Zimt
Butter für die Form
Puderzucker

3 Das Stachelbeerpüree untermischen. Die Eiweiße steif schlagen und unter die Stachelbeermasse ziehen. Eine Auflaufform einfetten und die Masse einfüllen. Im Backofen 30 Minuten backen.

4 Den Puderzucker darüber streuen und servieren. Dazu passt eine Zitronensauce (siehe S. 268).

🔥 **Ober-/Unterhitze: 180 °C**
🔥 **Gas: Stufe 2–3**

Omas Empfehlung

Sie können die Beeren auch blanchieren und mit 200 ml Weißwein und 200 g Zucker weich kochen und und dann durch ein Sieb streichen.

Armer Ritter

Ob sich die ärmeren Ritter früher wirklich von diesem Gericht ernährt haben, ist nicht so genau überliefert. Tatsache aber ist, dass sich „kleine Ritter" aus unserer Zeit daran laben.

1 Die Kirschen waschen, von den Stielen befreien, entkernen und mit dem Wasser aufkochen. Abtropfen lassen, dabei den Saft auffangen. Oder die Kirschen aus dem Glas abtropfen lassen und den Saft auffangen. Die Eier trennen. Die Eigelbe mit Milch und Salz verrühren. Die Brotscheiben oder Brötchen darin 15 Minuten einweichen. Dann abtropfen lassen.

2 2 EL Butter in einer Pfanne erhitzen und das Brot oder die Brötchen darin von allen Seiten goldbraun braten. Die Eiweiße steif schlagen. Eine Auflaufform mit der

4 Portionen
500 g Sauerkirschen
oder 1 Glas Sauerkirschen
300 ml Wasser
5 Eier
250 ml Milch
1 Prise Salz
8 Scheiben Weißbrot oder
4 Brötchen vom Vortag
3 EL Butter
1 EL Zucker, 1 TL Zimt
$^1/_2$ l Kirschsaft
nach Belieben

restlichen Butter einfetten. Brot oder Brötchen hineinlegen. Darauf die Kirschen verteilen und mit dem Eischnee bedecken.

3 Zucker und Zimt mischen und darüber streuen. Den Grill vorheizen und den Armen Ritter 2–3 Minuten grillen. Nach Belieben den Kirschsaft dazu servieren.

Variante: Brot in der Milch-Eigelb-Masse einweichen und in der Pfanne braten wie oben beschrieben. 2 EL Zucker darüber streuen, Brot oder Brötchen wenden, damit der Zucker schmilzt.

GUT ZU WISSEN

Statt der Kirschen kann man auch Pfirsiche und Pfirsichsaft für den Armen Ritter verwenden. In der sparsamen Version kommt er ganz ohne Obst aus.

Kirschenmichel

Michel ist ja eigentlich ein etwas älterer
Spottname für den Deutschen, aber dadurch sollte man sich
nicht von diesem Dessert abhalten lassen.

1 Die Kirschen waschen, von den Stielen befreien und entkernen, dabei den Saft auffangen. Oder die eingemachten Kirschen abtropfen lassen und den Saft auffangen.

2 Schwarzbrot in Scheiben schneiden, toasten und fein reiben. In eine Schüssel geben und mit dem Kirschsaft beträufeln.

3 Die Eier trennen. Eiweiße steif schlagen. 125 g Butter, 125 g Zucker und die Eigelbe schaumig rühren. Mit Zimt, Nelkenpulver und Muskat würzen. Die Eiermasse und die

4 Portionen

600 g frische süße Kirschen
oder eingemachte Kirschen
250 g Schwarzbrot
5 Eier, 145 g Butter
225 g Zucker
je 1 Prise Zimt, Nelkenpulver und
geriebene Muskatnuss
75 g geriebene Haselnüsse oder
gemahlene Mandeln
2 EL Kirschwasser

Kirschen mit dem Brot vermischen. Den Eischnee unterziehen.

4 Eine Auflaufform mit der restlichen Butter einfetten, die Brot-Eier-Masse einfüllen und mit den geriebenen Nüssen bestreuen. Im Backofen 35 Minuten backen.

5 Dann herausnehmen. Den restlichen Zucker in einer Pfanne schmelzen und das Kirschwasser zugeben. Sofort über den Auflauf gießen.

🔥 **Ober-/Unterhitze: 180 °C**
🔥 **Gas: Stufe 2–3**

Milchreis

Milchreis brennt schnell an, deshalb muss man ständig ein Auge darauf haben. Früher garte man ihn in einer Kochkiste, wo nichts passieren konnte.

1 Den Reis in ein Haarsieb geben und mit fließendem kaltem Wasser abspülen. Die Milch in einen Topf mit dickem Boden gießen und aufkochen.

2 Reis, Salz und Vanillezucker zufügen. Zum Kochen bringen, den Deckel auflegen und bei schwächster Hitze (oder in einer modernen Kochkiste) köcheln lassen.

3 Gelegentlich umrühren. In der Zwischenzeit die Johannisbeeren waschen, von den Stängeln ab-

4 Portionen

350 g Rundkornreis
$1^1/_2$ l Milch
1 Prise Salz
2 Päckchen Vanillezucker
1 kg rote Johannisbeeren
100 g Zucker
1 Ei
2 Eiweiß
100 g Mandelblättchen

streifen und in eine Schüssel geben. Den Zucker darüber streuen.

4 Das Ei trennen und das Eigelb beiseite stellen. Die 3 Eiweiße steif schlagen. Das Eigelb und die Hälfte der Mandeln unter den Reis mischen. Die restlichen Mandeln ohne Fett rösten.

5 Den Eischnee unterheben. Zum Schluss die Johannisbeeren zugeben, vorsichtig unterrühren und mit den gerösteten Mandeln garnieren.

Mirabellenquarkcreme

Klein, aber oho – am beliebtesten und süßesten sind die Mirabellen, die Ende August reif werden.

GUT ZU WISSEN

Da die Mirabellen nicht das ganze Jahr über erhältlich sind, können Sie für die Quarkcreme auch eingemachte Mirabellen verwenden.

1 Die Mirabellen waschen und von den Steinen befreien. In $^1/_2$ l Wasser und 20 g Zucker etwa 10 Minuten kochen, bis die Früchte weich sind, dann abtropfen lassen.

2 Die Zitrone waschen, trockentupfen, ein Stück Schale abschneiden und den Saft einer Hälfte auspressen. Die Sahne steif schlagen und kalt stellen.

3 Die Milch, den restlichen Zucker und die Zitronenschale in einem Topf aufkochen. Den Grieß langsam einrieseln lassen und unter ständigem Rühren bei schwacher Hitze etwa 5 Minuten köcheln lassen.

4 Portionen

700 g Mirabellen
80 g Zucker
1 unbehandelte Zitrone
125 g Schlagsahne
$^1/_2$ l Milch
60 g Grieß
250 g Magerquark
2 Eigelb
einige Zitronenmelisseblätter zum Verzieren

4 Dann abkühlen lassen und die Zitronenschale entfernen. Quark, 1 TL Zitronensaft und die Eigelbe in eine Schüssel geben und alles verrühren. Den Grießbrei zugeben. Dann die Schlagsahne unterheben.

5 Die Mirabellen in Dessertschalen verteilen, die Creme zufügen und mit den Zitronenmelisseblättern verzieren.

Variante: Für Erdbeerquark 250 g Erdbeeren waschen, vom Stielansatz befreien und trockentupfen. Mit 250 g Speisequark (20 %) im Mixer pürieren. 50 g Zucker und 1 Msp. Bourbonvanille untermischen.

Omas
Empfehlung

*Streifen Sie die
Johannisbeeren mit
einer Gabel ab – das
ist die schnellste und
schonendste Methode.*

Mohnpielen

Im Nordosten Deutschlands werden zu
Neujahr oft Mohnpielen verspeist – man könnte fast sagen, dass
für viele Menschen Neujahrsglocken und Mohnpielen
zusammengehören wie Braut und Bräutigam.

GUT ZU WISSEN

Statt des Vanillezuckers kann man auch einige Tropfen Rosenwasser zu den Mohnpielen geben.

1 Die Milch aufkochen. In der Zwischenzeit die Brötchen in daumendicke Scheiben schneiden und in eine Schüssel geben. Die Hälfte der Milch darüber gießen. Etwa 20 Minuten einweichen lassen und 30 g Zucker darüber streuen.

2 Inzwischen den Mohn und die Sultaninen mischen. Den restlichen Zucker und den Vanillezucker in die restliche heiße Milch geben. Darin auflösen und dann

4 Portionen

1 l Milch
3 Brötchen vom Vortag
240 g Zucker
250 g gemahlener Mohn
60 g Sultaninen
2 Päckchen Vanillezucker
80 g gehobelte Mandeln
oder Mandelblättchen

die Mohnmischung zugeben. Auf der noch heißen Platte oder bei ganz schwacher Hitze ausquellen lassen.

3 In eine schöne Glasschüssel abwechselnd die Brötchenscheiben und die Mohnmischung einschichten.

4 Zum Schluss die Mandeln darüber streuen. Mindestens 2 Stunden an einem kühlen Ort stehen lassen.

Aachener Waffeln

Waffeleisen waren schon um 1500 bekannt. Allerdings
waren sie aus Eisen geschmiedet und sehr schwer. Sie mussten über
Kohlenglut erhitzt und mehrmals gedreht werden. Das ist mit
den modernen Waffeleisen zum Glück nicht mehr nötig.

1 Die Zitrone waschen, trockentupfen und die Schale abreiben. Butter, Salz, Zucker und Zitronenschale schaumig rühren. Die Eier trennen. Nach und nach die Eigelbe zugeben und weiterrühren.

2 Mehl und Backpulver vermischen. Abwechselnd mit der Milch zur Eigelbmasse geben und verrühren. Die Eiweiße steif schlagen und unterheben.

6 Stück

1 unbehandelte Zitrone
100 g Butter, 1 Prise Salz
50 g Zucker, 5 Eier
200 g Mehl, 1/2 TL Backpulver
etwa 1/8 l Milch, 2 EL Öl
2 EL Puderzucker
Schlagsahne nach Belieben

3 Das Waffeleisen erhitzen, die Backflächen mit Öl einpinseln. Den Teig mit einer kleinen Schöpfkelle darauf gießen, schließen und backen, bis die Waffel goldgelb ist. Die Waffel mit einem Löffel herausheben und mit dem Puderzucker bestreuen.

4 Nach Belieben Schlagsahne steif schlagen und auf den Waffeln verteilen.

Zitronensauce

Ihre Heimat hat die Zitrone in Asien, wo sie in manchen Gegenden seit über 2000 Jahren bekannt und kultiviert ist. Heute sind der Saft und die Schale (von unbehandelten!) Zitronen aus den Küchen der Welt gar nicht mehr wegzudenken.

1 Die Zitronen waschen, trockentupfen, die Schale abreiben und den Saft auspressen. Die Eier und Eigelbe in einen Topf mit dickem Boden geben und verrühren.

2 Das Mehl untermischen. Den Zucker, das Wasser, Zitronenschale und -saft zufügen und alles nochmals gründlich vermischen.

3 Bei sehr schwacher Hitze oder in einem warmen Wasserbad unter ständigem Rühren erwärmen, bis eine schaumige Sauce entstanden ist.

4 Portionen

2 unbehandelte Zitronen
2 Eier
3 Eigelb
1 TL Mehl
200 g Zucker
$^1/_2$ l Wasser

Variante: Für eine Orangensauce eine unbehandelte Bitterorange waschen, trockentupfen und mit einem Zestenreißer die Schale sehr dünn abschälen. Die Schale mit $^1/_2$ l Milch aufkochen und bei schwacher Hitze weiterkochen, bis die Schale weich ist. 1 EL Stärkemehl mit etwas Wasser verquirlen und zur Sauce geben. Sofort 1 Prise Salz und 2–3 EL Zucker nach Geschmack zugeben. Das Ganze aufkochen lassen, dann durch ein Sieb streichen und mit 2 Eigelben legieren.

Fruchtsauce

Diese beschwingte und beschwingende Sauce können Sie auch mit Johannisbeeren, Himbeeren, Blaubeeren, Erdbeeren oder Kirschen bzw. mit den jeweiligen Säften zubereiten.

1 Die Preiselbeeren auslesen und waschen. 200 g Zucker in dem Wasser einige Male aufkochen lassen und den Schaum abschöpfen.

2 Die Preiselbeeren zufügen und 6 Minuten kochen. Den Saft durch ein sauberes und straff gespanntes Tuch gießen.

3 Den Saft nochmals aufkochen. Dann den Rotwein zugießen und wieder aufkochen lassen. Das Stärkemehl mit wenig Wasser glatt verquirlen, zur Sauce geben und binden. Mit dem restlichen Zucker ab-

4 Portionen

200 g Preiselbeeren
250 g Zucker
150 ml Wasser
125 ml Rotwein
1 EL Stärkemehl
1 EL Obstschnaps nach Belieben

schmecken, je nach Belieben mehr Zucker zugeben und mit dem Schnaps würzen.

Variante: Für eine Brombeer-Sahne-Sauce zunächst 150 g Brombeeren waschen. Dann mit 2 EL Wasser, $^1/_2$ EL Zitronensaft und 1 EL Zucker aufkochen. Durch ein Sieb streichen, damit die Kerne entfernt werden. Den Saft mit $^1/_2$ EL Zitronensaft und 1 EL Brombeerlikör mischen. Kühl stellen. 65 g Schlagsahne steif schlagen und dann untermischen.

Pfeilwurzsauce

Der Pfeilwurz (auch Maranta oder Arrowroot)
stammt aus den Tropen. Aus den Knollen wird die gleichnamige
Stärke gewonnen, die für Backwaren, zum Binden von delikaten
Saucen oder für diätische Lebensmittel verwendet wird.

1 Wasser, Zimtstange und Zucker in einem Topf erhitzen. Die Zitrone waschen, trocknen und die Schale abreiben.

2 Die Schale zugeben und alles aufkochen lassen. Den Pfeilwurz mit wenig Wasser verquirlen. Mit dem Wein zur Sauce gießen, umrühren und einkochen lassen.

3 Die Zimtstange herausnehmen. Die Sauce in ein Saucenkännchen gießen und warm servieren.

4 Portionen

$^1/_2$ l Wasser
1 Zimtstange
100 g Zucker
1 unbehandelte Zitrone
2 EL Pfeilwurz
$^1/_2$ l Apfelwein

Variante 1: 250 g Walderdbeeren waschen und pürieren. Den Saft einer halben Zitrone oder Orange ausdrücken. Mit 75 g Zucker zum Püree geben. 5 EL Wasser aufkochen, $^1/_2$ TL Pfeilwurz unterrühren und über das Püree gießen.

Variante 2: $^1/_2$ l Wasser und 80 g Zucker aufkochen. 1 TL Pfeilwurz darunter quirlen, kochen lassen, bis die Flüssigkeit klar ist, und 2 EL Curaçao zugießen.

GUT ZU WISSEN

Sie können den Pfeilwurz auch anstelle von Gelatine zum Eindicken verwenden.

Kastanieneis

Schon vor 3000 Jahren soll es in China das erste Speiseeis gegeben haben – zerriebene Früchte gemischt mit Schnee und Eisstücken.

1 Die Kastanien von den Schalen befreien (siehe S. 258), dann mit 750 ml Milch aufkochen. Bei schwacher Hitze etwa 30 Minuten köcheln lassen, bis sie weich sind. Einige Kastanien beiseite stellen. Die anderen durch ein Haarsieb streichen, dann in einer Schüssel 4 gehäufte EL Kastanienpüree mit dem Zucker vermischen.

2 Die restliche Milch, 250 g Sahne und Salz in einer Pfanne unter Rühren erhitzen. Wenn sich am Rand kleine Blasen bilden, noch $1/2$ Minute auf der Kochstelle lassen und weiterrühren. Die Masse sollte nicht kochen.

4 Portionen

500 g Esskastanien
(Maronen)
1 l Milch
120 g Zucker
500 g Schlagsahne
1 Prise Salz
1 EL Maraschino
20 g Zitronat
50 g Sultaninen
50 g Korinthen

Nach und nach die heiße Flüssigkeit unter das Kastanienpüree rühren.

3 Gelegentlich umrühren und erkalten lassen. Im Tiefkühlgerät 2–3 Stunden gefrieren und dann im Mixer pürieren. Maraschino, Zitronat, Sultaninen und Korinthen untermischen.

4 Nochmals 20 Minuten im Tiefkühlgerät in einer Schüssel gefrieren, dann auf eine Platte stürzen. Die restliche Sahne schlagen, in einen Spritzbeutel füllen und das Eis damit verzieren. Die beiseite gestellten Kastanien hacken und auf das Eis streuen.

GUT ZU WISSEN

Für das Kastanieneis sollten Sie nicht mehr als die angegebene Menge an Kastanienpüree verwenden. Falls Sie etwas zu viel zubereitet haben, geben Sie es einfach einer „Naschkatze" aus Ihrer Familie.

GUT ZU WISSEN

Wenn sich das Eis nicht aus der Form lösen lässt, stellt man sie kurz in heißes Wasser. Danach lässt sie sich leicht stürzen.

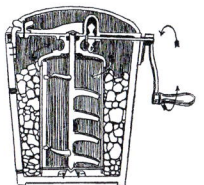

Eine ganz einfache „Speiseeismaschine" bestand früher nur aus einem Eimer und einer so genannten Gefrierbüchse: In den Eimer gab man zerkleinertes Eis und die mit Creme gefüllte Büchse. Dann musste man die Creme in der Büchse immer wieder mit einem Holzspachtel umrühren, bis sie gefroren war. Schon wesentlich eleganter, aber auf dem gleichen Prinzip beruhend, funktionierte die mechanische Eismaschine mit eingebautem Rührer und zugehöriger Kurbel.

Obsteis

Für dieses selbst gemachte Eis lässt
Ihre Familie jedes gekaufte Eis aus dem Gefrierfach stehen.

1 Die Beeren waschen. Einige Beeren zum Verzieren beiseite stellen. Die Pfirsiche oder Aprikosen mit kochendem Wasser überbrühen, die Haut abziehen, halbieren und von den Steinen befreien. Jede Obstsorte getrennt durch ein Haarsieb streichen.

2 Wasser und Zucker aufkochen. Dann erkalten lassen. Jedes Obstpüree jeweils mit einem Drittel dieser Mischung, des Zitronensafts, des Weins und mit einem Eiweiß mischen.

4 Portionen
220 g reife Heidelbeeren
220 g reife Brombeeren
(oder Himbeeren)
150 g Pfirsiche oder Aprikosen
250 ml Wasser, 200 g Zucker
2 EL Zitronensaft
125 ml Weißwein
3 Eiweiß, 250 g Schlagsahne
einige Zitronen-
melisseblätter

3 Jede Obstmasse jeweils in gleich große, rechteckige Gefriergefäße geben und ins Gefrierfach oder ins Gefriergerät stellen. Wenn sie gefroren sind, aus den Einzelformen nehmen, dann lagenweise in eine größere Form geben. Nochmals 1 Stunde gefrieren.

4 Die Schlagsahne steif schlagen. Das Eis in Scheiben schneiden. Mit der Schlagsahne, den beiseite gestellten Beeren und den Zitronenmelisseblättern verzieren.

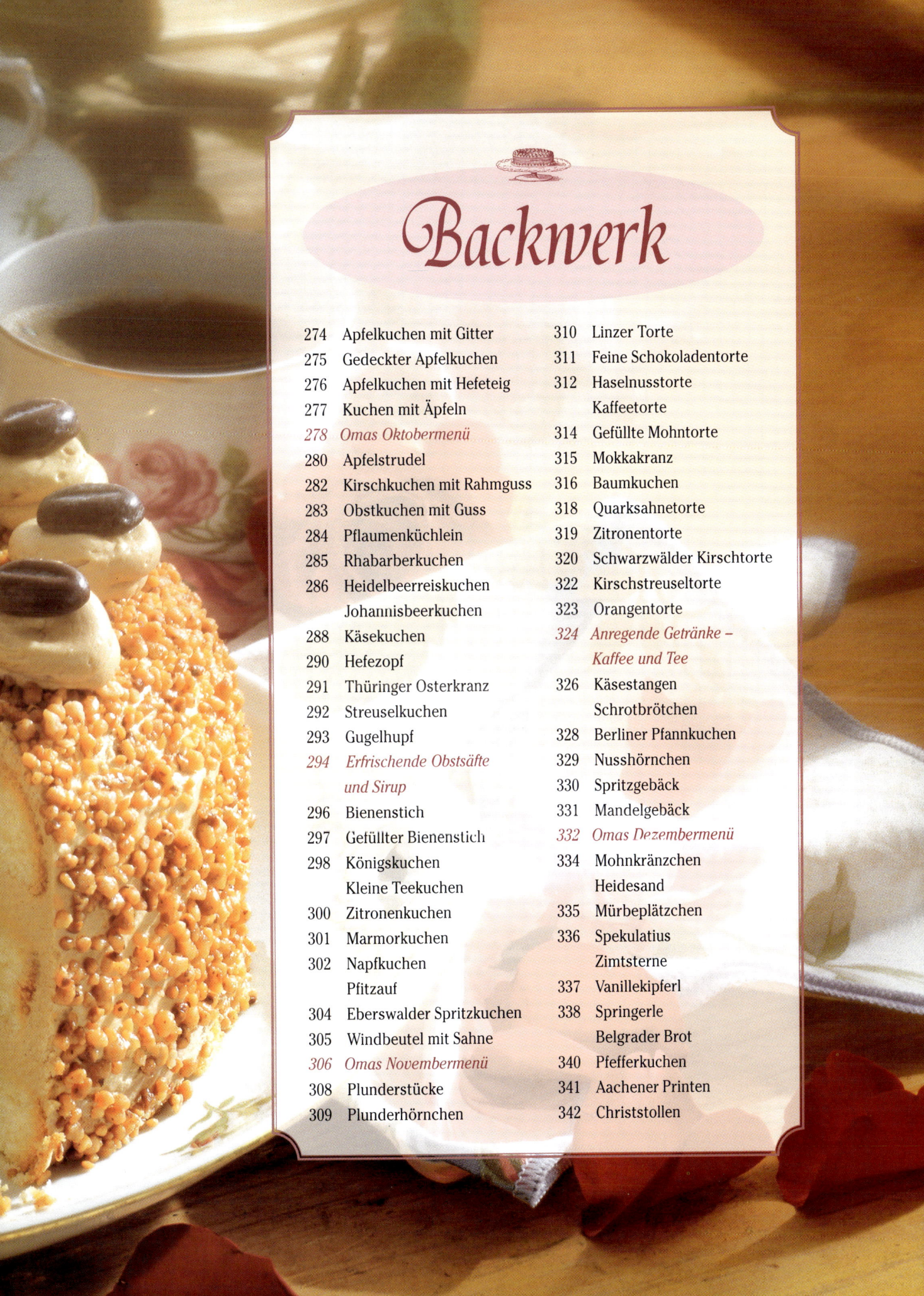

Backwerk

Apfelkuchen mit Gitter

Eine besonders schöne Dekoration ist das Gittermuster
auf Kuchen, das leider etwas in Vergessenheit geraten ist.

1 Für den Teig alle Zutaten vermengen und dann zu einem glatten Teig kneten. 30 Minuten kalt stellen. Den Boden einer Springform einfetten. Den Teig ausrollen. Etwa ein Fünftel beiseite legen. Mit dem restlichen Teig den Boden der Springform und die Seiten etwa 3 cm hoch auskleiden. Mit der Gabel mehrfach einstechen. Dann 20 Minuten kalt stellen. Den Backofen auf 180 °C vorwärmen. Den Teig mit Backpapier bedecken, darauf Hülsenfrüchte geben. 10 Minuten blindbacken.

2 Die Äpfel schälen, vom Kerngehäuse befreien und in Scheiben schneiden. Den Zitronensaft darauf träu-

8–12 Stücke
Für den Obstkuchenteig:
250 g Weizenmehl
1/2 TL Backpulver, 1/2 TL Salz
150 g Butter, 2 EL Honig
2 Eigelb, 2 EL Wasser
Butter für die Form

Für den Belag:
6 Äpfel, 1 TL Zitronensaft
100 g Schlagsahne, 2 Eier
3 Eigelb, 2 TL Vanillezucker
2 EL Zucker
75 g gemahlene Mandeln
1 Eiweiß

feln. 1 EL Sahne beiseite stellen. Den Rest mit den Eiern, 2 Eigelben und dem gesamten Zucker vermischen. Die Mandeln zugeben.

3 Den Teig mit dem Eiweiß bepinseln, die Äpfel darauf verteilen und die Sahnemischung darüber gießen. Den beiseite gelegten Teig in fingerbreite Streifen schneiden und gitterförmig auf den Kuchen legen. Das restliche Eigelb und die restliche Sahne verrühren. Das Gitter damit einpinseln. Bei 200 °C etwa 20 Minuten backen.

🔥 Ober-/Unterhitze: 180 °C bzw. 200 °C
🔥 Gas: Stufe 2–3 bzw. 3–4

GUT ZU WISSEN

Pinsel, die man zum Bestreichen von Formen oder Speisen benutzt, müssen jedesmal nach dem Gebrauch mit kochendem Wasser übergossen werden, damit sie keinen ranzigen Geschmack annehmen.

Gedeckter Apfelkuchen

Der Apfelkuchen nach Oberpfälzer Art wird aus
einem Mürbeteig hergestellt, der auch für andere Obstkuchen geeignet ist.

1 Mehl und Backpulver mischen. In eine Schüssel geben und eine Vertiefung hineindrücken. Zucker, Eier und Salz einfüllen. Zu einem dicken Brei verrühren. Die Butter zugeben und zu einem glatten Teig verkneten. 20 Minuten kalt stellen.

2 Äpfel schälen, halbieren und vom Kerngehäuse befreien. Weintrauben abzupfen und waschen. Äpfel, Weintrauben, Weißwein, Zucker und Zimt mischen und bei mittlerer Hitze 5 Minuten dämpfen. Einige Minuten abkühlen lassen.

3 Etwas mehr als die Hälfte des Teiges auf einer bemehlten Arbeitsfläche ausrollen. Eine Springform einfetten. Den ausgerollten Teig hineinlegen und einen etwa 2,5 cm breiten Rand formen. Mehrmals mit der Gabel einstechen. Im Backofen 10 Minuten backen.

4 Die Apfelmasse darauf verteilen. Den restlichen Teig ausrollen und auf die Füllung legen. Die Teigplatte mit dem Eigelb bepinseln. Etwa 25 Minuten backen. Abkühlen lassen. Zitronensaft und Puderzucker verrühren. Den Kuchen mit der Glasur bepinseln.

8–12 Stücke

Für den Mürbeteig:
500 g Mehl
1 Prise Backpulver
140 g Zucker, 2 Eier
1 Prise Salz, 250 g Butter
etwas Mehl, Fett für die Form

Für Füllung und Glasur:
1 kg Äpfel, 150 g Weintrauben
150 ml Weißwein, 1 EL Zucker
1 Prise Zimt, 1 Eigelb
2 EL Zitronensaft
70 g Puderzucker

🔥 Ober-/Unterhitze: 200 °C
🔥 Gas: Stufe 3–4

Omas Empfehlung

Die Butter sollten Sie in kleinen Stücken zum Teig geben. Vor dem Bepinseln der oberen Teigplatte verquirlt man das Eigelb am besten.

Apfelkuchen mit Hefeteig

Der bei diesem Apfelkuchen verwendete Hefeteig wird
warm und nach einem vielfach anwendbaren Grundrezept zubereitet.

1 Für den Vorteig 1 TL Zucker und 3 EL lauwarme Milch verrühren. Die Hefe darin auflösen. Das Mehl in eine Schüssel geben und eine Vertiefung hineindrücken. Die Hefemischung hineingießen, mit etwas Mehl bestreuen und gehen lassen, bis sich Risse bilden. Die restliche Milch, das Ei, die Butter, 65 g Zucker und Salz darunter mischen. Den Teig kneten, bis er Blasen wirft.

2 Zitrone waschen, trocknen, die abgeriebene Schale und den Saft einer Hälfte zum Teig geben. Zugedeckt gehen lassen. Ein Backblech einfetten. Teig darauf ausrol-

len. Backofen vorheizen. Äpfel schälen, vom Kerngehäuse befreien und in Schnitze schneiden. Auf den Teig legen. Mit der Hälfte des restlichen Zuckers bestreuen.

3 Den Zwieback zerbröseln und anrösten. Mit den Sultaninen oder mit dem zerkleinerten Trockenobst auf dem Teig verteilen. Etwa 20 Minuten gehen lassen, dann 40–50 Minuten backen. Den Zimt, den restlichen Zucker und die gehackten Nüsse mischen und darüber streuen.

12–16 Stücke

Für den Hefeteig:
120 g Zucker, 1/4 l Milch
20 g Hefe, 500 g Mehl
1 Ei, 60 g Butter, 1 Prise Salz

Für den Belag:
1 unbehandelte Zitrone
1 kg säuerliche Äpfel
3 Zwiebacke
100 g Sultaninen oder
Trockenobst, 1 TL Zimt
50 g gehackte
Haselnüsse

🔥 **Ober-/Unterhitze: 190 °C**
🔥 **Gas: Stufe 3**

Kuchen mit Äpfeln

Man könnte diesen Kuchen auch als
Schwedischen Apfelkuchen bezeichnen, denn von dort ist er
wohl in unsere Breiten gelangt.

1 Eier und Zucker in einer Rührschüssel schaumig schlagen.
Butter und Milch erhitzen, aber
nicht kochen lassen. Unter Rühren zur Eimasse geben. Mehl
und Backpulver vermischen
und unterheben.

2 Äpfel schälen, vom Kerngehäuse befreien und
grob raspeln. Backofen vorheizen. Apfelmasse unter den
Teig heben. Backblech einfetten und Teig-Apfel-Masse darauf
streichen. Zucker, Zimt und Mandeln auf den Teig streuen.

3 Damit der Teig beim Backen nicht
vom Blech läuft, Brotscheiben in Streifen

schneiden und an die abgeflachte
Seite legen. Den Kuchen im Backofen 20 Minuten backen.

Variante: Den Teig zubereiten
wie oben beschrieben. 1 kg
Äpfel schälen, vom Kerngehäuse befreien, halbieren
und die Wölbungen gleich-
mäßig einschneiden. Mit Zitronensaft beträufeln. Den
Teig in eine Springform füllen
und die Äpfel darauf legen. Bei
225 °C 30 Minuten backen.

12 Stücke

4 Eier
350 g Zucker
120 g Butter
$^1/_8$ l Milch
300 g Mehl
3 TL Backpulver
3 mürbe Äpfel
2 EL Zucker, 1 TL Zimt
75 g gehackte Mandeln
Fett für das Backblech
Brotscheiben

Ober-/Unterhitze: 200 °C
Gas: Stufe 3–4

Omas Empfehlung

*Statt der Äpfel kön-
nen Sie auch fein ge-
riebene Möhren, in
Scheiben geschnitte-
nen Rhabarber oder
reife Stachelbeeren
mitbacken. Dazu mun-
det Schlagsahne oder
Vanillesauce.*

Omas Oktobermenü

Bevor die graue Jahreszeit beginnt, werden wir von den kräftigen Farben des Herbstes verzaubert. Das Laub der Bäume und Weinreben, aber auch Kürbisse haben ihren Anteil daran. Gemüsekürbisse kann man übrigens bis Mitte Oktober ausreifen lassen, sollte sie aber vor dem ersten Frost ernten.

Kürbissuppe

1 kleine Zwiebel
100 g Kartoffeln
300 g Kürbisfleisch, 100 g Butter
400 ml Hühnerbrühe
200 ml Milch, Salz
geriebene Muskatnuss, Zucker
1/2 TL Zitronensaft
200 g Schlagsahne
3 Weißbrotscheiben

● Die Zwiebel abziehen und fein hacken. Die Kartoffeln schälen, waschen und in Würfel schneiden. Das Kürbisfleisch ebenfalls in Würfel schneiden.
● Die Hälfte der Butter in einem Topf schmelzen, die Zwiebel darin glasig braten. Die Kartoffeln und den Kürbis zugeben. Brühe und Milch zugießen.
● Dann aufkochen und zugedeckt bei schwacher Hitze weiterkochen, bis die Kartoffeln weich sind. Die Suppe durch ein Haarsieb streichen. Mit Salz, Muskat und Zucker würzen. Den Zitronensaft untermischen. Nochmals aufkochen und die Sahne zugießen.
● Die Brotscheiben in Würfel schneiden. Die restliche Butter erhitzen und die Brotwürfel darin goldbraun braten. Zur Suppe servieren.

Kaninchen mit Schwarzwurzeln

1 Kaninchen (1,5 kg)
Salz, Pfeffer
1 Zwiebel, 3 EL Öl, 1 EL Senf
100 ml Wasser, 50 ml Hühnerfond
300 ml Hühnerbrühe
2 EL Mehl, 2 EL Essig
1 kg Schwarzwurzeln
250 g TK-Erbsen
150 g saure Sahne
1/2 Bund Petersilie

● Das Kaninchen waschen, trockentupfen und in Portionen teilen. Mit Salz und Pfeffer einreiben. Die Zwiebel abziehen und grob hacken. Das Öl in einem Topf erhitzen und die Kaninchenteile ringsum knusprig braten. Die Zwiebel 3 Minuten mitbraten und den Senf zugeben. Wasser, Hühnerfond und -brühe erhitzen. Die Hälfte der Flüssigkeit über das Fleisch gießen.
● Im Backofen bei 200 °C (Gas Stufe 3–4) 25 Minuten schmoren. Nach und nach die restliche Flüssigkeit zugießen.
● Inzwischen in einer großen Schüssel reichlich Wasser, das Mehl und den Essig mischen. Die Schwarzwurzeln schälen, in etwa 8 cm lange Stücke schneiden und sofort in das Mehl-Essig-Wasser legen (sonst verfärben sie sich). Dann in Salzwasser etwa 5 Minuten kochen. Abtropfen lassen.
● Mit den Erbsen zum Fleisch geben. Aufkochen lassen. Die saure Sahne zugießen und noch 20 Minuten köcheln lassen. Inzwischen die Petersilie waschen, trockentupfen und fein hacken.
● Die Kaninchenteile auf eine angewärmte Platte legen, Schwarzwurzeln und Erbsen dazugeben. Die Sauce darüber gießen und mit der Petersilie bestreuen. Dazu passen Reis und ein guter Wein.

Quitteneis

700 g Birnenquitten
1 kleine Zimtstange
350 g Zucker
einige Tropfen Orangenessenz
250 g Schlagsahne
kandierte Kirschen
nach Belieben

● Quitten waschen, schälen, vom Kerngehäuse befreien und klein schneiden. Mit der Zimtstange in wenig Wasser weich dünsten. Durch ein Sieb streichen oder im Mixer pürieren. Mit dem Zucker mischen.
● Einige Tropfen Orangenessenz unterrühren. Die Masse in der Eismaschine oder im Gefriergerät gefrieren.
● Die Schlagsahne steif schlagen, in einen Spritzbeutel füllen und das Quitteneis damit verzieren. Nach Belieben kandierte Kirschen darauf legen.

Apfelstrudel

Unter ihrem schützenden Mantel aus hauchdünnem Strudelteig bleiben Früchte wie Äpfel, Sauerkirschen oder Aprikosen saftig und aromatisch – ein Leckerbissen aus der österreichischen Küche, den man am besten warm serviert.

1 Für die Teigzubereitung das Mehl auf ein Backbrett sieben und in die Mitte eine Vertiefung drücken. Das Öl, das aufgeschlagene Ei, 1 Prise Salz und 1/8 l lauwarmes Wasser in die Vertiefung geben und mit einem Messer vom Rand aus mit dem Mehl vermischen. Ebenso gut kann man alle genannten Zutaten mit den Rührbesen des Handmixers verrühren.

2 Die Masse von Hand weiter kneten, bis ein glatter Teig entstanden ist. Den Teig zu einer Kugel rollen, mit einer umgedrehten, erwärmten Schüssel bedecken und 45 Minuten stehen lassen. Zwischenzeitlich die Schüssel immer wieder erwärmen.

3 Für die Füllung 100 g Butter in einem Topf oder einer Pfanne zerlassen und die Semmelbrösel darin rösten. Die Rosinen etwa 15 Minuten in lauwarmem Wasser einweichen, dann abtropfen lassen. Äpfel waschen, schälen, vom Kerngehäuse befreien und in dünne Scheiben schneiden. Die Mandeln mit kochendem Wasser überbrühen, abziehen und hacken. Rosinen, Apfelscheiben, gehackte Mandeln, Zimt und Zucker mit den Semmelbröseln vermischen.

4 Ein sauberes Küchentuch ausbreiten und gut mit Mehl bestäuben. Die Teigkugel darauf legen und mit der Teigrolle dünn ausrollen.

5 Die Butter zerlassen und mit einem Pinsel darauf verteilen. Die Hände mit Mehl bestäuben und so unter den Teig schieben, dass man ihn von allen Seiten gut auseinander ziehen kann. Die Teigplatte muss zum Schluss so dünn sein, dass man das Muster des Küchentuchs darunter deutlich erkennen kann.

6 Die Füllung auf der Teigplatte glatt streichen, hierbei die Seiten und den unteren Rand freilassen. Das Tuch an der Schmalseite anheben und den Strudel mithilfe des Tuches vorsichtig aufrollen. Dann den unteren Rand gut fest- und die Seiten zusammendrücken.

7 Ein Backblech einfetten und den Strudel vorsichtig darauf legen. Die restliche Butter in einem Topf zerlassen und den Strudel damit bepinseln. Den Backofen vorheizen. Dann den Strudel 30–40 Minuten backen. Herausnehmen und noch warm mit Puderzucker bestreuen.

Variante: Für Kirschstrudel 250 g Mehl, 3 EL Öl, 1 Eigelb, 1 Prise Salz und 1/8 l lauwarmes Wasser so lange verkneten, bis der Teig elastisch ist. Den Teig zu einem Kloß formen, in Pergamentpapier wickeln und in einem heiß ausgespülten Topf zugedeckt 30–45 Minuten ruhen lassen. Für die Füllung 500 g Sauerkirschen waschen und entkernen. Mit je 100 g gemahlenen Haselnüssen und Semmelbröseln mischen. 2 Eier trennen und die Eigelbe mit 500 g Magerquark, 200 g Crème fraîche, 75 g Zucker, 2 EL Vanillezucker, 1 TL Zitronenschale und 1 Prise Salz verrühren. Die Eiweiße steif schlagen und mit der Kirsch-Nuss-Masse löffelweise vorsichtig unter die Quark-Ei-Masse ziehen. Den Teig in zwei gleich große Stücke schneiden, ausrollen, mit der Füllung bestreichen und aufrollen wie oben beschrieben. Eine ofenfeste Form einfetten und beide Strudel hineinlegen. 50 g Butter und 1/4 l Milch erhitzen, mit 50 g Honig und 1 Ei verrühren und um die Strudel gießen. Die Form auf die mittlere Schiene des kalten Backofens stellen und etwa 50 Minuten backen, dabei die Strudel mehrmals mit der Flüssigkeit begießen.

🔥 **Ober-/Unterhitze: 200 °C**
🔥 **Gas: Stufe 3–4**

---

6 Portionen
Für den Strudelteig:
250 g Mehl
1 EL Öl
1 Ei
Salz
1/8 l lauwarmes Wasser
1 EL Butter

Für die Füllung:
125 g Butter
4 EL Semmelbrösel
75 g Rosinen
etwa 2 kg säuerliche Äpfel
75 g Mandeln
1 TL Zimt
100 g Zucker
2 EL Puderzucker

GUT ZU WISSEN

Werden Küchentücher als Hilfsmittel bei der Zubereitung von Speisen verwendet, sollte man sie zuvor nicht stärken.

Omas Empfehlung

Scheuen Sie sich nicht, einen Strudel zu backen – er gelingt garantiert, wenn Sie den Teig mindestens 10 Minuten durchkneten, bis er elastisch ist.

Kirschkuchen mit Rahmguss

Nicht gerade arm an Kalorien, aber ein Hochgenuss für den Gaumen ist dieser Kuchen aus Großmamas Backstube, der nur mit wirklich fettreicher Sahne so richtig gelingt.

1 Die Zitrone waschen, trockentupfen und die Schale abreiben. Das Mehl in eine Schüssel oder auf ein Backbrett sieben. Eine Vertiefung formen, $1/2$ TL Zitronenschale, Zucker, Eigelbe, Rum und Wasser hineingeben und mit dem Mehl zu einer dicken Masse verrühren. Die Butter in kleinen Stücken zugeben und alles zu einem glatten Teig verkneten. 30 Minuten kalt stellen.

2 Eine Springform (24 cm ⌀) einfetten. Mit dem Teig auskleiden, dabei einen etwa 2,5 cm hohen Rand formen. Den Boden mit Backpapier, dann mit Hülsenfrüchten bedecken und 15 Minuten backen.

12–16 Stücke

Für den Mürbeteig:
1 unbehandelte Zitrone
190 g Mehl, 60 g Zucker
2 Eigelb, $1^1/2$ EL Rum
$1^1/2$ EL Wasser, 100 g Butter
Fett für die Form
Hülsenfrüchte zum Blindbacken

Für den Belag:
750 g Sauerkirschen
etwas Wasser, 50 g Zucker
2 Eier, 100 g dicke Sahne
oder Crème double

3 Für den Belag die Kirschen waschen und entkernen. Mit wenig Wasser und 1 EL Zucker etwa 4 Minuten dünsten, dann abtropfen lassen und auf den vorgebackenen Boden legen.

4 Die Eier trennen. Die Eigelbe mit dem restlichen Zucker und der Sahne bzw. Crème double verrühren. Die Eiweiße steif schlagen, unter die Eigelbmasse heben und gleichmäßig auf den Kirschen verteilen. Den Kuchen ungefähr 25 Minuten backen lassen.

🔥 **Ober-/Unterhitze: 180 °C**
🔥 **Gas: Stufe 2–3**

Obstkuchen mit Guss

Wie lässt sich frisch geerntetes, reifes Obst besser verarbeiten als in einem selbst gebackenen, köstlich duftenden Obstkuchen?

1 Den Mürbeteig zubereiten wie auf S. 282 beschrieben. Eine Obstkuchenform einfetten, mit mit dem Teig auskleiden und etwa 20 Minuten blindbacken.

2 Den halbierten Pfirsich enthäuten. Die Aprikosen waschen und abziehen, dann halbieren und vom Stein befreien. Die Kirschen ebenfalls waschen und entkernen. Die Birnen waschen, schälen, halbieren und vom Kerngehäuse befreien.

3 Den vorgebackenen Boden mit Kuchen- oder Biskuitbröseln bedecken. Den halben Pfirsich in die Mitte legen und die 4 Birnenhälf-ten strahlenförmig herumlegen. Die leeren Flächen zwischen den Birnenhälften werden mit den Kirschen gefüllt. Zum Schluss die Aprikosen ringförmig am Rand anordnen.

4 Die Gelatine abspülen und in einem Topf mit wenig Obstsaft bei schwacher Hitze auflösen. Den restlichen Saft erwärmen, die aufgelöste Gelatine unter Rühren zugeben und das Ganze auf dem Obst verteilen. Den Kuchen kalt stellen.

8–12 Stücke

Für den Mürbeteig:
1 unbehandelte Zitrone
125 g Mehl, 65 g Butter, 30 g Zucker
1 Eigelb, 1 EL Rum, 1 EL Wasser
Fett für die Form
Kuchen- oder Biskuitbrösel

Für den Belag:
1/2 Pfirsich, 300 g Aprikosen
300 g süße Kirschen
2 Birnen
7 Blatt Gelatine
1/2 l heller Obstsaft

🔥 **Ober-/Unterhitze: 180 °C**
🔥 **Gas: Stufe 2–3**

Omas Empfehlung

Damit der Teig nicht durchweicht, bedecken Sie ihn mit Kuchen- oder Biskuitbröseln oder bestreichen ihn – eine leckere Alternative – mit Vanillepudding.

Pflaumenküchlein

Die in heißem Fett ausgebackenen Küchlein sind
Leckerbissen auf der spätsommerlichen Kaffeetafel und werden
von Groß und Klein gleichermaßen geschätzt.

1 Von der Milch 3 EL abnehmen, mit 1 TL Zucker verrühren und die Hefe darin auflösen. Mehl in eine Schüssel geben, eine Vertiefung formen und die gelöste Hefe hineingießen. Mit etwas Mehl bestreuen und gehen lassen, bis sich Risse bilden.

2 Schale einer gewaschenen Zitrone abreiben und den Saft auspressen. 1 TL Zitronenschale, 1/2 TL Zitronensaft, Ei, Butter, restliche Milch, Salz und restlichen Zucker zum Vorteig geben und zu einem glatten Teig verkneten. Etwa 30 Minuten an einem warmen Ort gehen lassen.

3 In der Zwischenzeit Pflaumen waschen, an einer Seite aufschneiden und von den Steinen befreien. In jede Pflaume ein Stück Würfelzucker stecken. Den Teig dünn ausrollen und in Rechtecke von 8 × 4 cm Größe schneiden. Auf jedes Rechteck eine Pflaume legen und mit Teig umwickeln.

4 Das Fett in einem ausreichend großen Topf erhitzen und die Pflaumenküchlein darin goldbraun backen. Herausnehmen und auf Küchenpapier abtropfen lassen. Mit Zimt und Zucker bestreut servieren.

15–20 Stück

Für den Hefeteig:
250 ml Milch, 40 g Zucker
15 g Hefe, 250 g Mehl
1 unbehandelte Zitrone
1 kleines Ei, 40–50 g Butter
1 Prise Salz
Fett zum Ausbacken

Für die Füllung:
etwa 500 g frische Pflaumen
etwa 250 g Würfelzucker
Zimt, Streuzucker

Gut zu wissen

Wenn keine frischen Pflaumen erhältlich sind, weichen Sie einfach Trockenpflaumen in Rum ein und stecken eine Mandel anstelle des Würfelzuckers hinein.

Omas Empfehlung

Jede Pflaume wird auf ein Teigrechteck gelegt. Die Ecken einschlagen und fest andrücken. Bei Bedarf die Ecken mit Eigelb bepinseln.

Rhabarberkuchen

Zur Zeit unserer Großeltern konnte man noch häufig
wilden Rhabarber ernten – damals ein saftiger Kuchenbelag zum Nulltarif.

1 Die Schale einer gewaschenen, unbehandelten Zitrone abreiben und den Saft auspressen. 2 Eier trennen und 2 Eiweiße für den Belag beiseite stellen. 1 Ei, 2 Eigelbe und die restlichen Teigzutaten verrühren. Teig in eine eingefettete Springform mit 24 cm ∅ geben und glatt streichen.

2 Rhabarber schälen, waschen, in 3 cm lange Stücke schneiden – 60 g davon beiseite stellen – und den Teig damit belegen. Kuchen im vorgeheizten Ofen 40 Minuten backen. Den restlichen Rhabarber in wenig Wasser und 20 g Zucker weich kochen.

12 Stücke

Für den Rührteig:
1/2 TL Zitronenschale, 3 Eier
125 g Butter, 125 g Zucker
50 g Stärkemehl, 150 g Mehl
1 TL Backpulver, 1/2 TL Zimt
1 Prise Nelkenpulver, 1 Prise Salz

Für den Belag:
560 g Rhabarber, 120 g Zucker
1 TL Zitronensaft, 50 g Honig
3 EL Aprikosenkonfitüre
20 g geröstete Mandelblättchen

3 2 Eiweiße mit dem Zitronensaft sehr steif schlagen. Unter ständigem Schlagen den restlichen Zucker, dann den Honig zufügen. Baisermasse in einen Spritzbeutel füllen und ein Gitter sowie Rosetten auf die vorgebackene Torte setzen.

4 Die Torte zurück in den Backofen geben. 15 Minuten weiterbacken, bis sie goldgelb ist. Den Rand mit Aprikosenkonfitüre bestreichen. Torte mit Rhabarberstücken und Mandeln verzieren.

🔥 Ober-/Unterhitze: 200 °C
🔥 Gas: Stufe 3–4

 **Omas Empfehlung**

Geröstete Mandelblättchen sind selten erhältlich. Sie können auch ungeröstete Mandeln nehmen und sie in der Bratpfanne ohne Fett rösten.

Heidelbeerreiskuchen

War es für die Großmutter noch selbstverständlich, Heidelbeeren im Wald zu sammeln, so greifen wir heute eher zu Gartenheidelbeeren, die geschmacklich jedoch auch nicht zu verachten sind.

1 Die Butter schaumig rühren, dann nach und nach den Zucker und das Ei zufügen. Reis- und Weizenmehl, Salz und Backpulver mischen, zu der Buttermasse geben und alles zu einem glatten Teig verkneten.

2 Den weichen Teig auf der mit Weizenmehl bestreuten Arbeitsfläche oder zwischen zwei Lagen Klarsichtfolie ausrollen. Zwei runde Böden mit 24 cm ⌀ sowie einen Streifen von etwa 3 cm Breite ausschneiden. Eine Springform mit Butter oder Öl einfetten. Einen der Böden hi-

12 Stücke

Für den Teig:
100 g Butter, 90 g Zucker
1 Ei, 300 g Reismehl
3 EL Weizenmehl
1/2 TL Backpulver, 1 Prise Salz
Butter oder Öl zum Einfetten

Für die Füllung:
600 g Heidelbeeren
1 Eiweiß
Hagelzucker

neinlegen, den Rand mit dem Teigstreifen vollständig auskleiden.

3 Die Heidelbeeren behutsam waschen und trocknen und auf dem Kuchen verteilen. Dann den zweiten Teigboden so auf die Füllung legen, dass die Beeren vollständig bedeckt werden. Im Backofen etwa 40 Minuten backen. Den Kuchen mit Eiweiß bestreichen und dann mit Hagelzucker bestreuen.

🔥 Ober-/Unterhitze: 180 °C
🔥 Gas: Stufe 2–3

Johannisbeerkuchen

Eine schwäbische Spezialität ist der „Träubleskuchen", der durch sein säuerliches Aroma besticht und inzwischen weit über die Grenzen Schwabens hinaus begeisterte Anhänger gefunden hat.

Am Johannistag zog es den Schwaben zurück in seine Heimat, gab es doch zu dieser Zeit den Träubleskuchen. Unter Träuble versteht man im „Musterländle" Johannisbeeren, die um den Johannistag herum reif werden.

1 Brötchen bzw. Brot reiben und in eine Schüssel geben. Die Milch darüber gießen und 30 Minuten stehen lassen.

2 Inzwischen die Johannisbeeren waschen, auf Küchenpapier trocknen lassen und dann die Beeren von den Rispen abstreifen.

3 Die Zitrone waschen, trocknen und die Schale abreiben, dann die Eier trennen. Butter und Zucker schaumig rühren, Zitronenschale sowie Eigelbe zufügen und noch 4 Minuten weiter schlagen. Dann mit der Brotmas-

12 Stücke

400 g alte harte Brötchen
oder altbackenes Weißbrot
250 ml Milch
750 g Johannisbeeren
1 unbehandelte Zitrone
5 Eier
80 g Butter
150 g Zucker
1/2 Päckchen Backpulver
Butter für die Form
Puderzucker

se und dem Backpulver vermischen. Eiweiße steif schlagen und unterziehen, zum Schluss die Beeren vorsichtig unterheben. Etwa eine Hand voll Beeren für die Dekoration zurückbehalten.

4 Teig in eine gefettete Springform (24 cm ⌀) geben und etwa 45 Minuten backen. Garprobe machen. Noch 10 Minuten bei offener Tür im Ofen lassen. Mit Puderzucker und Beeren verzieren.

🔥 Ober-/Unterhitze: 190 °C
🔥 Gas: Stufe 3

Käsekuchen

Hausgemachten Käsekuchen gibt es in ungezählten Varianten, und noch heute besitzt jede gestandene Hausfrau ein wohl gehütetes „Familienrezept", das sie nicht aus der Hand gibt.

1 Für den Teig die Butter bei Zimmertemperatur weich werden lassen. Das Mehl in eine Teigschüssel geben und eine Prise Salz zufügen. In der Mitte eine Vertiefung formen.

2 Die Hefe mit 3 EL warmem Wasser oder warmer Milch und 1 TL Zucker in einer kleinen Schüssel verrühren, bis sie sich aufgelöst hat. Flüssige Hefe in die Vertiefung gießen und mit etwas ungesalzenem Mehl bedecken. Etwa 20 Minuten zugedeckt gehen lassen, bis die Mehldecke Risse bekommt. Dann die Butter, das Ei und den restlichen Zucker zufügen und 1 EL Wasser bzw. Milch dazugeben.

3 Den Teig mit den Knethaken des Handrührgeräts oder der Küchenmaschine kräftig kneten, bis er sich von der Schüssel löst. Den ziemlich festen Teig an einem warmen Ort zugedeckt 1–2 Stunden gehen lassen.

4 Eine Springform mit 26 cm ⌀ einfetten und mit ein wenig Mehl bestäuben. Alternativ kann man die Form auch mit Backpapier auslegen. Den Teig ausrollen und die Form damit am Boden und am Rand auskleiden. Teig in der Form nochmals etwa 20 Minuten gehen lassen.

5 Inzwischen für den Belag die Zitrone waschen, trockentupfen und die Hälfte der Schale abreiben. Das Ei trennen. Den Quark gut abtropfen lassen. Den Backofen vorheizen.

6 In einer Teigschüssel Quark, Schlagsahne, saure Sahne, Grieß bzw. Stärkemehl, Zucker, Eigelb, Zitronenschale und Sultaninen mit den Rührbesen des Handrührgeräts oder der Küchenmaschine vermischen, dabei eine niedrige Stufe wählen. Das Eiweiß steif schlagen und unterziehen.

7 Die Quarkmasse in die Springform füllen und etwa 40 Minuten backen, bis der Kuchen goldgelb ist. Wird er zu schnell braun, die

Oberfläche mit Aluminiumfolie bedecken. Nach Ablauf der Backzeit noch 15 Minuten im Ofen lassen, dann vorsichtig aus der Form lösen und auskühlen lassen.

Variante 1: Sultaninen und Zitronenschale durch 500 g Äpfel ersetzen, die gewaschen, geschält, vom Kerngehäuse befreit und in dünne Scheiben geschnitten werden. Äpfel auf der Quarkmasse verteilen und Kuchen backen wie oben beschrieben.

Variante 2: Für die Füllung statt des Quarks saure Sahne nehmen. Hierzu 1 Tasse Grieß mit 1 Eigelb verrühren, 750 g saure Sahne und 150 g Zucker hinzufügen. 1 Eiweiß steif schlagen und unterziehen. Nach Geschmack 2 Päckchen Vanillezucker oder die fein gewiegte Schale einer gewaschenen halben Orange oder Sultaninen zugeben. Backen wie oben beschrieben.

Variante 3: Für die Hamburger Quarktorte einen Mürbeteig aus 250 g Mehl, 1 TL Backpulver, 1 Prise Salz, 125 g Butter, 60 g Zucker, 1 Ei und 1 Päckchen Vanillezucker bereiten. Eine Springform auskleiden und den Teigboden mehrmals mit der Gabel einstechen. Für den Belag 75 g Butter zerlassen. 60 g Mehl, 150 g Zucker, 500 g Magerquark, 4 Eigelbe und die fein geriebene Schale einer gewaschenen, unbehandelten Zitrone zufügen und alles zu einer glatten Masse verrühren. 4 Eiweiße steif schlagen und mit 50 g gewaschenen Sultaninen unter die Quarkmasse heben. Füllung auf dem Teig verteilen, glatt streichen. Backen wie oben beschrieben.

🔥 **Ober-/Unterhitze: 190 °C**
🔥 **Gas: Stufe 3**

---

12 Stücke

Für den Hefeteig:
50 g Butter
250 g Mehl
Salz
30 g Hefe
4 EL Wasser oder Milch
50 g Zucker, 1 Ei
Fett und Mehl für die Form

Für den Belag:
1 unbehandelte Zitrone
1 Ei
750 g Magerquark
4 EL Schlagsahne
150 g saure Sahne
50 g feinen Grieß oder Stärkemehl
200 g Zucker
100 g gewaschene Sultaninen

Omas Empfehlung

Rollen Sie drei Viertel des Teiges aus, legen Sie die Springform umgekehrt darauf und schneiden Sie eine genau passende Teigplatte aus. Aus dem restlichen Teig wird ein etwa 3 cm breiter Streifen geformt, mit dem man den Rand der Form auskleidet.

GUT ZU WISSEN

Wie vom Konditor sieht der Käsekuchen aus, wenn Sie den Belag in der Mitte so formen, dass eine leichte Wölbung entsteht – dann bildet sich beim Backen keine Vertiefung.

Hefezopf

Was wäre der Ostersonntag ohne den klassischen Hefezopf,
der sich mit bunt gefärbten Eiern wunderbar festlich dekorieren lässt?

1 Mehl in eine Schüssel geben und eine Vertiefung formen. 2 EL Milch mit 1 TL Zucker und der Hefe verrühren, in die Vertiefung geben und mit etwas Mehl bestreuen. Wenn die Mehldecke Risse bekommt, die restliche Milch, den restlichen Zucker, die Butter, das Salz und das Ei zufügen und alles zu einem glatten Teig verarbeiten, den man etwa 10 Minuten kräftig durchknetet. Zugedeckt 30 Minuten gehen lassen.

2 Die Sultaninen in lauwarmem Wasser einweichen. Schale der gewaschenen Zitrone abreiben und mit den abgetropften Sultaninen und

15–20 Scheiben

500 g Mehl
250 ml Milch
80 g Zucker
1 Würfel frische Hefe (42 g)
80 g Butter
$\frac{1}{2}$ TL Salz
1 Ei
50 g Sultaninen
1 unbehandelte Zitrone
50 g Mandelstifte
Butter und 1 Eigelb
zum Bepinseln
50 g gehackte Mandeln

den Mandelstiften in den Teig einarbeiten. Aus dem Teig drei Rollen gleicher Länge formen und zu einem Zopf flechten. Die Enden zusammendrücken, mit zerlassener Butter bepinseln und nach unten umschlagen.

3 Zopf 20 Minuten gehen lassen. Mit Eigelb bepinseln und mit den gehackten Mandeln bestreuen. Ein Backblech einfetten und den Zopf etwa 1 Stunde backen. Wird er zu schnell dunkel, mit Aluminiumfolie bedecken.

🔥 **Ober-/Unterhitze: 200 °C**
🔥 **Gas: Stufe 3–4**

Omas Empfehlung

Da sich Hefegebäck in frischem Zustand nur schlecht schneiden lässt, sollte man Hefekuchen, -brot und -zopf erst nach einigen Stunden oder am nächsten Tag anschneiden.

GUT ZU WISSEN

Salz sollte bei jedem Backwerk dabei sein, denn es hebt den süßen Geschmack des Kuchens hervor. Als Faustregel gilt: 5 g Salz auf 500 g Mehl.

Thüringer Osterkranz

Die Thüringer gelten wie ihre sächsischen Nachbarn als Meister der Kuchenbäckerei – und dies zu Recht, wie dieser köstliche Kranz bezeugt.

1 Butter schaumig rühren und Eier trennen. Nach und nach Eigelbe, Zucker und löffelweise Stärkemehl zur Butter geben. Den Teig mindestens 8 Minuten mit den Rührbesen des Handmixers durcharbeiten. Den Zitronensaft, die abgeriebene Schale der gewaschenen Zitrone, Arrak, Salz und Backpulver einrühren. Die Eiweiße sehr steif schlagen und unterheben.

2 Eine Kranzform (26 cm ∅) einfetten und mit Semmelbröseln ausstreuen. Den Teig einfüllen. Im vorgeheizten Backofen etwa 45 Minuten backen. Dann auskühlen lassen und stürzen.

12 Stücke

Für den Rührteig:
150 g Butter, 4 Eier
150 g Zucker, 250 g Stärkemehl
1 unbehandelte Zitrone
2 EL Arrak, 1 Prise Salz
1 TL Backpulver, Fett und
Semmelbrösel für die Form

Für Füllung und Belag:
200 g Butter, 100 g Puderzucker
1 Päckchen Vanillezucker
3 EL gehackte Mandeln
1 TL Zucker, 1 TL Butter

3 Für die Füllung Butter schaumig rühren. Nach und nach Puderzucker und Vanillezucker einrühren. Den Kranz in der Mitte durchschneiden und mit der Hälfte der Buttermischung füllen. Den Kranz zusammensetzen und mit dem Rest der Buttermasse überziehen.

4 Gehackte Mandeln mit 1 TL Zucker mischen. 1 TL Butter erhitzen und die Mandelmischung darin goldbraun braten. Über den Kranz streuen.

🔥 Ober-/Unterhitze: 180 °C
🔥 Gas: Stufe 2–3

*S*treuselkuchen

Dieser Kuchen ist ein Klassiker, den Kinder besonders lieben –
ihnen ist es übrigens gleich, ob er aus Thüringen oder Schlesien stammt.

1 Die Eier, die Butter und den Zucker in einer Schüssel verrühren. Die Milch dazugießen. Das Mehl und das Backpulver vermischen und zufügen. Alle Zutaten schnell zu einem glatten Teig verarbeiten.

2 Ein Backblech von etwa 40 × 32 cm Größe einfetten oder mit Backpapier auslegen. Teig auf dem Blech glatt streichen.

3 Für die Streusel die Butter, das Mehl und den Zucker in einer Schüssel verrühren, bis sich Streu-

12–16 Stücke

Für den Teig:
2 Eier, 100 g Butter
125 g Zucker, 250 ml Milch
400 g Mehl
1 Päckchen Backpulver
Fett für das Backblech

Für die Streusel:
50 g Butter, 100 g Mehl
50 g Zucker

sel gebildet haben. Gleichmäßig auf dem Teig verteilen. Im Backofen etwa 25 Minuten backen.

Variante: Einen Hefeteig zubereiten wie auf S. 296 beschrieben. Für einen Belag aus Mandelstreuseln 200 g Mehl, 100 g gemahlene Mandeln, 150 g Zucker, $1/4$ TL Zimt und 175 g Butter verrühren. Backen wie oben beschrieben.

🔥 **Ober-/Unterhitze: 200 °C**
🔥 **Gas: Stufe 3–4**

Gugelhupf

Ob Gugelhupf oder Kugelhopf – in jedem Fall wird dieser Kuchen in einer speziellen Form gebacken, die in der Mitte einen „Schornstein" besitzt, sodass der Teig innen und außen gleichmäßig erhitzt wird.

1 Mandeln mit kochendem Wasser überbrühen, einige Minuten stehen lassen, dann abziehen und stifteln. Die Eier trennen. Zitrone waschen, trockentupfen und die Schale abreiben.

2 Die Butter, den Puderzucker und die 4 Eigelbe schaumig rühren. Den Rum, die Zitronenschale, die gestifteten Mandeln und die gewaschenen Sultaninen zufügen.

3 Das Mehl, das Stärkemehl und das Backpulver gut vermischen und esslöffelweise mit der Milch

12–20 Stücke

40 g Mandeln, 3 Eier
1 Eigelb, 1 unbehandelte Zitrone
220 g Butter, 120 g Puderzucker
1 TL Rum, 40 g Sultaninen
220 g Mehl, 45 g Stärkemehl
1 Päckchen Backpulver
125 ml Milch
Butter und Mehl für
die Form
Puderzucker

unter ständigem Rühren zur Butter-Ei-Masse geben.

4 Die 3 Eiweiße zu Schnee schlagen und vorsichtig unterheben. Der Teig sollte dickflüssig sein.

5 Eine Gugelhupfform mit 2 l Inhalt einfetten und mit Mehl bestäuben. Die Masse einfüllen und etwa 60 Minuten backen. Mit Puderzucker bestreuen.

🔥 Ober-/Unterhitze: 175 °C
🔥 Gas: Stufe 2

Omas Empfehlung

Diesen Gugelhupf können Sie variieren, indem Sie ihn mit Glasuren verschiedener Geschmacksrichtungen überziehen.

Erfrischende Obstsäfte und Sirup

Was kann an einem heißen Sommertag den Durst besser und schneller löschen als ein Obstsaft, vermischt mit Mineralwasser? Natürlich ein Obstsaft, der aus der heimischen Küche stammt! Die Herstellung von Himbeersirup lohnt sich aber nur, wenn man eigene Sträucher im Garten hat.

Kalt gepresster Heidelbeersaft

2 kg reife Blaubeeren
1/2 l Wasser
180 g Zucker pro 1 l Saft
Kaffeefilter

● Saftflaschen in warmem Spülwasser spülen, mit heißem Wasser übergießen und auf einem Tuch abtropfen lassen.
● Die Beeren verlesen, waschen, zerstampfen, durch ein Sieb streichen, dann den Saft durch einen Kaffeefilter gießen.
● Den Zucker gut unter den Saft mischen, dann in Flaschen füllen.
● Im Wasserbad 15 Minuten bei 70 °C Wassertemperatur erhitzen.
● Danach herausnehmen und die Flaschen auf ein feuchtes Küchentuch stellen. Zugedeckt abkühlen lassen. Anschließend die Flaschen fest verschließen.

Holunderbeersaft

2 kg Holunderbeeren
1/2 l Wasser
500 g Einmachzucker
5 g Zitronensäure

● Die Holunderbeeren waschen und mit einer Gabel abstreifen. Im Wasser 15 Minuten kochen.
● Dann über ein Gefäß ein sauberes Tuch spannen und den Saft in das Gefäß tropfen lassen.
● Den Saft mit dem Zucker und der Zitronensäure nochmals 10 Minuten kochen.
● Die Saftflaschen in warmem Spülwasser gut ausspülen, dann mit heißem Wasser übergießen und abtropfen lassen.
● Den Saft in die noch warmen Flaschen einfüllen. Sofort verschließen.

● Wenn Sie einen Entsaftertopf haben, können Sie die Holunderbeeren mit den Stielen, dem Zucker und der Zitronensäure in das Gerät geben. Dann den Saft durch den Schlauch in Flaschen füllen und fest verschließen.

Tipp: Erwärmter Holunderbeersaft ist ein gutes Mittel gegen Erkältungen. Aus dem Saft können Sie auch Suppen und Saucen zubereiten.

Berberitzensaft

2 kg Berberitzenbeeren
1 3/4 l Wasser
360 g Zucker

● Die Beeren nach dem ersten leichten Frost sammeln, verlesen und waschen.
● Das Wasser und den Zucker in einem Topf mit dickem Boden einige Male aufkochen lassen. Den Schaum mehrmals abschöpfen. Die Beeren zufügen und 25 Minuten kochen lassen.
● Inzwischen die Saftflaschen in warmem Spülwasser spülen, mit heißem Wasser übergießen und abtropfen lassen.
● Die Beeren durch ein sauberes Tuch gießen. Nochmals aufkochen lassen und den Schaum abschöpfen. Sofort in die noch warmen Flaschen füllen, zugedeckt abkühlen lassen und verschließen.

Himbeersirup

2 kg Himbeeren
750 g Zucker pro 1/2 l Saft
70 ml Zitronensaft
pro 1/2 l Saft
Kaffeefilter

● Die Himbeeren in ein Sieb geben, mit kaltem Wasser übersprühen und abtropfen lassen. In eine Schüssel füllen und zerdrücken. 1 Tag locker bedeckt im Kühlschrank stehen lassen.
● Durch ein Sieb streichen, den Saft auffangen und durch den Kaffeefilter gießen.
● Dann den Saft zugedeckt 3 Stunden in den Kühlschrank stellen.

● Den klaren Saft abgießen, Zucker und Zitronensaft zugeben. Kräftig rühren, bis der Zucker sich vollständig gelöst hat.
● In Flaschen füllen und im Wasserbad erhitzen. Dann zugedeckt abkühlen lassen. Danach gut verschließen.

Bienenstich

Ein Kuchenklassiker aus den „Goldenen Zwanzigerjahren" –
wem er seinen lustigen Namen verdankt, wissen wir leider nicht.

1 Das Mehl in eine Schüssel geben, dabei etwas Mehl beiseite stellen. In die Mitte eine Vertiefung drücken. 2 EL Milch in einem kleinen Topf lauwarm erhitzen. 1 TL Zucker zufügen. Die Hefe hineinbröckeln und so lange rühren, bis eine glatte Flüssigkeit entstanden ist.

2 Die Hefemischung in die Vertiefung gießen. Mit etwas Mehl bedecken und an einem warmen Ort etwa 15 Minuten zugedeckt gehen lassen.

3 Wenn die Mehldecke Risse aufweist, die restliche Milch, den restlichen Zucker, die weiche Butter in Flocken und 1 Prise Salz zufügen. Zu einem glatten Teig verkneten. Die Hände mit Mehl bestäuben und

16–20 Stücke

Für den Hefeteig:
500 g Mehl
etwa 200 ml Milch
100 g Zucker, 25 g Hefe
65 g Butter, Salz

Für den Belag:
100 g Butter, 200 g Zucker
1 EL Honig, 2 EL Milch
200 g Mandelblättchen
Fett für das Backblech

den Teig nochmals etwa 10 Minuten kräftig durchkneten, bis er sich von der Schüssel löst. Zugedeckt nochmals etwa 30 Minuten an einem warmen Ort gehen lassen.

4 Für den Belag in einem Topf Butter, Zucker, Honig und Milch zerlassen. Die Mandeln untermischen und abkühlen lassen.

5 Teig 0,5 cm dick auf einem gefetteten Backblech ausrollen, dann den Belag auf dem Hefeteig verteilen. Nochmals gehen lassen, dann 30 Minuten backen.

🔥 **Ober-/Unterhitze: 200 °C**
🔥 **Gas: Stufe 3–4**

Gefüllter Bienenstich

Zusätzlich zu ihrem üppigen Belag aus Honig und Mandeln „besticht" diese Bienenstichvariante durch ihre köstliche Cremefüllung.

1 Zitrone waschen, trocknen und die Schale abreiben. Mehl, Salz, Zitronenschale, Hefe und 1 EL Zucker vermischen. Butter, 250 ml lauwarme Milch und restlichen Zucker zufügen. Zu einem glatten Teig verarbeiten, den man zugedeckt gehen lässt.

2 Für den Belag 100 g Butter mit Honig, Mandeln und Sahne unter Rühren aufkochen. Kalt stellen.

3 Hefeteig durchkneten und auf dem gefetteten Blech ausrollen. Mit einer Gabel mehrmals einstechen. 15 Minuten gehen lassen. Belag auf den Teig streichen und etwa 30 Minuten backen.

24 Stücke

Für den Hefeteig:
1 unbehandelte Zitrone
500 g Mehl, 1/2 TL Salz, 1 Päckchen Trockenhefe, 60 g Zucker
100 g Butter, 1 1/4 l Milch

Für Belag und Füllung:
200 g Butter, 200 g Honig
300 g Mandelblättchen
3 EL Schlagsahne, 2 Päckchen
Vanillepuddingpulver
40 g Puderzucker
1 Vanilleschote

4 Puddingpulver mit 4 EL Milch anrühren. Die restliche Milch zum Kochen bringen, das angerührte Pulver zugeben und erst aufkochen, dann erkalten lassen. Die restliche Butter mit dem Puderzucker schaumig rühren. Mark der Vanilleschote auskratzen und zugeben. Abgekühlten Pudding löffelweise unterrühren.

5 Den Kuchen in 24 Stücke schneiden, diese waagrecht halbieren und mit je 2 EL Creme füllen.

🔥 Ober-/Unterhitze: 200 °C
🔥 Gas: Stufe 3–4

Königskuchen

Ein Klassiker bei jedem Tee- oder Kaffeekränzchen ist der Königskuchen, der ohne großen Aufwand zubereitet werden kann, immer gut schmeckt und sich lange frisch hält.

1 Die Sultaninen und die Korinthen waschen und trocknen lassen. Zitronat und Orangeat in kleine Würfel schneiden und alle diese Zutaten gut mit dem Mehl vermischen.

2 Eier, Zucker und 1 Prise Salz in etwa 8 Minuten schaumig rühren. Die Mehl-Früchte-Mischung sowie den Vanillezucker untermischen. Dann die zimmerwarme Butter und den Rum langsam unter Rühren zufügen.

3 Die Königskuchenform einfetten und mit Semmelbröseln bestreuen.

10–12 Scheiben

30 g Sultaninen
30 g Korinthen
30 g Zitronat
30 g Orangeat
250 g Mehl
5 Eier
200 g Zucker, Salz
$\frac{1}{2}$ TL Vanillezucker
125 g Butter, 1 EL Rum
Fett und Semmelbrösel
für die Form

Den Teig einfüllen und im Backofen etwa 75 Minuten backen.

Variante 1: Den Kuchen zubereiten wie angegeben, jedoch auf Sultaninen, Korinthen, Zitronat, Orangeat verzichten.

Variante 2: Den Kuchen zubereiten wie in Variante 1 angegeben, aber als Ergänzung 100 g gemahlene Nüsse oder Mandeln in den Teig geben.

🔥 **Ober-/Unterhitze: 175 °C**
🔥 **Gas: Stufe 2**

Kleine Teekuchen

Nach einem üppigen Mittagsmahl sind diese Teekuchen, die man zum Nachmittagskaffee oder zur Teestunde serviert, genau das Richtige, da sie den Magen nicht belasten.

Gut zu wissen

Zitronen wäscht man unter fließend warmem Wasser, damit mögliche Schadstoffe sofort weggespült werden.

1 Die Zitrone waschen, trockentupfen und die Schale abreiben. Die Eier trennen. Die Butter schaumig rühren und die Zitronenschale zufügen. Dann abwechselnd je ein Eigelb und 1 TL Zucker unter Rühren untermischen, bis alle Eigelbe und der Zucker in den Teig eingearbeitet sind.

2 Die Eiweiße portionsweise steif schlagen. Den Eischnee unter den Teig ziehen und esslöffelweise das Mehl vorsichtig unterrühren.

3 Ein Backblech einfetten und mit einem Teelöffel walnussgroße Teighäufchen auf das

Etwa 35 Stück

1 unbehandelte Zitrone
12 Eier
250 g Butter
120 g Zucker
250 g Mehl
Fett für das Blech

Blech setzen. Im Backofen etwa 12 Minuten backen.

Variante: Eine unbehandelte Zitrone waschen, trocknen, die Schale abreiben und den Saft auspressen. 250 g Mehl, 175 g Butter, 100 g Puderzucker, 1 Eigelb, 1 Prise Salz, 1 TL Zitronensaft und die Schale verkneten. Teig zu einer Rolle formen und 1 Stunde kalt stellen. Dann in 0,5 cm dicke Scheiben schneiden. 15 Minuten backen.

🔥 **Ober-/Unterhitze: 180 °C**
🔥 **Gas: Stufe 2–3**

Omas
Empfehlung

*Die Teekuchen
können Sie nach
Belieben verzieren,
beispielsweise mit
einer Zitronen- oder
Schokoladenglasur
überziehen.*

Zitronenkuchen

Rasch zubereitet ist dieser schmackhafte Kuchen, der auch unerfahrenen Bäckerinnen und Bäckern auf Anhieb gelingt und zu Großmutters Lieblingsgebäck „für alle Tage" zählte.

1 Für den Rührteig Mehl, Stärkemehl und Backpulver vermischen. Zitrone waschen, trocknen, die Schale abreiben und den Saft auspressen. Zucker, Eier, Butter, Zitronenschale und den Zitronensaft (bis auf 2 EL für die Glasur) zur Mehlmischung zugeben.

2 Die Zutaten mit den Rührbesen des Handrührgeräts oder der Küchenmaschine etwa 3 Minuten verrühren, bis ein glatter Teig entstanden ist. Eine Kastenform einfetten und mit Mehl bestäuben.

16 Scheiben

16 EL Mehl
9 EL Stärkemehl
$1/2$ Päckchen Backpulver
1 unbehandelte Zitrone
125 g Zucker
2 Eier
125 g Butter
Fett und Mehl
für die Form
200 g Puderzucker

3 Teig in die Form füllen und mit einer Teigkarte glatt streichen. Im Backofen etwa 45 Minuten backen. Die Garprobe machen. Den Kuchen herausnehmen.

4 Für die Glasur 2 EL Zitronensaft mit Puderzucker zu einer glatten Flüssigkeit verrühren. Über den noch warmen Kuchen verteilen, dann erkalten lassen.

🔥 Ober-/Unterhitze: 180 °C
🔥 Gas: Stufe 2–3

GUT ZU WISSEN

Möchten Sie prüfen, ob der Kuchen fertig gebacken ist, machen Sie die Garprobe. Hierzu stechen Sie mit einer Metallstricknadel oder einem Holzstäbchen in den Kuchen. Bleibt kein Teig kleben, ist der Kuchen fertig.

Omas Empfehlung

Wenn Sie keinen Vanillezucker haben, können Sie dem Rührteig stattdessen die fein abgeriebene Schale einer unbehandelten, halben Zitrone zufügen, die zuvor gewaschen wurde.

Marmorkuchen

Auf keinem Kindergeburtstag darf er fehlen, der aus hellem und dunklem Teig bestehende Marmorkuchen. Kindern macht es oft Spaß, in seinem Muster Tiere, Pflanzen oder Gegenstände zu erkennen.

1 Für den Rührteig Mehl und Backpulver mischen und in eine Schüssel geben. Zucker, Vanillezucker, Butter, Eier, Milch und Salz zufügen.

2 Die Zutaten mit den Rührbesen des Handrührgeräts oder der Küchenmaschine so lange verrühren, bis ein glatter Teig entstanden ist.

3 Eine Kastenform einfetten und mit Semmelbröseln bestreuen. Etwa zwei Drittel des Teiges in die Form füllen.

4 Zu dem in der Schüssel verbleibenden Rest des Teiges den Kakao,

16–20 Scheiben

500 g Mehl
1 Päckchen Backpulver
etwa 230 g Zucker
1 Päckchen Vanillezucker
etwa 230 g Butter
3–4 Eier, 1/8 Liter Milch
1 Prise Salz
3 EL Kakao, 2 EL Zucker
2–3 EL Milch
Fett und Semmelbrösel für
die Kastenform

2 EL Zucker und 2–3 EL Milch geben und gut verrühren.

5 Diese Masse in die Kastenform geben und auf dem hellen Teig verteilen. Die Oberfläche glatt streichen, dann mit einer Gabel spiralförmig von oben nach unten durch beide Teigschichten fahren. Die Kuchenoberfläche erneut glatt streichen. Im Backofen etwa 70 Minuten backen.

🔥 **Ober-/Unterhitze: 180 °C**
🔥 **Gas: Stufe 2–3**

Napfkuchen

Wie viele Varianten des Napfkuchens es gibt, weiß wohl niemand genau, doch oft liefert die einfache Zubereitungsweise das beste Ergebnis.

Wenn die von Thomas Mann erfundene Figur der kleinen Tony Buddenbrook zu den Großeltern durfte, zog sie mit heller Freude hinaus, erwarteten sie doch köstliche Schleckereien. „Statt des Kaffees oder des Tees wird eine Tasse Schokolade verabreicht, ja, jeden Tag Geburtstagsschokolade mit einem feuchten Napfkuchen."

1 Das Mehl in eine Schüssel geben und eine Vertiefung formen, dabei etwas Mehl zurückbehalten. Hefe mit 2 EL Milch und 1 TL Zucker auflösen (siehe S. 296), in die Vertiefung geben und mit Mehl bedecken. Etwa 15 Minuten gehen lassen, währenddessen die Rosinen mehrmals waschen.

2 Butter zerlassen und mit restlicher Milch, restlichem Zucker, Salz und Eiern zum Vorteig geben. Teig durcharbeiten, bis er Blasen wirft und sich von der Schüssel löst. Die abgetropften Rosinen in Mehl wälzen und unter den Teig mischen.

3 Napfkuchenform einfetten und mit Semmelbröseln bestreuen. Den Teig einfüllen, glatt streichen, mit einem Tuch bedecken und etwa

16–20 Stücke

500 g Mehl
30 g Hefe
etwa 250 ml Milch
125 g Zucker
125 g Rosinen
125 g Butter
1 Prise Salz
3–4 Eier
Fett und Semmelbrösel
für die Form
Puderzucker

30 Minuten gehen lassen. 60 Minuten backen, abkühlen lassen und mit Puderzucker bestreuen.

Variante: Für Wiener Napfkuchen einen Vorteig aus 15 g Hefe, $1/8$ l Milch und 1 TL Zucker bereiten. Gehen lassen. 20 g Zucker, 140 g Butter und 5 Eigelbe schaumig rühren, 1 Prise Salz, 300 g Mehl und den Vorteig zugeben und alles gut durcharbeiten. 70 g Rosinen in Mehl wälzen und unter den Teig mischen. 1 Eiweiß steif schlagen und unterziehen. Backen wie oben beschrieben.

🔥 **Ober-/Unterhitze: 200 °C**
🔥 **Gas: Stufe 3–4**

Pfitzauf

In Schwaben wird Pfitzauf in speziellen Förmchen gebacken. Das Gebäck gelingt jedoch in feuerfesten Auflaufförmchen, die in fast jedem Haushalt vorhanden sind, ebenso gut.

1 Zunächst die Milch erhitzen und die Butter in einem kleinen Topf zerlassen.

2 Das Mehl, die Eier und das Salz verrühren und die kochend heiße Milch zufügen. Zum Schluss die warme zerlassene Butter untermischen und so lange rühren, bis ein relativ dicker Pfannkuchenteig entstanden ist.

3 Die kleinen Pfitzaufformen bzw. Auflaufförmchen einfetten und die

4 Stück

$1/2$ l Milch
125 g Butter
250 g Mehl
5 Eier
1 Prise Salz
Puderzucker, Zimt
Fett für die
Förmchen

noch warme Masse einfüllen. Im Ofen etwa 1 Stunde backen (in den kleineren Auflaufförmchen verringert sich diese Zeit).

4 Die Pfitzauf heiß aus den Förmchen stürzen und gleich mit Puderzucker und Zimt bestreuen. Dazu passt Kompott, Marmelade oder Pflaumensauce.

🔥 **Ober-/Unterhitze: 180 °C**
🔥 **Gas: Stufe 2–3**

Omas Empfehlung

Sie können die Pfitzauf auch kalt werden lassen, aufschneiden und mit Schlagsahne zum Kaffee servieren.

Eberswalder Spritzkuchen

Zart und luftig ist der Brandteig, bei dem die Zutaten
nicht roh vermischt, sondern auf dem Herd zu einem Kloß abgebrannt
werden, bevor man sie weiterverarbeitet.

1 Für den Brandteig Milch oder Wasser, eine Prise Salz und Butter aufkochen. Das Mehl sofort zugeben. Unter ständigem Rühren zu einem Kloß abbrennen, der sich vom Topf löst. Von der Kochstelle nehmen und rühren, damit der Teig etwas abkühlt. Dann 1 Ei zugeben. Restliche Eier nacheinander unterrühren. Der Teig darf nicht zu dünnflüssig sein.

2 Backpapierstücke mit 15 cm ⌀ ausschneiden. Das Fett erhitzen. Das Papier darin eintauchen. Den Brandteig

12–16 Stück

¹/₄ l Milch oder Wasser
Salz
75 g Butter
175 g Mehl
5 Eier
Backpapier
Fett zum Ausbacken
1–2 EL Zitronensaft
150 g Puderzucker

in einen Spritzbeutel mit kleiner Sterntülle füllen. Runde Kringel auf das Papier spritzen.

3 Spritzkuchen mit dem Papier ins Fett geben und goldgelb backen. Herausheben und auf Küchenpapier gut abtropfen lassen.

4 Noch heiß mit Zitronenglasur überziehen. Dazu verrührt man den Zitronensaft mit dem Puderzucker zu einer glatten Flüssigkeit. Alternativ bestreut man die Spritzkuchen mit Puderzucker und serviert sie noch heiß.

Windbeutel mit Sahne

Die Schlagsahne, mit der ein Windbeutel gefüllt ist, verdanken wir dem französischen Koch Friedrichs des Großen, der sie bei uns einführte.

1 Die unbehandelte Zitrone waschen, trockentupfen und die Hälfte der Schale fein abreiben. Den Brandteig zubereiten wie auf S. 304 beschrieben, doch zum Schluss jeweils eine Messerspitze Bourbonvanille und Backpulver sowie die Zitronenschale und den Zucker zugeben.

2 Ein Backblech befeuchten, mit Backpapier bedecken. Teig in einen Spritzbeutel mit großer Sterntülle einfüllen und Häufchen so groß wie Tischtennisbälle auf das Blech spritzen.

12–16 Stück

1 unbehandelte Zitrone
$^{1}/_{4}$ l Wasser oder Milch
Salz, 75 g Butter
125 g Mehl, 4 große Eier
1 Msp. Bourbonvanille
1 Msp. Backpulver
1 Prise Zucker
Backpapier
1 Eigelb, 250 g Schlagsahne
2 TL Vanillezucker
Puderzucker

3 Das Eigelb mit wenig Schlagsahne verrühren und die Windbeutel damit einpinseln. Etwa 40 Minuten backen, bis sie goldgelb sind. Erkalten lassen und in der Mitte waagrecht durchschneiden.

4 Restliche Schlagsahne steif schlagen und mit Vanillezucker süßen. Die Sahne in die aufgeschnittenen Windbeutel füllen und Puderzucker darüber streuen.

🔥 Ober-/Unterhitze: 200 °C
🔥 Gas: Stufe 3–4

Windbeutel mit Schlagsahne waren ein Lieblingsdessert der Kinder Königin Luises (1776–1810), die den Sommer unter der Obhut ihrer Eltern oft auf dem Gut Paretz bei Potsdam verbrachten. Im schnoddrigen Berliner Jargon heißen die Windbeutel auch Sturmsäcke.

Omas Novembermenü

*Die Zeit der Ernte geht nun zu Ende.
Weißkohl, Rotkohl und Wirsing hat die Natur aber noch
zu bieten. Für das Dessert sind Birnen im jahreszeitlichen Angebot.
Den Kohl kann man im Übrigen in kühlen Räumen
mehrere Monate lang lagern.*

Gefüllter Kohlkopf

1 Kopf Weißkohl
(etwa 800 g)
500 g durchwachsenes Kalbfleisch
5 Brötchen vom Vortag
1 kleine Zwiebel, 1 Bund Petersilie
250 g Speck, 250 g Butter
4 Eier, 2 Eigelb, Salz
geriebene Muskatnuss
etwa 8 EL Fleischbrühe
2 EL Mehl
weißer Pfeffer

Klare Fischsuppe

1 Barsch (600–700 g)
2 l Wasser, 1 große Zwiebel
1 Stück Knollensellerie
1 große Petersilienwurzel
10 g Stärkemehl
3 EL Gemüsebrühpulver
1/2 EL Butter, Salz, Pfeffer
geriebene Muskatnuss
70 g Schlagsahne
1/2 Bund Petersilie

● Den Barsch schuppen und waschen, das Fleisch von Haut und Gräten schaben. Den Grätenstrang, den Kopf und die Hälfte des Fleisches in 2 l Wasser aufkochen. Die Zwiebel abziehen und vierteln. Sellerie und Petersilienwurzel schälen, waschen und in grobe Stücke schneiden. Zwiebel, Sellerie und Petersilienwurzel zur Brühe geben. Bei schwacher Hitze 45 Minuten kochen.
● Dann das Stärkemehl mit wenig Wasser verrühren und zur Suppe geben. Durch ein Sieb gießen. Das Brühpulver und die Butter zufügen. Salzen.
● Das restliche Fischfleisch durch den Fleischwolf drehen. Im Mörser weich stoßen. Mit Salz, Pfeffer und Muskat würzen. Die Schlagsahne steif schlagen und unter den Fischteig ziehen. Klöße mit 3 cm ⌀ formen. Die Brühe nochmals aufkochen, die Klöße einlegen und zugedeckt bei schwacher Hitze 6 Minuten ziehen lassen. Die Petersilie waschen, trockentupfen, fein hacken und die Suppe damit bestreuen. Dazu passen Croûtons.

● Die größeren Blätter vom Kohlkopf ablösen, waschen und die dickeren Rippen abschneiden. Dann in Salzwasser halb weich kochen.
● Das Fleisch durch einen Fleischwolf drehen. Brötchen in 500 ml lauwarmem Wasser einweichen. Die Zwiebel abziehen und fein hacken. Die Petersilie waschen, trockentupfen und fein hacken.
● Den Speck in Würfel schneiden. 125 g Butter erhitzen, Speck, Fleisch und Zwiebel darin braun braten. Petersilie zufügen. Brötchen ausdrücken und untermischen. Eier und Eigelbe unterrühren. Mit Salz und Muskat würzen.
● Eine runde feuerfeste Schüssel mit etwas Butter einfetten und mit den Kohlblättern auslegen. Eine Schicht Füllung darauf geben, wieder einige Blätter darauf legen, dann wieder eine Schicht Füllung. Zum Schluss mit mehreren Blättern bedecken.
● 6 EL Fleischbrühe zugießen und das Ganze im Backofen bei 200 °C (Gas Stufe 3–4) etwa 40–45 Minuten backen.
● Inzwischen die restliche Butter hell braten, Mehl zugeben, kurz mitbraten und so viel Fleischbrühe zufügen, bis eine sämige Sauce entstanden ist. Mit Salz und weißem Pfeffer würzen.
● Den Kohl stürzen und mit der Sauce übergießen. Dazu passen kleine, in Petersilienbutter geschwenkte Kartoffeln.

Birnenpudding

60 g Butter
1/2 l Milch, 125 g Grieß
4 Eier, 125 g Zucker
1 TL abgeriebene Zitronenschale
1/4 TL Zimtpulver, 750 g Birnen
300 ml ungesüßter Birnensaft
Fett für die Form

● Butter und Milch in einem Topf aufkochen. Den Grieß darin weich kochen und erkalten lassen. Eier trennen. Eigelbe und 75 g Zucker unter den Grieß mischen. Mit der Zitronenschale und dem Zimt würzen.
● Die Birnen waschen, schälen, halbieren und vom Kerngehäuse befreien. Birnensaft und restlichen Zucker aufkochen. Die Birnen darin kochen, bis sie halb weich sind.
● Die Eiweiße steif schlagen und unter den Grieß ziehen. Eine Puddingform einfetten. Abwechselnd die Creme und die Birnen einschichten. Im Wasserbad 1 1/2 Stunden kochen, dann stürzen. Dazu passt eine Hagebuttensauce (siehe S. 260).

Plunderstücke

Wenn sie wenig Zeit hatte, backte die Großmutter ihre Plunderstücke aus „falschem" oder Quarkblätterteig – dies schmeckte nicht nur ausgezeichnet, sondern ging auch schnell.

1 Den Quark abtropfen lassen. Mit Mehl, Butter, Zucker und Salz mischen und rasch zu einem Teig verarbeiten. Teig 30 Minuten kalt stellen, dann auf der bemehlten Arbeitsfläche ausrollen. Die Teigplatte in Quadrate (13 cm Kantenlänge) schneiden. Aus dem Teigrest kleine Kreise stechen.

2 Pfirsiche von der Haut und dem Stein befreien und in Scheiben schneiden. Kirschen waschen und entkernen. Auf jedes Teigquadrat ein kleines Stück Marzipan legen. Die Pfirsichscheiben und die Kirschen nach Belieben darauf verteilen. Mit Zitronensaft beträufeln.

3 Die 4 Ecken jedes Teigstücks zur Mitte umlegen und jeweils einen Teigkreis darauf setzen. Eigelb und Sahne verrühren. Die Plunderstücke damit bepinseln. Im Backofen etwa 20 Minuten backen.

12 Stück

Für den Quarkblätterteig:
250 g Magerquark
250 g Mehl, 250 g Butter
2–3 EL Zucker, 1 Prise Salz
Mehl zum Bestreuen

Für die Füllung:
2 Pfirsiche, 100 g saure Kirschen
50 g Marzipanrohmasse
2 EL Zitronensaft, 1 Eigelb
1 EL Schlagsahne

🔥 Ober-/Unterhitze: 200 °C
🔥 Gas: Stufe 3–4

Soll es schnell gehen, verwendet man für die Plunderstücke einfach fertigen TK-Blätterteig und Obst aus der Dose oder aus dem Glas.

Plunderhörnchen

Es gibt Gebäck, das sich leichter zubereiten lässt als diese
Hörnchen, doch wer hineinbeißt, weiß, dass sich die Mühe gelohnt hat.

1 Die Zitrone waschen, trocken-tupfen und die Schale zur Hälf-te abreiben. Hefe in wenig lau-warmer Milch auflösen. Mehl, Butter, Zucker, Ei, ein Eigelb, Salz und Zitronenschale mit der restlichen Milch und der Hefemischung zu einem glat-ten Teig kneten. 2–3 Stunden im Kühlschrank ruhen lassen.

2 Für die Mehlbutter das Fett weich werden lassen, mit dem Mehl verkneten und ein Rechteck von 15 × 30 cm for-men. Den Hefeteig zu einer größe-ren Fläche ausrollen, die Mehlbutter darauf legen und den überstehenden Teig darum schlagen. Diesen Block zu einer Platte von 35 × 50 cm ausrollen. Diese zusammen-legen, indem man das äußere Drittel über das

mittlere klappt und dann das letzte Drittel darüber schlägt. 15 Minu-ten kalt stellen. Wieder ausrol-len, zusammenlegen und kalt stellen. Die letzten 3 Schritte nochmals wiederholen – erst dann ist der Teig fertig.

3 Arbeitsfläche mit Mehl bestreuen. Teig darauf 60 × 40 cm groß ausrollen. 20 Dreiecke von 12 × 20 cm schneiden und zu Hörnchen formen. Gehen lassen. Mit dem zweiten Eigelb bepinseln. 15–20 Minuten hellbraun backen. Noch heiß mit einer Glasur bestreichen oder Puderzucker darüber streuen.

🔥 **Ober-/Unterhitze: 210 °C**
🔥 **Gas: Stufe 4**

Etwa 20 Stück

Für den Hefeblätterteig:
1 unbehandelte Zitrone
40 g Hefe, ¹/₄ l Milch
600 g Mehl, 70 g weiche Butter
70 g Zucker
1 Ei, 2 Eigelb, 1 TL Salz
Mehl zum Ausrollen
Glasur oder Puderzucker

Für die Mehlbutter:
300 g Butter, 60 g Mehl

Omas Empfehlung

Der Hefeteig und die Mehlbutter sollten bei der Verarbeitung die gleiche Tempe-ratur und Festigkeit haben. Die Teigränder werden mit Wasser bestrichen, damit sie über der Butter zusammenhalten.

Linzer Torte

Schon seit über 300 Jahren erfreuen sich Feinschmecker an der ältesten Torte der Welt, die 1696 erstmals namentlich erwähnt wurde.

1 Mehl und Butter vermischen. Mit den anderen Teigzutaten sehr schnell zu einem glatten Mürbeteig verarbeiten. 30 Minuten kühl stellen.

2 Zwei Drittel des Teiges auf dem Boden einer Springform ausrollen. Die Oblate darauf legen und reichlich mit Marmelade bestreichen. Dabei am Rand der Oblate einen fingerbreiten Streifen frei lassen.

3 Aus etwa zwei Dritteln des restlichen Teiges bleistift-dicke Teigrollen formen und gitter-förmig auf die Tortenoberfläche legen. Aus dem verbleibenden Teig eine dickere Rolle formen und rund um den Tortenrand herum sorgfältig festdrücken.

4 Ein Eigelb verquirlen. Das Gitter und den Rand der Torte damit bestreichen und die Oberfläche mit Mandel-blättchen bestreuen.

5 Ungefähr 50 Minuten backen, bis die Torte braun ist. Den Kuchen ab-kühlen lassen und aus der Form nehmen. Puderzucker und Vanille mischen und die Torte damit bestreuen.

12–16 Stücke

Für den Mürbeteig:
300 g Mehl, 300 g Butter
300 g gemahlene Nüsse
220 g Zucker, 1 Ei
$\frac{1}{2}$ TL Nelkenpulver, 1 TL Zimt
Schale und Saft von $\frac{1}{2}$ Zitrone

Für den Belag:
Johannisbeermarmelade
1 weiße Tortenoblate, 1 Eigelb
40 g Mandelblättchen
4 EL Puderzucker
1 Msp. Vanille

🔥 **Ober-/Unterhitze: 175 °C**
🔥 **Gas: Stufe 2**

Feine Schokoladentorte

So richtig genießen kann man diese köstlich süße Verführung nur, wenn man nicht die Kalorien zählt und mit Inbrunst „sündigt"– am nächsten Tag tritt man dann beim Essen ein wenig kürzer.

1 Die Eier trennen. Die Eiweiße mit 4 EL kaltem Wasser steif schlagen, dabei zum Schluss den Zucker einrieseln lassen. Die Eigelbe unter den Eischnee ziehen, dann Mehl, Stärke und Backpulver untermischen.

2 Eine Springform einfetten (24 cm ∅) oder mit Backpapier auslegen. Teig einfüllen und glatt streichen. Etwa 40 Minuten backen, dann den Kuchen aus der Form lösen, abkühlen lassen und zweimal waagrecht durchschneiden.

3 Für die Füllung die Schokolade schmelzen. Dann abkühlen lassen.

Butter mit Puderzucker und Schokolade schaumig rühren. Nach und nach Eigelbe, Zimt und Rum unterrühren.

4 Ein Drittel der Creme auf den unteren Boden streichen, dann den mittleren Boden auflegen und mit dem zweiten Drittel der Creme bestreichen. Mit dem oberen Boden bedecken und darauf und am Rand die restliche Creme verteilen. Auf der Oberfläche ein Muster formen.

12–16 Stücke

Für den Rührteig:
4 Eier, 175 g Zucker
80 g Mehl, 80 g Stärkemehl
1 TL Backpulver
Fett für die Form, Backpapier

Für die Füllung:
150 g Bitterschokolade
200 g Butter
125 g Puderzucker
3 Eigelb, 1 Prise Zimt
4 EL Rum

🔥 Ober-/Unterhitze: 180 °C
🔥 Gas: Stufe 2–3

Haselnusstorte

Steht ein großes Fest ins Haus, eignet sich diese Torte ideal,
da man sie schon Tage vorher backen kann. Gefüllt wird sie erst am Festtag.

1 Die Haselnusskerne im Ofen backen, bis sich die Haut löst. In der Mandelmühle fein mahlen. Die Eier trennen. Die Eigelbe, den Zucker und die gemahlenen Haselnüsse verrühren. Eiweiße steif schlagen und unter den Rührteig ziehen.

2 Boden und Rand einer Springform (26 cm ⌀) mit Backpapier auskleiden. Dann die Masse einfüllen und glatt streichen. Im Ofen etwa 50 Minuten backen. Rund 1 Stunde stehen lassen, dann den Kuchen vorsichtig aus der Form lösen.

12–16 Stücke

Für den Rührteig:
140 g Haselnusskerne
10 Eier, 170 g Zucker
Backpapier

Für Füllung und Glasur:
1 Packung Haselnussglasur
250 g Schlagsahne
40 g gehackte Haselnüsse
20 g Zucker, 1 Päckchen
Vanillezucker

3 Inzwischen die Glasur im warmen Wasserbad auflösen. Für die Füllung Schlagsahne sehr steif schlagen und die gehackten Nüsse, den Zucker und den Vanillezucker zufügen.

4 Den Kuchen waagrecht durchschneiden; Füllung auf der unteren Hälfte verteilen. Die obere Hälfte wieder auflegen und den Kuchen mit der Glasur überziehen, nach Belieben verzieren.

🔥 **Ober-/Unterhitze: 180 °C**
🔥 **Gas: Stufe 2–3**

Kaffeetorte

Da echter Bohnenkaffee in der „guten alten Zeit"
kostspielig war, kam diese Torte nur an Festtagen auf den Tisch.

1 Das Mark der Vanilleschote auskratzen. Eier, Eigelb, Zucker und Vanillemark schaumig rühren, bis sich der Zucker aufgelöst hat. Weiter schlagen, bis die Masse cremig ist. Mehl mit Stärke mischen und esslöffelweise in die Eimasse geben. Die Butter schmelzen und unterziehen.

2 Springform (24 cm ⌀) mit Backpapier auslegen. Teig einfüllen. 30 Minuten backen. Abkühlen lassen. Torte zweimal waagrecht durchschneiden.

3 Für die Füllung Milch mit Kaffeepulver aufkochen und 1 Stunde ziehen lassen. Durchsieben und auf-

12–16 Stücke

Für den Rührteig:
$1/2$ Vanilleschote, 4 Eier
1 Eigelb, 120 g Zucker
120 g Mehl, 20 g Stärkemehl
40 g Butter, Backpapier

Für Füllung und Glasur:
600 ml Milch, 2 EL Kaffeepulver
1 Päckchen Schokoladen-
Puddingpulver
100 g Zucker, 4 Blatt Gelatine
200 g Fondant, 4 EL Kaffee
50 g Mandelblättchen

kochen. Puddingpulver und Zucker unterrühren, dann eingeweichte Gelatine zugeben.

4 Torte zusammensetzen, dabei mit 2 Schichten Creme füllen. Fondant im Wasserbad schmelzen. 2 EL Fondant beiseite stellen und warm halten. Den Rest mit 4 EL warmem Kaffee mischen und die Torte damit überziehen. Wenn der Überzug fest ist, die Torte mit Ornamenten aus weißem Fondant und Mandeln verzieren.

🔥 **Ober-/Unterhitze: 190 °C**
🔥 **Gas: Stufe 3**

Omas Empfehlung

Vor der Verarbeitung wird der Fondant in einem 40 °C warmen Wasserbad auf 35 °C erwärmt. Als Überzug hat Fondant die richtige Konsistenz, wenn er dickflüssig vom Löffel läuft. Mithilfe einer Pergamentpapier-Spritztülle lassen sich herrliche Fondant-Ornamente herstellen.

Gefüllte Mohntorte

Köstlich saftig ist Großmutters Lieblingstorte, in der sich Mohn, Schokolade und Früchte gelungen ergänzen. Den letzten Schliff erhält die Mohntorte durch ihren dicken Überzug aus Zitronenglasur.

1 Für den Teig die Zitrone waschen und trockentupfen. Die Schale abreiben und mit dem Ei, der Butter, dem Mehl, dem Zucker und etwas Wasser mischen. Alles zu einem glatten Teig kneten, der auf der bemehlten Arbeitsplatte dünn ausgerollt wird. Eine Springform umgekehrt darauf legen und 3 Kreise ausschneiden.

2 Für die Füllung den Mohn mahlen und mit dem Ei und dem Zucker verrühren. Dann die Schokolade reiben und mit den Sultaninen, den Mandeln und dem Zitronat zur Mohnmischung zufügen.

12–16 Stücke

Für den Mürbeteig:
1 unbehandelte Zitrone, 1 Ei
90 g Butter, 150 g Mehl
50 g Zucker, Mehl zum Ausrollen

Für Füllung und Glasur:
180 g Mohn, 1 Ei, 125 g Zucker
100 g Zartbitterschololade
65 g Sultaninen
30 g gemahlene Mandeln
30 g Zitronat, 1 Päckchen
Zitronenglasur

3 Eine Teigplatte auf den Boden der gefetteten Springform legen. Die Hälfte der Füllung darauf verteilen und die zweite Teigplatte auflegen. Die restliche Füllung darauf geben und mit der letzten Platte bedecken.

4 Die Torte im Backofen etwa 1 Stunde backen. Herausnehmen und kalt werden lassen. In der Zwischenzeit die Glasur im Wasserbad auflösen und die Torte damit bestreichen.

🔥 **Ober-/Unterhitze: 180 °C**
🔥 **Gas: Stufe 2–3**

Mokkakranz

Kaffee, Cognac und Mokkabohnen sorgen dafür, dass
dieser Kuchen auch den Herren der Schöpfung hervorragend mundet.

1 Die Zitrone waschen, trockentupfen, die Schale abreiben und den Saft einer Hälfte auspressen. 4 Eier trennen. 125 g Butter schaumig rühren und 125 g Zucker, 4 Eigelbe und Zitronensaft und -schale untermischen. Dann Salz, Mehl, Grieß, 30 g Stärkemehl, 200 ml Milch und Backpulver zugeben. Alles zu einem glatten Teig verrühren.

2 Die Eiweiße steif schlagen und unter den Teig ziehen. Eine Kranzform mit 20 cm ⌀ einfetten und mit Semmelbröseln bestreuen. Den Teig einfüllen. Im Backofen 45 Minuten backen. Stürzen und über Nacht stehen lassen.

16 Stücke

1 unbehandelte Zitrone
4 Eier, 425 g Butter
245 g Zucker, 1 Prise Salz
200 g Mehl, 30 g Grieß
70 g Stärkemehl, 700 ml Milch
1/2 Päckchen Backpulver
Butter, Semmelbrösel für die Form

Für Füllung und Dekoration:
1 TL lösliches Kaffeepulver
4 Eigelbe, 30 g Puderzucker
2 EL Cognac, Krokant
Mokkabohnen

3 Für die Füllung die restliche Milch, das Kaffeepulver und den restlichen Zucker aufkochen. 4 Eigelbe und das restliche Stärkemehl einrühren. Mehrmals aufkochen. Die restliche Butter mit Puderzucker schaumig rühren und mit dem Cognac zur Füllung geben.

4 Den Mokkakranz zweimal durchschneiden und mit der Creme füllen. Dann den Kranz mit der restlichen Creme, dem Krokant und den Mokkabohnen verzieren.

🔥 **Ober-/Unterhitze: 200 °C**
🔥 **Gas: Stufe 3–4**

Omas Empfehlung

Zum Füllen den Kranz mit einem scharfen Messer zweimal waagrecht durchschneiden. Ein Drittel der Creme auf dem unteren Ring verteilen, dann den mittleren aufsetzen und mit dem zweiten Drittel der Creme bedecken. Zum Schluss den dritten Ring auflegen, den Kranz mit Creme überziehen und verzieren.

Baumkuchen

Schicht für Schicht gebacken, bekommt dieses Gebäck seine charakteristischen braunen Streifen. Einen richtigen Baumkuchen kann nur der Konditor herstellen – Baumkuchentorte und -spitzen gelingen dagegen auch am heimischen Herd ausgezeichnet.

In Henriette Davidis „Praktischem Kochbuch" aus dem 19. Jh. findet sich obige Zeichnung und es heißt dazu: „Alsdann befestigt man am Bratspieß den ausgehöhlten Baum, bestreicht ihn mit Butter und umwickelt ihn mit weißem Papier, … Nachdem man die herablaufende Butter mit einem Tuche abgewischt hat, gießt man die erste Schicht Teig um den Baum, wobei man diesen zuerst langsam und dann schneller dreht, damit sich Zacken bilden. Ist die erste Schicht hellgelb gebacken, so gießt man die zweite Schicht darüber und fährt fort, bis aller Teig verbacken ist."

1 Die Zitrone waschen, trockentupfen und die Schale abreiben. Die Eier trennen und die Eiweiße in einer Rührschüssel beiseite stellen. Die Eigelbe in einer zweiten Rührschüssel mit dem Zucker, dem Vanillezucker und der Zitronenschale so lange rühren, bis sich der Zucker ganz aufgelöst hat. Nun die Butter zugeben und so lange rühren, bis eine dicke Creme entstanden ist.

2 Das Mehl mit dem Stärkemehl sieben, der Eigelbmasse zufügen und gründlich verrühren. Die Eiweiße steif schlagen und unter den Teig ziehen.

3 Eine Springform (24 cm ∅) einfetten und mit Semmelbröseln bestreuen. Etwa 2–3 EL Teig auf den Boden der Form geben und mit einem breiten Kuchenpinsel oder einer Teigkarte sehr dünn glatt streichen. Im Backofen bei Unterhitze 3–5 Minuten backen.

4 Ist die Schicht gebräunt, eine zweite Teigschicht auf die erste Schicht streichen. Im Ofen backen, doch jetzt mit Oberhitze. Wenn nötig, Backbleche unterschieben, um die Unterhitze abzuschwächen.

5 Nacheinander wie beschrieben ungefähr 5–6 Schichten backen. Die Torte auskühlen lassen. Will man Baumkuchenspitzen herstellen, zerschneidet man die Torte (oder eine Tortenhälfte) in spitz zulaufende Stücke.

6 Für die Schokoladenglasur die Schokolade in Stücke brechen. Im warmen Wasserbad schmelzen. Wasser, Zucker und nach Belieben Rum unter ständigem Rühren zufügen, bis eine homogene Creme entstanden ist.

7 Die Glasur abkühlen lassen. Wenn die Masse zu fest wird, 1 EL Butter zufügen und noch einmal erwärmen. Dadurch wird die Gla-

sur geschmeidiger und flüssiger. Dann über die Torte streichen bzw. die Spitzen in die Glasur tauchen und auf ein Kuchengitter legen.

16–20 Stücke oder 40 Spitzen

Für den Teig:
1 unbehandelte Zitrone
5 Eier
100 g Zucker
1 Päckchen Vanillezucker
100 g Butter
50 g Mehl
50 g Stärkemehl
Fett und Semmelbrösel für die Form

Für den Überzug:
150 g Edelbitterschokolade
125 ml Wasser
200 g Zucker
1 EL Rum nach Belieben
1 EL Butter bei Bedarf

Variante: Für Baumkuchenscheiben eine halbe Zitrone waschen, trockentupfen, die Schale abreiben und den Saft auspressen. Den Saft für die Glasur beiseite stellen. 250 g Butter mit 250 g Zucker und der Zitronenschale schaumig rühren. Nach und nach 5 Eier zugeben. 125 g Mehl, 125 g Stärkemehl vermischen und esslöffelweise unter den Teig rühren. Zum Schluss 2 EL Rum zugießen und untermischen. Eine Kastenform mit Backpapier auskleiden. Eine dünne Teigschicht einfüllen und glatt streichen wie oben beschrieben. Unter dem vorgeheizten Grill oder bei großer Oberhitze im Backofen backen, bis die Oberfläche goldbraun ist. Dann die nächste Schicht einfüllen und backen. Ebenso weiterverfahren, bis der Teig verbraucht ist. Insgesamt ergeben sich etwa 25–30 Schichten. Den Baumkuchen aus der Kastenform nehmen. Das Backpapier entfernen. Wer den Kuchen füllen möchte, lässt ihn abkühlen und schneidet ihn dann einmal waagrecht durch. 4 EL Kirschkonfitüre auf die untere Hälfte streichen und die andere Kuchenhälfte darauf legen. Für die Glasur 200 g Puderzucker mit 1 EL Rum, 1–2 EL Wasser und dem beiseite gestellten Zitronensaft verrühren, bis eine geschmeidige Masse entstanden ist. Den Baumkuchen damit übergießen, mit gehackten Pistazien verzieren und vor dem Servieren in Scheiben schneiden.

🔥 **Ober-/Unterhitze: 150 °C**
🔥 **Gas: Stufe 1**

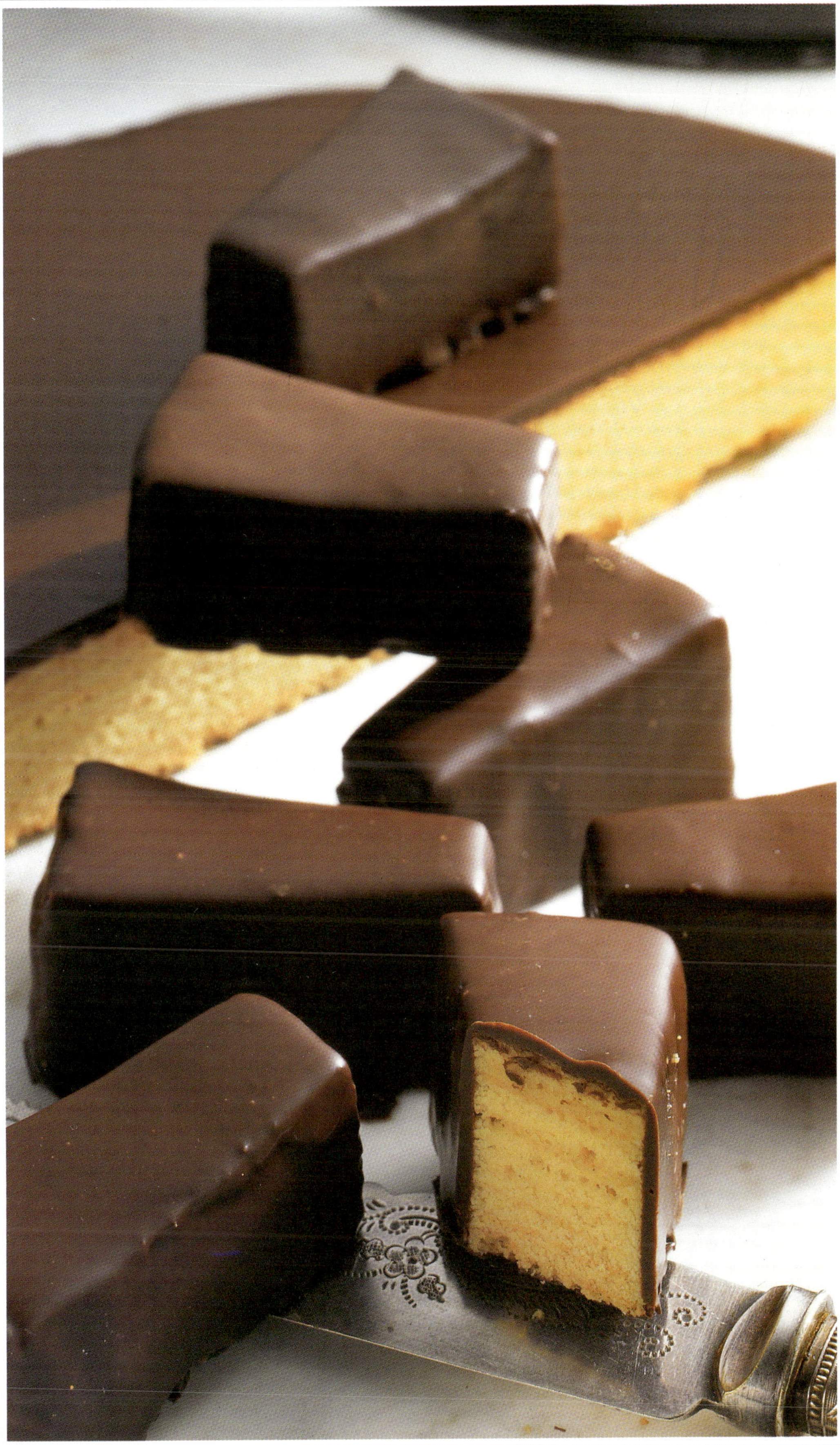

Omas Empfehlung

Für die Zubereitung des Baumkuchens brauchen Sie Zeit und Ruhe, denn die einzelnen Teigschichten müssen sorgfältig aufgetragen und beim Backen ständig überwacht werden.

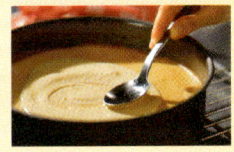

Quarksahnetorte

Kühl serviert ist diese Torte an heißen Sommertagen
eine köstliche Erfrischung, die den Magen nicht allzu sehr belastet.

1 Eier trennen. Eigelbe mit 2 EL Wasser 3 Minuten schaumig rühren. Zucker und Vanillezucker zufügen und weitere 8 Minuten schlagen. Stärkemehl, Mehl und Backpulver dazugeben. Steif geschlagene Eiweiße unterziehen.

2 Den Teig in eine gefettete Springform mit 24 cm ∅ geben und etwa 30 Minuten backen. Den ausgekühlten Boden einmal waagrecht durchschneiden. Die untere Hälfte auf eine Tortenplatte legen und den mit Backpapier ausgelegten Springformrand herumlegen.

3 Zitrone waschen, trocknen, die Schale abreiben und den Saft auspressen. Gelatine in Wasser einweichen, ausdrücken und im Wasserbad schmelzen.

4 Sahnequark, Zucker, Zitronenschale und -saft verrühren. Die Gelatine zugeben. Die Sahne steif schlagen. Beginnt die Masse steif zu werden, die Sahne unterziehen. Die Masse auf dem Tortenboden verteilen. Den zweiten Boden darauf legen und kalt stellen. Rand der Form und Papier ablösen. Die Torte mit Puderzucker bestreuen.

🔥 **Ober-/Unterhitze: 200 °C**
🔥 **Gas: Stufe 3–4**

12–16 Stücke

Für den Biskuitteig:
2 Eier, 100 g Zucker
1 Päckchen Vanillezucker
40 g Stärkemehl, 40 g Mehl
$\frac{1}{2}$ TL Backpulver
Fett für die Form, Backpapier

Für die Füllung:
1 unbehandelte Zitrone, 6 Blatt
weiße Gelatine, 500 g Sahnequark, 200 g Zucker
375 g Schlagsahne
Puderzucker

GUT ZU WISSEN

Blattgelatine kann man einfach lösen, indem man sie einige Minuten in Wasser einweicht und dann ausdrückt. Nun gibt man die Gelatine in eine große Suppenkelle, die man in einen Topf mit kochendem Wasser hält. Natürlich darf dabei kein Wasser in die Kelle fließen.

Zitronentorte

Fast in Vergessenheit geraten ist das ungewöhnliche
Rezept dieser leckeren Zitronentorte aus Großmutters Tagen,
die man unbedingt ausprobieren sollte.

1 Die Zitrone waschen, trocknen und die Schale abreiben. Die Mandeln mit kochendem Wasser überbrühen, einige Minuten stehen lassen und abziehen. Mandeln, 60 g Pistazien und das Zitronat fein hacken.

2 Die Eier trennen und die Eigelbe mit dem Zucker mindestens 10 Minuten verrühren, bis die Masse hellgelb und schaumig ist. Zerkleinerte Mandeln, Pistazien und Zitronat mit 90 g Mehl und abgeriebener Zitronenschale zu den Eiern geben. Gut verrühren. Die Eiweiße steif schlagen und unter den Teig ziehen.

3 Teig in eine gefettete, mit dem restlichen Mehl bestreute Springform füllen und glatt streichen. Im Backofen etwa 1 Stunde backen. Erkalten lassen. Die Zitronenglasur im Wasserbad auflösen und die Torte damit überziehen. Torte mit den restlichen Pistazien verzieren.

12–16 Stücke

1 unbehandelte Zitrone
200 g Mandeln
100 g Pistazien
180 g Zitronat
3 Eier, 3 Eigelbe
200 g Zucker
100 g Mehl
Butter zum Einfetten
1 Packung
Zitronenglasur

🔥 **Ober-/Unterhitze: 170 °C**
🔥 **Gas: Stufe 2**

Schwarzwälder Kirschtorte

Wenn im Badischen richtig getafelt wurde, begann das Essen
mit Gänseleberpastete, wurde mit einer knusprigen Wildente fortgesetzt
und mit einer üppigen Schwarzwälder Kirschtorte beendet.

*Erfunden haben soll
die Kirschtorte ein
persischer Eunuch,
Chefkoch in einem
Harem, um den Harems-
damen durch den
Dauergenuss der Torte
auf Wunsch des Kalifen
oder Scheichs vollere
Formen zu verleihen.*

1 Für den Teig Eier und Zucker in eine Schüssel geben. In ein warmes Wasserbad stellen und so lange schlagen, bis die Masse lauwarm ist. Die Schüssel aus dem Wasserbad nehmen und die Masse weitere 8 Minuten kalt schlagen, bis sie cremig ist.

2 Den Backofen vorheizen. Die Butter zerlassen. Das Mehl, das Stärkemehl und das Kakaopulver sieben und unter die Eiermasse mischen. Zum Schluss die flüssige Butter langsam zufügen.

3 Eine Springform (26 cm ⌀) mit Backpapier auslegen. Den Teig einfüllen und mit einer Teigkarte glatt streichen, dann etwa 30–35 Minuten backen. Wenn der Biskuit erkaltet ist, so durchschneiden, dass drei Böden gleicher Stärke entstehen.

4 Für die Füllung frische Kirschen waschen und von Stielen und Kernen befreien. In 200 ml Wasser aufkochen und dann abkühlen lassen. In ein Sieb geben, dabei den Saft auffangen (verwendet man Kirschen aus dem Glas, ebenso vorgehen). Den Saft mit dem Nelkenpulver und der Zimtstange erhitzen. Nach einigen Minuten die Zimtstange entfernen. Die Gelatine einweichen, ausdrücken und den noch warmen Saft damit verdicken.

5 Den unteren Biskuitboden mit Kirschwasser beträufeln und mit der Hälfte des eingedickten Kirschsafts bestreichen. Die Hälfte der Kirschen darauf geben. Sahne steif schlagen, Vanillezucker und Sahnesteif dazugeben. Ein Viertel der Sahne über die Kirschen streichen.

6 Darauf den zweiten Biskuitboden legen. Ebenfalls mit Kirschwasser beträufeln, mit dem restlichen Kirschsaft bestreichen, mit den restlichen Kirschen belegen (dabei einige beiseite legen) und mit dem zweiten Viertel der Sahne bedecken.

12–16 Stücke

Für den Biskuitteig:
7 Eier, 250 g Zucker
60 g Butter
150 g Mehl
50 g Stärkemehl
50 g Kakaopulver
Backpapier

Für die Füllung:
700 g Sauerkirschen
(oder 1 Glas entsteinte
Sauerkirschen, etwa 450 g)
1 Msp. Nelkenpulver
1 Zimtstange
2 Blatt weiße Gelatine
3–4 EL Kirschwasser
1 l Schlagsahne
1 Päckchen Vanillezucker
2 Päckchen Sahnesteif
Blockschokolade

7 Darüber den letzten Boden legen. Ebenfalls mit Kirschwasser beträufeln. Mit der restlichen Sahne die Torte rundherum bestreichen. Einen kleinen Rest in eine Spritztüte geben.

8 Blockschokolade über die Torte raspeln. Dann die Torte mit der Sahne aus der Spritztüte und den beiseite gelegten Kirschen verzieren. Die Torte im Kühlschrank aufbewahren – am besten schmeckt sie einen Tag nach dem Backen.

Variante: Biskuit backen wie oben beschrieben, jedoch nur mit zwei Drittel der Zutaten. Den Biskuitboden dann waagrecht durchschneiden. 125 g Weizenmehl, 1/2 TL Backpulver, Salz, 60 g Butter, 2 EL Zucker und 2 Eigelbe zu einem Mürbeteig kneten, kalt stellen, dann auf dem Boden einer Springform mit 26 cm ⌀ ausrollen und einstechen. Bei 180 °C (Gas Stufe 2–3) backen. Abkühlen lassen. Sauerkirschen (1 Glas mit etwa 700 g) in ein Sieb geben, den Saft auffangen. 3–4 EL Saft abnehmen und 40 g Stärkemehl damit verrühren. Den restlichen Kirschsaft mit 50 g Zucker aufkochen, die Stärke zugießen. Nochmals aufkochen. Die Kirschen, je 1 Prise Zimt und Nelkenpulver zugeben. Den Mürbeteigboden mit 100 g Sauerkirschkonfitüre bestreichen und mit einem Biskuitboden bedecken. Die Kirschmasse darauf geben. 600 g Schlagsahne, 2 Päckchen Sahnesteif, 40 g Zucker und 4 EL Kirschwasser steif schlagen. Die Hälfte der Sahne auf die Kirschmasse streichen. Den zweiten Boden auflegen und mit der restlichen Sahne bestreichen. Torte verzieren wie oben.

🔥 **Ober-/Unterhitze: 190 °C**
🔥 **Gas: Stufe 3**

Omas
Empfehlung

*Den Biskuitboden
teilen Sie in drei Teile,
indem Sie einen
Faden um die Torte
legen, die Enden
überkreuzen und fest
daran ziehen.*

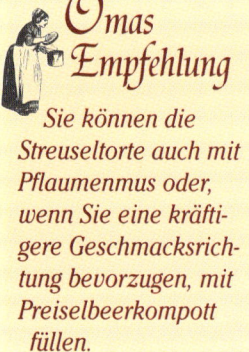
Kirschstreuseltorte

Wenn sich überraschend Kaffeegäste ansagen, bietet dieses Rezept Rettung in letzter Minute, denn die Kirschsteuseltorte lässt sich rasch zubereiten und schmeckt Groß und Klein.

1 Die Teigzutaten in eine Schüssel geben. Mit den Knethaken des Handrührgeräts verrühren, bis sich Streusel gebildet haben.

2 Ein Drittel der Streusel auf dem Boden einer gefetteten Springform (26 cm ∅) verteilen. Das zweite Drittel der Streusel an den Springformrand drücken.

3 Die frischen Kirschen waschen, von Stielen und Kernen befreien und abtropfen lassen. Wer Kirschen aus dem Glas verwendet, lässt diese ebenfalls abtropfen.

12–16 Stücke

Für den Streuselteig:
200 g Butter, 200 g Zucker
1 Päckchen Vanillezucker
1 Ei, 1 Prise Salz, 500 g Mehl
1 Päckchen Backpulver
Fett für die Form

Für die Füllung:
500 g Sauerkirschen
(frische oder aus dem Glas)
100 g Mandelblättchen

4 Die Kirschen gleichmäßig auf dem Teig verteilen, restliche Streusel und Mandelblättchen darüber streuen. Im vorgeheizten Ofen auf der mittleren Schiene 25 Minuten backen.

Variante: Außer Sauerkirschen eignen sich für die Füllung auch andere eingemachte Obstsorten wie Aprikosen, Pfirsiche, Birnen, Stachelbeeren und Zwetschgen.

🔥 **Ober-/Unterhitze: 225 °C**
🔥 **Gas: Stufe 5**

Orangentorte

Diese leckere, ungewöhnlich große Torte ist genau das Richtige für Feste, bei denen endlich wieder einmal die ganze Familie zusammenkommt.

1 Teigzutaten zu einer festen Masse verarbeiten. Ausrollen und zu einem Kreis mit etwa 45 cm ∅ formen. Die Teigplatte auf ein gefettetes Backblech legen, mit einer Gabel mehrmals hineinstechen und etwa 15 Minuten backen. Noch warm auf eine Tortenplatte legen.

2 Die drei Orangen filetieren. Den Saft auffangen und mit dem Stärkemehl und den Eigelben glatt rühren. Zwei Drittel der Filets auf der Torte verteilen. Saftorangen auspressen. 750 ml Saft mit Zucker aufkochen. Die Saft-Mehl-Mischung dazugeben, aufkochen und erkalten lassen.

12 Stücke

Für den Obstkuchenteig:
250 g Mehl
50 g Zucker, 125 g Butter
1 TL Backpulver, 1 Ei

Für den Belag:
3 große Orangen
60 g Stärkemehl, 2 Eigelb
1 kg Saftorangen, 100 g Zucker
4 Blatt weiße Gelatine
250 g Schlagsahne
einige Minzeblätter
Backtrennpapier

3 Gelatine einweichen und ausdrücken. In der noch warmen Orangenmasse auflösen und erkalten lassen. Die Sahne steif schlagen. Wenn die Orangenmasse fest zu werden beginnt, Sahne unterheben.

4 Um den Tortenboden einen 5 cm hohen Streifen aus Backtrennpapier legen. Füllung auf die Torte geben, glatt streichen und im Kühlschrank fest werden lassen. Torte mit Orangenfilets und Minzeblättern verzieren.

🔥 Ober-/Unterhitze: 200 °C
🔥 Gas: Stufe 3–4

GUT ZU WISSEN

Geben Sie Gelatine niemals in kochende Speisen oder Flüssigkeiten, da sie in diesem Fall ihre Wirksamkeit verliert.

Anregende Getränke – Kaffee und Tee

*Ein schön gedeckter Tisch, etwas Gebäck und der verführerische
Duft von frischem Kaffee oder eine heiße Tasse Tee –
was gibt es Schöneres? Sehr kräftig und aromatisch wird der Kaffee,
wenn man ihn auf klassische Art zubereitet.*

Melange

400 ml Wasser
50–60 g gemahlener Kaffee
(Melange-Mischung)
150 ml Milch
4 EL Honig nach Belieben

● Den Kaffee in einer üblichen Kaffeemaschine zubereiten oder wie im Rezept Rüdesheimer Kaffee beschrieben.
● Die Milch erhitzen. Nach Belieben mit Honig süßen und aufschäumen.
● Den Kaffee in Tassen gießen und die aufgeschäumte Milch vorsichtig darüber gießen.

Tipp: Fragen Sie in Fachgeschäften nach der Melange-Mischung. Wenn Sie 4 Eigelbe unter die Melange verquirlen, erhalten Sie eine so genannte Kaiser-Melange.

Rüdesheimer Kaffee

400 ml weiches Wasser
50 g gemahlener Kaffee
4 EL Schlagsahne
40 g Feinbitterschokolade
8 Stück Würfelzucker
3 TL Weinbrand

● Das Wasser aufkochen. Das Kaffeepulver in ein vorgewärmtes Gefäß geben und das heiße Wasser darüber gießen.
● Ein paar Tropfen kaltes Wasser dazugeben, damit der Kaffee sich setzt. Zugedeckt 5–10 Minuten ziehen lassen.
● Oder den Kaffee in einer Kaffeemaschine nach den Angaben des Herstellers zubereiten.
● Die Schlagsahne steif schlagen. Die Feinbitterschokolade auf einer Küchenreibe dünn raspeln. Die Zuckerwürfel auf die Tassen verteilen, mit dem Weinbrand beträufeln und vorsichtig mit einem Streichholz anzünden.
● Den Kaffee durch ein feines Sieb darüber gießen. Dann die Schlagsahne verteilen und die Raspel darüber streuen.

Tipp: Passend zum Rüdesheimer Kaffee gibt es spezielle Rüdesheimer Kaffeetassen aus feinem Porzellan.

Ostfriesentee

etwa 600 ml weiches Wasser
6 TL ostfriesische Teemischung
4 EL Schlagsahne
4–6 TL weißer Kandiszucker

● Eine Teekanne mit heißem Wasser vorwärmen, danach ausgießen. Inzwischen das weiche Wasser aufkochen.
● Die Teeblätter in die Kanne geben und das sprudelnd kochende Wasser darüber gießen.
● 3–4 Minuten ziehen lassen. Eine zweite Teekanne vorwärmen. Den Tee durch ein Sieb in die zweite Kanne gießen. Auf einem Stövchen warm halten.
● Die Schlagsahne steif schlagen. Den Kandis auf die Tassen verteilen, den Tee darüber gießen und eine kleine Sahnehaube darauf setzen.

Pharisäer

etwa 400 ml weiches Wasser
40–50 g gemahlener Kaffee
4 TL brauner Rum
2 TL Puderzucker
5 EL Schlagsahne
1 TL Kakao

● Den Kaffee in einer Kaffeemaschine kochen.
● Oder das Wasser aufkochen. Das Kaffeepulver in ein vorgewärmtes Gefäß geben und das heiße Wasser darüber gießen.
● Ein paar Tropfen kaltes Wasser dazugeben, damit sich der Kaffee setzt. Zugedeckt 5–10 Minuten ziehen lassen.
● Die Schlagsahne steif schlagen. Dann in jede Tasse 1 TL Rum geben.
● Den Kaffee durch ein Sieb in die Tassen gießen und den Puderzucker zugeben. Jeweils ein Sahnehäubchen darauf setzen und mit Kakao bestreuen.

Käsestangen

Köstlich lockere Käsestangen bilden eine hervorragende
Ergänzung zu Wein, Sekt oder Bier und eignen sich daher optimal für ein
gemütliches Beisammensein nach dem Abendessen.

1 Zunächst den Parmesan, den Schweizer Emmentaler und den Kräuterkäse fein reiben.

2 Die Butter schaumig rühren. Die Sahne oder Milch zu der Butter geben und verrühren. Den geriebenen Käse und das Mehl zufügen und so lange verkneten, bis ein glatter Teig entstanden ist. Den Teig etwa 30 Minuten an einem kühlen Ort zugedeckt stehen lassen.

Etwa 25 Stück

60 g Parmesan
40 g Schweizer Emmentaler
20 g schnittfester Kräuterkäse
180 g Butter
2 EL Sahne oder Milch
125 g Mehl
Fett für das Backblech

3 Ein Backblech gut einfetten oder mit Backpapier auslegen. Den Teig in einen Spritzbeutel füllen und etwa 4 cm lange Streifen auf das Backpapier bzw. das gefettete Blech spritzen. Im Backofen ungefähr 30 Minuten backen, bis die Stangen goldgelb sind.

🔥 **Ober-/Unterhitze: 160 °C**
🔥 **Gas: Stufe 2**

Schrotbrötchen

Knusprige, selbst gebackene Schrotbrötchen
sind sehr gesund und verleihen dem gemütlichen Frühstück am
Wochenende eine ganz besondere Note.

GUT ZU WISSEN

Man kann sich auch in einem Naturkostladen die Weizenkörner kurz vor der Verwendung schroten lassen.

1 Zunächst 2 EL Milch oder Wasser in einem kleinen Topf lauwarm erhitzen. Dann die Hefe hineinbröckeln und den Zucker untermischen. Zugedeckt 20 Minuten gehen lassen.

2 Die Kartoffel schälen, waschen und fein reiben. Die Weizenkörner in einem Mixer oder in einer Getreidemühle schroten. Den Weizenschrot, die Weizenkeime, die Kartoffel, das Mehl, die restliche Milch (bzw. das restliche Wasser) und Salz in eine Schüssel geben.

3 Den Vorteig zugießen und mit den Rührbesen des Handrührgeräts oder der Küchenmaschine zu einem glatten Teig verkneten. Dann die Weizenkleie zufügen. Bei Bedarf etwas Wasser zugießen. Nochmals gründlich

Etwa 10 Stück

250 ml Milch oder Wasser
25 g Hefe
1 TL Zucker
1 Kartoffel
400 g Weizenkörner
2 EL Weizenkeime
2 EL Weizenmehl
1 Prise Salz
4–6 EL Weizenkleie
Backpapier
Mehl zum Bestreuen

verkneten, bis der Teig sich von der Schüssel zu lösen beginnt.

4 Den Teig zugedeckt an einem warmen Ort gehen lassen. Ein Backblech mit Backpapier belegen. Dann die Hände mit Mehl bestreuen, den Teig zu Kugeln mit 5–6 cm ⌀ formen und auf das Blech legen.

5 Nochmals gehen lassen. Im Backofen etwa 40 Minuten backen, dann die Garprobe machen. Danach noch etwa 10 Minuten im ausgeschalteten Ofen stehen lassen. Mit Butter und Aufschnitt servieren.

🔥 **Ober-/Unterhitze: 180 °C**
🔥 **Gas: Stufe 2–3**

Omas Empfehlung

Knusprige Käse-stangen passen nicht nur zu Getränken, sondern ergänzen bei-spielsweise auch eine klare Ochsenschwanz-suppe auf raffinierte Weise.

Berliner Pfannkuchen

Überall heißen die faustgroßen, mit Konfitüre gefüllten
und in heißem Schmalz ausgebackenen Kugeln aus Hefeteig „Berliner",
nur in Berlin nennt man sie schlicht „Pfannkuchen".

1 Mehl in eine Schüssel geben und eine Vertiefung in die Mitte drücken. 2 EL Milch lauwarm erhitzen und darin den Zucker, dann die Hefe auflösen und in die Vertiefung gießen. Mit etwas Mehl bestreuen und so lange gehen lassen, bis das Mehl Risse bekommt.

2 Zitrone waschen, trocknen und die Schale zur Hälfte abreiben. Restliche Milch, Eigelb, Salz und Zitronenschale zum Vorteig geben, verrühren und alles zu einem glatten Teig kneten. Zu-

12–15 Stück

500 g Mehl
125 ml Milch
60 g Zucker, 50 g Hefe
1 unbehandelte Zitrone
1 Eigelb
1 Prise Salz
etwa 200 g Konfitüre
Kokosfett zum Backen
Zucker zum Bestreuen oder
Glasur zum Überziehen

gedeckt 30 Minuten gehen lassen. Pfannkuchen formen, zum Füllen dabei jeweils 1 TL Konfitüre in die Mitte geben. Zugedeckt nochmals gehen lassen.

3 Das Fett erhitzen, bis sich Bläschen an einem Holzlöffel bilden, und die Pfannkuchen darin schwimmend ausbacken, dabei einmal umdrehen, bis sie goldbraun sind. Pfannkuchen abtropfen lassen und noch heiß in Zucker wenden oder nach dem Backen mit einer Glasur überziehen.

Nusshörnchen

Dank ihrer saftigen Füllung aus Walnüssen schmecken
diese nahrhaften Hörnchen köstlich zum Nachmittagskaffee oder -tee.

1 Für den Teig 2 EL Milch lauwarm erhitzen und darin 1 TL Zucker und die Hefe verrühren. Mehl in eine Schüssel geben, eine Vertiefung formen und die gelöste Hefe hineingeben. Mit etwas Mehl bestreuen und gehen lassen, bis sich Risse bilden.

2 Zitrone waschen, trocknen und die Schale abreiben. Restliche Milch, Butter, Ei, restlichen Zucker, Zitronenschale und 1 Prise Salz zum Teig geben und alles verkneten. 20 Minuten gehen lassen.

3 Für die Füllung 2 EL Milch und Stärkemehl verrühren. Restliche Milch aufkochen und angerührtes Stärkemehl einrühren. Restliche Zutaten bis auf das Eigelb zufügen und aufkochen lassen.

4 Den Hefeteig ausrollen und Dreiecke von 13 cm Seitenlänge schneiden. Die Nussfüllung darauf verteilen und von einer Seite her aufrollen. Zu Hörnchen biegen. Das Eigelb verquirlen und die Hörnchen bestreichen.

5 Nochmals 20 Minuten gehen lassen. Hörnchen auf ein gefettetes Blech legen und 30 Minuten im Ofen backen.

16–18 Stück

Für den Teig:
$^1/_8$ l Milch, 2 EL Zucker
25 g Hefe, 375 g Mehl
1 unbehandelte Zitrone
75 g Butter, 1 Ei, Salz

Für die Füllung:
250 ml Milch, 25 g Stärkemehl
50 g Zucker, Bourbonvanille
300 g gemahlene Walnusskerne
je $^1/_4$ TL Zimt-, Nelkenpulver,
Piment und Anis
1 Eigelb

🔥 **Ober-/Unterhitze: 200 °C**
🔥 **Gas: Stufe 3–4**

Spritzgebäck

Bei der Herstellung von Spritzgebäck sind der Phantasie keine Grenzen gesetzt: Man kann Stangen, Kränzchen oder kühn geschwungene S-Formen auf das Backblech spritzen.

1 Die Vanilleschote aufschneiden und das Mark auskratzen. Die Eier trennen und die Eigelbe mit der Marzipanmasse, dem Vanillemark, der Butter und dem Puderzucker schaumig schlagen. Das Mehl unterheben. Die Eiweiße sehr steif schlagen und vorsichtig unter den Teig ziehen.

2 Ein Backblech mit Backpapier auslegen. Den Teig in einen Spritzbeutel mit großer Sterntülle füllen und etwa walnussgroße Häufchen auf das mit Papier ausgelegte Blech spritzen.

Etwa 40 Stück

1 Vanilleschote
2 Eier
125 g Marzipanrohmasse
125 g Butter
125 g Puderzucker
250 g Mehl
1 Packung Kakaoglasur (100 g)
Backpapier

3 In den Backofen schieben und etwa 15 Minuten backen. Das nächste Blech nur etwa 10 Minuten im Ofen lassen.

4 Die Kakaoglasur in eine Schüssel geben und unter ständigem Rühren im warmen Wasserbad schmelzen. Die abgekühlten Plätzchen zur Hälfte in die Glasur tauchen und auf einem Kuchengitter trocknen lassen.

🔥 Ober-/Unterhitze: 200 °C
🔥 Gas: Stufe 3–4

GUT ZU WISSEN

Wer Puderzucker selbst herstellen möchte, findet im Fachhandel spezielle Mühlen, mit deren Hilfe man normalen Zucker puderfein mahlen kann.

Mandelgebäck

Lange vorbei sind die Zeiten, in denen man dieses Gebäck mit blausäurehaltigen Bittermandeln herstellte. Das typische Aroma wird heute mit Bittermandelöl erzielt, dem die Giftstoffe entzogen wurden.

1 Die Mandeln mit kochendem Wasser überbrühen, dann einige Minuten stehen lassen. Abziehen und in der Mandelmühle fein mahlen.

2 Die Butter schmelzen lassen. Die Mandeln, das Bittermandelöl, den Puderzucker, das Mehl, die Eier, das Hirschhornsalz und die zerlassene Butter mit den Rührbesen des Handrührgeräts oder der Küchenmaschine zu einem glatten Teig verarbeiten. Dann etwa 1 Stunde ruhen lassen.

Etwa 40 Stück

65 g Mandeln
3 EL Butter
6 Tropfen Bittermandelöl
250 g Puderzucker
375 g Mehl, 2 Eier
1 TL Hirschhornsalz
Mehl zum Ausrollen
Fett für das Blech
Puderzucker nach
Belieben

3 Den Teig nochmals durchkneten. Die Arbeitsfläche mit Mehl bestäuben und den Teig etwa 0,5 cm dick ausrollen. Kleine Quadrate ausrädeln.

4 Das Backblech einfetten und die Plätzchen darauf legen. Im Backofen etwa 15 Minuten backen. Auf einem Kuchengitter erkalten lassen und nach Belieben mit Puderzucker bestreuen.

🔥 Ober-/Unterhitze: 180 °C
🔥 Gas: Stufe 2–3

Omas Empfehlung

Prüfen Sie, ob die Mandeln frisch sind, indem Sie sie in Wasser legen. Verdorbene Mandeln schwimmen an der Wasseroberfläche und müssen aussortiert werden.

Omas Dezembermenü

Das Jahr klingt in vielen Familien mit einem kulinarischen Höhepunkt aus. Zum Weihnachtsfest oder zu Silvester gibt es traditionell Gerichte mit Fisch oder Gans. Heute neigen viele zu Pute, weil das Fleisch bekömmlicher ist. Dann kann man sich auch einen krönenden Abschluss mit einem „fürstlichen Eis" leisten.

Juliennesuppe

300 g Möhren
1 Kohlrabi oder 2 Pastinaken
Salz, 3 l Fleischbrühe
1 Stange Lauch
50 g grüne Bohnen
einige Blumenkohlröschen
50 g Palerbsen oder TK-Erbsen
5–6 Weißbrotscheiben
1 EL Butter

● Die Möhren und den Kohlrabi (oder die Pastinaken) schälen, waschen und in feine Streifen schneiden. Salzwasser aufkochen. Die Gemüsestreifen hineingeben, aufkochen und abgießen. Die Fleischbrühe aufkochen, die Gemüsestreifen darin etwa 15 Minuten weich kochen.
● Inzwischen die Lauchstange von den äußeren Blättern befreien und waschen. Die Bohnen von den Enden befreien und waschen. Lauch und Bohnen in feine Streifen schneiden. Die Blumenkohlröschen waschen. Die frischen Erbsen palen und waschen.
● Reichlich Salzwasser aufkochen. Lauch, Bohnen, Blumenkohl und frische Erbsen (oder TK-Erbsen) darin etwa 15 Minuten weich kochen. Abgießen, zur Fleischbrühe geben und noch 5 Minuten köcheln lassen.
● Das Weißbrot in feine Streifen schneiden. Die Butter in einer Pfanne erhitzen und das Brot darin goldgelb braten. Die Suppe in eine Terrine gießen. Die Brotstreifen darauf verteilen.

Gefüllte Pute

1 Pute
(küchenfertig, mit Leber)
Salz, Pfeffer

Für Füllung und Sauce:
1 kg Esskastanien (Maronen)
2,4 l Fleischbrühe
3 Zwiebeln, 1 Bund Petersilie
etwa 200 g Butter
250 g saure Sahne

● Die Pute innen und außen waschen, trockentupfen und mit Salz und Pfeffer einreiben. Für die Füllung die Kastanien an der Spitze kreuzweise einschneiden und im Backofen bei 180 °C (Gas Stufe 2–3) etwa 15 Minuten backen, bis die Schalen aufplatzen.
● Kurz abkühlen lassen, von den Schalen und der Haut befreien. In einen großen Topf geben und 2 l Brühe zugießen, bis die Kastanien fast bedeckt sind. Aufkochen, dann etwa 20 Minuten bei mittlerer Hitze weich kochen (sie sollen aber nicht zerfallen).
● Inzwischen die Leber waschen und trockentupfen. Die Zwiebeln abziehen. Die Petersilie waschen und trockentupfen. Leber fein wiegen, Zwiebeln und Petersilie fein hacken. 1 EL Butter erhitzen, Leber, Zwiebeln und Petersilie etwa 3–4 Minuten darin braten.
● Die Kastanien abgießen. Kastanien mit der Leber-Zwiebel-Masse mischen. Salzen und pfeffern.
● Die Pute mit der Masse füllen und mit Küchengarn zunähen. Mit der restlichen Butter in eine große Bratenpfanne geben. Zugedeckt etwa 45 Minuten bei 200 °C (Gas Stufe 3–4) braten, dabei mehrmals mit Butter begießen. Je nach Größe die Pute nochmals ohne Deckel 45 Minuten braten, dabei häufig mit der Butter begießen.
● Die Pute vom Garn befreien und warm stellen. Den Bratensatz entfetten, mit 400 ml Brühe ablöschen und die Sahne zugeben. Die Sauce zur Pute servieren. Dazu passen rohe Kartoffelklöße und Rapunzelsalat.

Fürst-Pückler-Eis

875 g Schlagsahne
3$\frac{1}{2}$ EL Zucker
6 Mandelmakronen, 4 EL Kirschsirup
200 g TK-Erdbeeren
1 unbehandelte Orange
80 g Bitterschokolade
1 EL Milch

● 750 g Sahne steif schlagen, zum Schluss 3 EL Zucker einrieseln lassen. In drei Portionen teilen. Die Makronen zerkleinern und den Kirschsirup darüber gießen. TK-Erdbeeren auftauen lassen und pürieren. Orange waschen, trocknen und die Schale abreiben. Schokolade, Orangenschale und Milch erhitzen, bis die Schokolade geschmolzen ist. Etwas abkühlen lassen. Mit einem Drittel der Sahne vermischen.
● Das Erdbeerpüree unter das zweite Drittel Sahne ziehen. Das letzte Drittel mit den Makronen mischen. Eine Kastenform kalt ausspülen. Nacheinander die Makronen-, Erdbeer- und Schokoladenmasse einfüllen, jedoch erst wenn die Oberfläche der vorigen Schicht jeweils fest ist.
● Über Nacht ganz gefrieren lassen. Die restliche Sahne steif schlagen, den restlichen Zucker einrieseln lassen. Zum Eis servieren. Zur Verzierung eignen sich Schokoladensplitter.

Mohnkränzchen

Wenn Sie Mohn mögen, sollten Sie unbedingt einmal dieses leckere, einfach herzustellende Gebäck ausprobieren – Sie werden beim Kaffeekränzchen damit viel Ehre einlegen.

1 Butter schaumig rühren. Dann unter ständigem Rühren nach und nach den Zucker, den Vanillezucker und das Ei zufügen.

2 Das Mehl und das Stärkemehl gut mischen. Dann abwechselnd mit dem Mohn esslöffelweise unter die Buttermasse rühren, bis ein homogener Teig entstanden ist.

3 Ein Backblech einfetten oder anfeuchten und dann mit Backpapier auslegen. Den Teig in einen Spritzbeutel mit gezackter Tülle füllen und Kränzchen mit etwa 4 cm ⌀ auf das Backblech spritzen.

Etwa 40 Stück

175 g Butter
100 g Zucker
1 Päckchen Vanillezucker
1 Ei
175 g Mehl
75 g Stärkemehl
100 g gemahlener Mohn
Fett für das Blech
oder Backpapier

4 Im Backofen etwa 10 Minuten backen. Auf ein Kuchengitter legen und erkalten lassen.

Variante: Für Mohntörtchen 250 g Mohn, 90 g Butter, 125 g Zucker, 5 Eigelbe und etwas Rosenwasser verrühren. 4 Eiweiße steif schlagen und unterziehen. Feuerfeste Auflaufförmchen mit Blätterteig auslegen. Die Mohnmasse einfüllen. Bei 180 °C backen.

🔥 **Ober-/Unterhitze: 180 °C**
🔥 **Gas: Stufe 2–3**

Heidesand

Seinen typischen Geschmack erhält dieses aus Niedersachsen stammende Gebäck dadurch, dass die Butter erst gebräunt wird, dann erkaltet und zum Schluss schaumig gerührt wird.

1 Die Butter schmelzen und leicht haselnussbraun werden lassen. Die abgekühlte Butter in einer Schüssel mit dem Zucker und dem Vanillezucker schaumig rühren.

2 Mehl und Hirschhornsalz zufügen und unterrühren. Ist der Teig sehr weich, stellt man ihn zugedeckt 30 Minuten in den Kühlschrank.

3 Dann den Teig herausnehmen und zu Rollen mit etwa 3 cm ⌀ formen. In Klarsichtfolie wickeln und 1 Stunde in den Kühlschrank stellen. Dann die Rollen nacheinander aus dem Kühlschrank

Etwa 40 Stück

125 g Butter
125 g Zucker
2 Päckchen Vanillezucker
200 g Mehl
1 Msp. Hirschhornsalz
Fett für das Blech
Zucker zum Verzieren
nach Belieben

nehmen, weil der Teig verhältnismäßig schnell weich wird. Mit einem Messer in etwa 1 cm dicke Scheiben schneiden.

4 Ein Backblech einfetten oder befeuchten und mit Backpapier auslegen. Die Heidesand-Plätzchen darauf legen und etwa 20 Minuten hellbraun backen. Nach Belieben die Plätzchen noch heiß in Zucker wenden. Auf einem Kuchengitter erkalten lassen.

🔥 **Ober-/Unterhitze: 180 °C**
🔥 **Gas: Stufe 2–3**

Mürbeplätzchen

In der Adventszeit stehen die „Ausstecherle", wie die einfachen Mürbeplätzchen auch genannt werden, bei Kindern hoch im Kurs, denn hier können sie nach Herzenslust beim Backen mithelfen.

1 Das Mehl auf die Arbeitsfläche oder das Backbrett geben und eine Vertiefung in die Mitte drücken. Die Butter in Stücke schneiden und mit dem Puderzucker, dem Ei und dem Salz in die Vertiefung geben, wo alles gut vermischt wird.

2 Dann die Zutaten mit beiden Händen rasch zu einem glatten Teig verkneten. In Folie wickeln und 30 Minuten im Kühlschrank ruhen lassen.

3 Die Arbeitsfläche mit Mehl bestreuen und den Teig mit einem Wellholz dünn ausrollen. Dann mit Ausstechförmchen verschiedene Motive ausstechen.

4 Das Backblech einfetten und die Plätzchen darauf legen. Das Eigelb und die Schlagsahne verquirlen und das Gebäck damit bepinseln. Nach Belieben verzieren. 10–15 Minuten backen. Auf einem Kuchengitter erkalten lassen.

Etwa 50 Stück

400 g Mehl, 200 g Butter
100 g Puderzucker
1 Ei, 1 Prise Salz
1 Eigelb, 2 TL Schlagsahne
Mehl zum Ausrollen
Fett für das Backblech
Belag nach Belieben
(z. B. Belegkirschen,
Mandeln oder
Nonpareille)

🔥 **Ober-/Unterhitze: 200 °C**
🔥 **Gas: Stufe 3–4**

GUT ZU WISSEN

Wer Kindern eine vorweihnachtliche Freude bereiten will, verziert die Mürbeplätzchen mit Nonpareille. Hierunter versteht man bunte Zuckerstreusel.

Spekulatius

Zu Ehren des heiligen Nikolaus wird dieses würzige,
am Niederrhein beheimatete Weihnachtsgebäck schon seit Jahrhunderten
für den Nikolaustag am 6. Dezember gebacken.

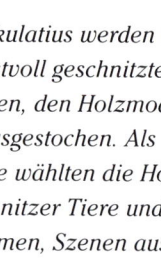

Spekulatius werden mit kunstvoll geschnitzten Formen, den Holzmodel ausgestochen. Als Motive wählten die Holzschnitzer Tiere und Blumen, Szenen aus dem täglichen Leben und Religiöses – es gibt kaum etwas, was nicht Pate für eine Spekulatiusform stand. Die kleineren Motive sind meist, wie oben zu sehen, zusammengefasst, aber es gibt auch Einzelmodel von beträchtlicher Größe.

1 Mehl und Backpulver mischen und auf die Arbeitsfläche oder ein Backbrett geben. In die Mitte eine Vertiefung drücken.

2 Den Zucker, den Vanillezucker, die Gewürze und das Ei in die Vertiefung geben und mit einem Teil des Mehls zu einer zähflüssigen Masse verarbeiten.

3 Butter in Stücke schneiden und zugeben. Mit den gemahlenen Mandeln bedecken und von der Mitte aus alle Zutaten schnell zu einem glatten Teig verkneten. Sollte er kleben, stellt man ihn eine Zeit lang in den Kühlschrank. Den Backofen vorheizen.

Etwa 70 Stück

250 g Weizenmehl
1 Msp. Backpulver
125 g Zucker
1 Päckchen Vanillezucker
1/2 Fläschchen Rum-Aroma
1 gut gehäufter TL Zimt
je 1/2 gestrichener TL Nelkenpulver und Kardamom
1 Msp. gemahlene Muskatblüte
1 Ei, 75 g Butter
75 g gemahlene Mandeln
etwa 50 g Mandelblättchen
zum Ausrollen

4 Arbeitsfläche mit Mandelblättchen bestreuen und den Teig etwa 3–4 mm dick darauf ausrollen. Mit beliebigen Formen ausstechen oder Spekulatiusmodel mit Mehl bestreuen und den Teig in die Vertiefungen drücken. Man löst das Gebäck aus der Form, indem man den Model auf der Arbeitsplatte „ausklopft".

5 Ein Backblech einfetten und die Spekulatius darauf legen. Etwa 10 Minuten im Ofen backen.

🔥 **Ober-/Unterhitze: 190 °C**
🔥 **Gas: Stufe 3**

Zimtsterne

Was wäre der Weihnachtsteller ohne die aromatisch
duftenden Zimtsterne? Das Ausstechen braucht zwar ein wenig Geduld,
dafür ist der Teig jedoch im Handumdrehen fertig.

1 Den Puderzucker durch ein Sieb streichen. Die Mandeln in der Mandelmühle mahlen.

2 Die beiden Eiweiße steif schlagen. Dann den Puderzucker esslöffelweise unter ständigem Schlagen zufügen. 3 EL von der Masse abnehmen und für den Überzug der Zimtsterne beiseite stellen.

3 Die Mandeln mit dem Zimt mischen und vorsichtig unter die Eiweiß-Puderzucker-Mischung heben. Den Teig ungefähr 30 Minuten ruhen lassen.

Etwa 60 Stück

150 g Puderzucker
250 g ungeschälte Mandeln
2 Eiweiß
1 TL Zimt
Backtrennpapier

4 Dann den Teig zwischen zwei Lagen Klarsichtfolie etwa 1 cm dick ausrollen. Die obere Folie entfernen und kleine Sterne ausstechen.

5 Ein Backblech einfetten. Die Sterne darauf legen und Backtrennpapier dazwischen legen. Mit der beiseite gestellten Eiweißmasse bestreichen. Im Backofen etwa 40 Minuten backen.

🔥 **Ober-/Unterhitze: 150 °C**
🔥 **Gas: Stufe 1**

Omas Empfehlung

Wer Haselnüsse nicht mag oder nicht verträgt, kann die Vanillekipferl auch mit gemahlenen Mandeln zubereiten.

Vanillekipferl

Wie das schöne Wort „Kipferl" schon verrät, stammt dieses leckere Gebäck aus Österreich. Inzwischen haben die Vanillekipferl auch die Nachbarländer erfolgreich erobert.

1 Die Butter bei Zimmertemperatur weich werden lassen. Die Haselnusskerne in der Mandelmühle fein mahlen. Die Butter, den Puderzucker, die Haselnüsse und das Mehl erst verrühren, dann von Hand verkneten. Den Teig in Klarsichtfolie wickeln und mindestens 1 Stunde, am besten aber über Nacht, kalt stellen.

2 Vor der Weiterverarbeitung die Hände mit Mehl bestäuben. Den Teig zu einer fingerdicken Rolle formen und in ungefähr 5 cm lange Stücke schneiden. Daraus Hörnchen formen, dabei die Enden dünner auslaufen lassen.

3 Ein Backblech einfetten und die Kipferl darauf legen. Im Ofen etwa 25 Minuten backen, die nächsten Bleche nur 20 Minuten. Den Vanille- und Puderzucker mischen und die noch heißen Kipferl darin wenden. Auf einem Kuchengitter erkalten lassen.

Etwa 70 Stück

140 g Butter
70 g Haselnusskerne
50 g Puderzucker
210 g Mehl
Mehl zum Formen
Fett für das Blech
3 Päckchen Vanillezucker und
2 EL Puderzucker zum
Wenden

🔥 Ober-/Unterhitze: 175 °C
🔥 Gas: Stufe 2

Springerle

Das bekannteste schwäbische Weihnachtsgebäck
sind zweifellos die Springerle. Für ihre Herstellung werden aus Holz
geschnitzte Formen, so genannte Model, benutzt.

1 Eier, Zucker und Vanillezucker mit den Rührbesen des Handrührgeräts oder der Küchenmaschine verrühren, bis eine cremige Masse entstanden ist. Mehl, Hirschhornsalz und Salz vermischen und unter die Eier-Zucker-Masse heben. Ist der Teig zu klebrig, etwas Mehl zufügen. Zugedeckt etwa 2 Stunden kalt stellen.

2 Die Arbeitsfläche mit Mehl bestreuen und den Teig darauf 5–6 mm dick ausrollen. Model auf der Bildseite mit Wasser befeuchten und sorgfältig mit Mehl bestäuben. Model fest auf die Teig-

platte drücken, damit sich das Bild abzeichnet, danach sofort abnehmen. So mit dem ganzen Teig verfahren. Model vor jedem Auflegen mit Mehl bestäuben.

3 Springerle am Modelrand entlang ausschneiden. Ein Backblech mit Backpapier auslegen. Die Springerle darauf legen und über Nacht trocknen lassen. Dann den Ofen vorheizen und das Gebäck etwa 35 Minuten backen.

Etwa 80 Stück

2 Eier
250 g Zucker
2 Päckchen Vanillezucker
etwa 250 g Mehl
1 gute Msp. Hirschhornsalz
1 Prise Salz
Holzmodel von 5 x 9 cm
Mehl für die
Arbeitsfläche

🔥 Ober-/Unterhitze: 150 °C
🔥 Gas: Stufe 1

Belgrader Brot

Das Belgrader Brot fehlte früher in keinem Kochbuch.
Hinter seinem etwas irreführenden Namen verbirgt sich ein Kleingebäck,
das hauptsächlich in der Weihnachtszeit auf den Tisch kam.

1 Die Zitrone waschen, trockentupfen, die Hälfte der Schale abreiben und den Saft auspressen. Die Eier, die Eigelbe und den Zucker mit den Rührbesen des Handrührgeräts oder der Küchenmaschine verrühren, bis eine cremige Masse entstanden ist.

2 Mandeln zur Eiercreme geben und verrühren. Zitronat und Orangeat hacken. Mit dem Zimt, dem Nelkenpulver, der Zitronenschale und der Pottasche unter die Creme rühren. Das Mehl zufügen und alles zu einem glatten Teig verkneten.

Etwa 70 Stück

1 unbehandelte Zitrone
4 Eier, 6 Eigelb, 500 g Zucker
500 g gemahlene Mandeln
30 g Zitronat
30 g Orangeat
1 TL Zimt, 1 Msp. Nelkenpulver
2 Msp. Pottasche, 500 g Mehl
50 g Puderzucker
1 EL Zitronensaft
Mehl zum Bestreuen
Backpapier

3 Die Arbeitsfläche mit Mehl bestreuen und den Teig darauf 0,5 cm dick ausrollen. In Rechtecke von etwa 4 × 8 cm schneiden, dann 3 Stunden stehen lassen.

4 Ein Blech mit Backpapier belegen, das „Brot" darauf legen und backen, bis es hellbraun ist. Für die Glasur Puderzucker und Zitronensaft verrühren und auf das erkaltete Gebäck streichen.

🔥 Ober-/Unterhitze: 180 °C
🔥 Gas: Stufe 2–3

GUT ZU WISSEN

Hirschhornsalz ist ein hervorragendes Treib-mittel für flaches Gebäck, das seine Wirkung im Backofen entfaltet. Man rechnet etwa 10 g auf 500 g Mehl.

Pfefferkuchen

Damit die würzigen Pfefferkuchen rechtzeitig zum Nikolaustag fertig werden, setzt man den Teig am besten schon im November an, denn er muss vor der Verarbeitung viele Tage ruhen.

1 Die Zitrone waschen, trockentupfen und die Hälfte der Schale abreiben. Das Mehl in eine Schüssel geben und mit der Zitronenschale, dem Nelkenpulver, dem Kardamom und dem Zimt mischen.

2 Die Butter und den Honig in einem Topf aufkochen lassen. Zum Mehl geben und alles gut verrühren. Die Pottasche im Wasser auflösen und unter den Teig mischen. Lebkuchenteig 8–21 Tage zugedeckt an einem mäßig warmen Ort stehen lassen.

3 Dann den Teig 0,5 cm dick auf der bemehlten Arbeitsfläche ausrollen und in 3 × 8 cm große Rechtecke schneiden. Ein Backblech einfetten und das Gebäck darauf legen.

4 Im Ofen etwa 10 Minuten backen. Kurz vor Ende der Backzeit das Gebäck mit Kaffee bestreichen und fertig backen. Auf einem Kuchengitter erkalten lassen.

🔥 Ober-/Unterhitze: 175–180 °C
🔥 Gas: Stufe 2–3

Etwa 80 Stück

1 unbehandelte Zitrone
250 g Mehl
je 1 Msp. Nelkenpulver, Kardamom und Zimt
65 g Butter, 250 g Honig
2 Msp. Pottasche
knapp 2 EL Wasser
Mehl zum Bestreuen
Butter zum Einfetten
3–4 EL starker Kaffee

GUT ZU WISSEN

Pottasche macht Teige mit hohem Zuckergehalt, z. B. Honigkuchen- und Lebkuchenteig, schön locker. Man lässt einen mit Pottasche versetzten Teig vor dem Backen einige Stunden oder Tage ruhen, damit das Treibmittel seine volle Wirksamkeit entfalten kann.

Aachener Printen

Die Printen stammen, genau wie die Spekulatius,
aus dem Niederrheinischen. Ursprünglich wurde das Gebäck mithilfe
von Ton- oder Kupfermodel aus dem Teig „gedruckt".

1 Die Pottasche in Rum auflösen. Den Sirup mit der Butter und dem Zucker in einen Topf geben und bei schwacher Hitze so lange aufkochen lassen, bis sich der Zucker gelöst hat.

2 Die Masse unter Rühren abkühlen lassen. Nüsse, Zitronat, Zimt, Nelkenpulver, Kardamom, Muskatnuss und zwei Drittel des Mehls unter den Sirup rühren.

3 Das restliche Mehl und die aufgelöste Pottasche zufügen. Den Teig gut durchkneten und dann 2–3 Stunden ruhen lassen. Den Backofen vorheizen.

Etwa 80 Stück

6 g Pottasche, 1 TL Rum
250 g Zuckerrübensirup
65 g Butter, 250 g Zucker
200 g gemahlene Haselnusskerne
65 g Zitronat
2 gestrichene TL Zimt
1 gestrichener TL Nelkenpulver
1 gestrichener TL Kardamom
1 Prise Muskatnuss, 500 g Mehl
2 EL Milch, 50 g Hagelzucker
Mehl zum Bestreuen
Backpapier

4 Die Arbeitsfläche mit Mehl bestreuen. Den Teig 0,5 cm dick ausrollen und Rechtecke von etwa 3 × 8 cm Größe schneiden. Ein Backblech mit Backpapier auslegen.

5 Die Rechtecke dünn mit Milch bestreichen und mit Hagelzucker bestreuen. Auf das Blech legen und etwa 8–10 Minuten backen, bis die Printen goldbraun sind. Auf ein Kuchengitter legen und erkalten lassen.

🔥 Ober-/Unterhitze: 200 °C
🔥 Gas: Stufe 3–4

Der Sage nach waren die Printen das Lieblingsgebäck Karls des Großen, und man gab ihm eine Abschrift des Rezepts mit ins Grab. Jahrhunderte später überredete ein Bäckerlehrling den Teufel, ihm bei der Wiederbeschaffung zu helfen. Seitdem lassen sich die Aachener die Printen wieder schmecken. Den Teufel aber ließ der Lehrling die Printen kosten, bevor er den versprochenen Lohn, den Schlüssel zum Münster, erhalten sollte. Diese List funktionierte, denn der Teufel verschlang die Printen so gierig, dass er mit fürchterlichem Bauchgrimmen zur Hölle fuhr.

Christstollen

Der Stollen ist im Grunde ein christliches Ursymbol, das die Wiege darstellen soll, in die das Christkind gelegt wurde. Die Geburtsstunde des heutigen Stollens schlug allerdings nicht im fernen Bethlehem, sondern in Sachsen.

Stollen gibt es nicht nur in Sachsen, sondern in den verschiedensten Variationen auch in anderen Regionen Deutschlands, etwa als Klöben in Norddeutschland. In Schlesien nannte man ihn Striezel. Der Dresdner Stollen ist jedoch der mit Abstand berühmteste und traditionsreichste. So gab August der Starke von Sachsen einst einen 25 kg schweren Stollen bei seinem Bäcker in Auftrag. Er drohte jeden Bäcker einen Kopf kürzer zu machen, wenn zum Kuchen schlechtes Mehl verwendet würde.

1 Sultaninen und Korinthen waschen, trocknen lassen, in eine Schüssel geben, mit dem Rum übergießen, 20 Minuten stehen lassen, dann in einem Sieb abtropfen lassen.

2 Hefe in eine Schüssel bröckeln, 2 TL Zucker und 3 EL Milch zufügen, verrühren und 15 Minuten bei Zimmertemperatur stehen lassen. Inzwischen die Butter schmelzen.

3 Zwei Drittel des Mehls in eine Rührschüssel sieben, in die Mitte eine Vertiefung drücken und Zucker, Vanillezucker, Salz, Zitronen- und Bittermandelöl, Kardamom und Muskatblüte sowie die zerlassene Butter an den Rand des Mehls geben.

4 Die angesetzte Hefe in die Vertiefung geben. Von der Mitte aus mit dem Mehl, der restlichen Milch und den übrigen Zutaten verrühren.

5 Dann das restliche Mehl dazugeben. Den Teig so lange kneten, bis er glatt ist, und zum Schluss Sultaninen und Korinthen, Zitronat und Mandeln zufügen.

6 Den Teig an einem warmen Ort so lange gehen lassen, bis sich seine Höhe in etwa verdoppelt hat. Dann gut durchkneten und zu einem Laib formen. Um die typische Stollenform zu erzielen, den Laib ein wenig von der Mittelachse entfernt längs mit einem Holzstab eindrücken. Das größere Teigstück flach rollen und dann zu der durch den Holzstab geformten Vertiefung hin einschlagen.

7 Ein Blech mit Backpapier auslegen. Den Stollen darauf legen und an einem warmen Ort so lange gehen lassen, bis er sich sowohl in der Breite wie in der Höhe etwa um die Hälfte vergrößert hat. Den Ofen auf 250 °C vorheizen und den Stollen hineinschieben. Dann die Tem-

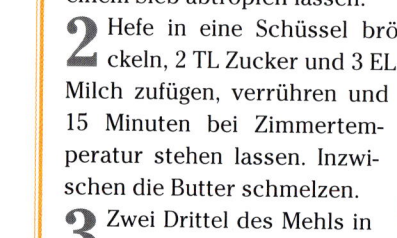

50 Scheiben

250–375 g Sultaninen
125 g Korinthen
2 EL Rum
2 Würfel Hefe
2 TL Zucker
250 ml Milch
250 g Butter
750 g Weizenmehl
125 g Zucker
1 Päckchen Vanillezucker
etwas Salz
6 Tropfen Zitronenöl
6 Tropfen Bittermandelöl
1 Msp. gemahlener Kardamom
1 Msp. gemahlene Muskatblüte
100 g fein gewürfeltes Zitronat
100 g abgezogene gemahlene Mandeln
75 g Butter zum Bestreichen
Puderzucker zum Bestäuben
Backpapier

peratur auf 160 °C reduzieren und den Stollen 45–55 Minuten backen.

8 Die zum Bestreichen vorgesehene Butter schmelzen. Den noch warmen Stollen damit einpinseln und anschließend dick mit Puderzucker bestäuben.

Variante: Für den gefüllten Weihnachtsstollen je 150 g Korinthen und Rosinen waschen und abtropfen lassen. Mit 150 g gehackten Mandeln, 150 g Pistazien, 100 g Zitronat, 100 g Orangeat, 2 EL Rum oder Orangensaft und 1 TL Vanillearoma mischen. Über Nacht ziehen lassen. 1 kg Mehl, 3 Päckchen Trockenhefe, 125 g Zucker, 1 Prise Salz mischen. 4 Eier, 400 g geschmolzenes Butterschmalz und nach und nach etwa 1/8 l Milch zugeben. Gut durchkneten. Mindestens 2 Stunden gehen lassen wie oben beschrieben. Die Korinthenmasse abtropfen lassen und unter den Teig kneten. Nochmals 2 Stunden gehen lassen. Für die Füllung 1 unbehandelte Limette waschen, trocknen, die Schale abreiben und den Saft auspressen. 200 g Marzipanrohmasse, 200 g Puderzucker, 100 g gehackte Mandeln oder Pistazien, Limettenschale und -saft verkneten. Zwei Rollen formen. Den Hefeteig in zwei Hälften schneiden und ausrollen. Jede Hälfte zu einem Stollen formen, dabei je eine Marzipanrolle einarbeiten. Die Stollen auf ein gefettes Backblech legen und etwa 20 Minuten gehen lassen. Etwa 50 Minuten im auf 175 °C (Gas Stufe 2) vorgeheizten Ofen backen. Mit Butter bestreichen und mit Puderzucker bestäuben.

🔥 **Ober-/Unterhitze: 250 °C bzw. 160 °C**
🔥 **Gas: Stufe 5 bzw. 1–2**

Omas
Empfehlung

*Den Stollen sollten
Sie eine Woche stehen
lassen, bevor Sie ihn
anschneiden. Bleibt
ein Weihnachtsstollen
übrig, kann er gut
verpackt bis weit ins
Frühjahr aufbewahrt
werden.*

Kleines Lexikon der Begriffe

Abbrennen Eine Masse (z. B. Teig) auf der Kochstelle mit dem Holzlöffel so lange bearbeiten, bis sie sich glatt vom Löffel und dem Topf löst.

Abdämpfen Gemüse, Nudeln und Reis, die gegart und abgegossen sind, über der Kochstelle schwenken, sodass die verbliebene Flüssigkeit verdampft.

Abhängen Rindfleisch, Wild und Wildgeflügel nach dem Schlachten im Kühlraum oder auf Eis lagern, damit das Fleisch eine bessere Konsistenz erhält.

Abhäuten Das Entfernen der dünnen Häute vom Fleisch, bevor man es z. B. spicken will.

Ablöschen Den Bratensatz von gebratenem Fleisch, Fisch, Geflügel oder Gemüse mit Brühe oder Wein aufgießen und unter Rühren loskochen.

Abschäumen Den Schaum, der beim Aufkochen von Fleischbrühe an der Oberfläche entsteht, mit einem Schaumlöffel abschöpfen.

Abschmälzen (auch schmälzen) Speisen, insbesondere Teigwaren, mit gebräunter Butter oder Schweineschmalz übergießen.

Abschmecken Während der Zubereitung von Speisen das Zufügen von Gewürzen oder Kräutern, bis der gewünschte Geschmack erreicht ist.

Abschrecken Kochenden Speisen, beispielsweise Suppen, Brühen, Nudeln oder Gemüse, kaltes Wasser oder ein Stück Eis zugeben, um die Temperatur herabzusetzen, sodass sich das darin befindliche Fett an der Oberfläche absetzt und abgeschöpft werden kann.

Agar-Agar Pflanzliches Dickungsmittel aus braunen oder roten Meeresalgen, das für Cremes, Gelees, Puddings und Saucen verwendet wird.

Anbraten Fleisch nur so lange braten, bis sich die Poren geschlossen haben und das Fleisch etwas Farbe angenommen hat. Je nach Grad unterscheidet man leichtes oder starkes Anbraten. Zwiebeln werden unter Rühren kurz angebraten, bevor die anderen Zutaten zugefügt werden.

Anschwitzen Bratgut in heißem Fett gelb werden lassen.

Arrowroot (auch Pfeilwurz) Das Mehl der aus Asien stammenden Pflanze dient zum Binden von Flüssigkeiten und ist dem Kartoffelmehl ähnlich, hat aber den Vorzug, nicht zu trüben.

Aspik Fleischgallert, hergestellt aus Fleischteilen wie Schweins- oder Kalbsfüßen, Schwarten, Schweins- oder Kalbskopf. Ferner jene Speisen, die mit durchsichtigem Gallert in Formen gebracht und später gestürzt werden.

Aufkochen Der Garpunkt, an dem die Kochflüssigkeit sprudelnd kocht.

Ausbacken Siehe Frittieren.

Auslassen Speck, Flomen u. Ä. anbraten, bis das Fett ausgelaufen und goldbraun ist.

Auslegen Ein Blech oder den Boden einer Form mit Backpapier auslegen, damit der Inhalt nach dem Backen eine festere Form hat. Dieselbe Funktion haben ausgelegte Gemüsescheiben, Gebäck usw. Sie dienen auch zur Verzierung.

Auslesen Verdorbene oder beschädigte Früchte vor der weiteren Verarbeitung aussortieren.

Ausstechen Mit Ausstechformen aus einem ausgerollten Teig kleine Kuchen und Gebäck herstellen.

Ausstreuen Eine Form mit Mehl, Zucker, Semmelbröseln, gehackten Mandeln oder Pistazien gleichmäßig dicht bestreuen. Dem Ausstreuen geht meist das Einfetten mit zerlassener Butter oder Öl voraus.

Backofentemperatur Verhältnis der Temperaturen im elektrischen Backofen zur Einstellung beim Gasofen: 140 °C wie Stufe 0–1, 150 °C wie Stufe 1, 160 °C wie Stufe 1–2, 170 °C wie Stufe 2, 180 °C wie Stufe 2–3, 190 °C wie Stufe 3, 200 °C wie Stufe 3–4 usw.

Backpulver Ein Treibmittel, das durch Feuchtigkeit und Wärme gasförmiges Kohlendioxid freisetzt und damit den Teig „gehen lässt". Backpulver wird überwiegend für Rührteig verwendet. Auf 500 g Mehl nimmt man ein Päckchen Backpulver.

Béchamel Weiße Sauce, deren Fond aus Milch besteht und die als Grundlage für andere Saucen dient. Benannt nach dem Erfinder, Marquis de Béchamel (Haushofmeister Ludwigs XIV.).

Beizen (auch Marinieren) 1. Lebensmittel in eine aus Essig oder Zitronensaft hergestellte Brühe legen, um diese wohlschmeckender und mürber zu machen oder sie zu konservieren. 2. Fleisch-, Fisch- und Gemüsesalate mit Zitronensaft, Petersilie, Zwiebeln, Gewürzen und Öl anmachen und einige Zeit stehen lassen.

Bestäuben Speisen mit einer Schicht Mehl, Puderzucker u. Ä. dünn bedecken.

Bestreuen Das Verzieren von gekochten Speisen, beispielsweise mit Petersilie, Dill, Schnittlauch usw. Zum Bestreuen von Backwaren und Desserts eignen sich Puderzucker, Kakaopulver, geriebene Schokolade, Mandelblättchen, Mandelstifte, Nüsse, gehacktes Backobst usw.

Beurre manié (auch Mehlbutter) Gleiche Teile Butter und feinstes Weizenmehl werden intensiv miteinander vermischt. Sie dient zum Sämigmachen von Suppen, Saucen und Gemüsen, die dann sofort serviert werden sollen. Mit Mehlbutter gebundene Speisen dürfen nicht mehr kochen, da sie sonst nach Mehl schmecken.

Binden Sämig machen. Hierzu verwendet man Mehl, Eigelb, Beurre manié, Semmelbrösel und Lebkuchen.

Biskuitteig Besteht aus einer schaumigen Masse, die nicht lange stehen darf, da sie sonst zusammenfällt.

Bitterorange (auch Pomeranze) Die Stammform vieler Zitrusfrüchte, eignet sich für Konfitüren und Saucen.

Blanchieren Gemüse in reichlich kochendes Wasser geben, kurz sprudelnd kochen lassen, abgießen oder herausnehmen. Sofort mit kaltem Wasser begießen. Das Blanchieren soll beispielsweise Kohlblätter für das Aufrollen weich machen oder Gemüse den strengen Geschmack entziehen.

Blätterteig Kann für salziges und süßes Gebäck verwendet werden. Bei der Zubereitung wird die Butter schichtweise in den Mehlteig eingearbeitet, dadurch wird er „blättrig".

Blaukochen (auch „au bleu") Technik zum Garen von Fischen. Karpfen, Aal, Schleie, Forelle und Hecht in Stücken oder komplett mit Haut werden in Essigwasser gegart oder mit kochendem Essig übergossen. Auf diese Weise erhalten sie eine blaue Färbung.

Blindbacken Einen Kuchenboden, der später eine Füllung erhalten soll, mit Back- oder Pergamentpapier bedecken, zur Beschwerung mit Hülsenfrüchten belegen und dann halb gar backen.

Bouquet garni Gewürzsträußchen, das je nach Zweck aus Kerbel, Petersilie, Schnittlauch, Estragon, Thymian, Majoran, Lorbeerblättern und Zwiebeln zusammengestellt ist. Es wird vor dem Servieren der Speise entfernt.

Brandteig Wird im Topf heiß gerührt, deshalb geht er auf und bildet ein luftiges Gebäck.

Braten Etwas zunächst nur in heißem Fett ohne weitere Flüssigkeit bräunen.

Bratenfond (auch Bratensatz) Eine geringe Menge Flüssigkeit, die beim Braten entsteht und sich als bräunliche Masse am Boden der Bratgefäße befindet. Wird mit etwas Wasser, Wein, Brühe, Fond, Sahne u. a. abgelöst und gibt den entsprechenden Saucen den eigentlichen Geschmack.

Charlotte 1. Zylindrische und glattwandige Form. 2. Kalte und warme Süßspeisen, die in solchen Formen hergestellt werden.

Crème double Dickflüssiger Doppelrahm mit 40 % Fettgehalt.

Croûtons In Butter geröstetes Weißbrot in verschiedenen Formen. Dienen als Suppeneinlage, Beilage oder Füllung für Klöße.

Dämpfen Eine Art des Garens, bei der die Speisen ohne Wasser mit etwas Fett im eigenen Saft zubereitet werden.

Demi-glace 1. Eine sehr gut verkochte, mit Madeira zubereitete braune Sauce. 2. Halbgefrorenes, zum größten Teil mit Schlagsahne zubereitet.

Dijonsenf Der wohl berühmteste Senf, der aus Dijon in Frankreich stammt. Aus gesiebten schwarzen oder braunen Senfkörnern mit Most bzw. Wein und Alkohol. Sehr feiner, leicht scharfer und doch fruchtiger Geschmack.

Dill Einjähriges Doldengewächs, kann im Garten und Blumentopf gezogen werden. Wird frisch beispielsweise für Gurkensalat verwendet.

Dörren Trocknen von Obst und Gemüse an der Luft oder im Backofen.

Dressieren 1. Flügel und Keulen bei Geflügel durch Festbinden mit Küchen-

garn in der gewünschten Stellung festhalten. Man kann auch die untere Bauchhaut des Geflügels einschneiden und die Keulenenden über Kreuz einstecken. 2. Forellen vor dem Kochen rund legen und Kopf und Schwanz mit Garn zusammenbinden.

Dünsten Garen in wenig Flüssigkeit, bei wasserreichem Gut oft im eigenen Saft. Wichtig ist die geregelte Wärmezufuhr, damit nur so viel Flüssigkeit verdampft wie auch wieder kondensiert.

Durchschlagen Siehe Passieren.

Eierstich Im Wasserbad gekochte Mischung aus gleichen Teilen Ei und Milch mit Salz und Muskatnuss oder gehackten Kräutern usw. Wird in Scheiben, Streifen und Würfel geschnitten als Suppeneinlage verwendet.

Einbrennen Speisen mit Mehlschwitze („Einbrenne") vermischen, um diese sämig zu machen.

Einkochen 1. Flüssigkeiten durch längeres Kochen gehaltvoller machen bzw. Saucen eindicken, indem das enthaltene Wasser verdampft wird. 2. Anderer Ausdruck für einmachen, konservieren.

Einlage Feste Bestandteile von Suppen, Pasteten und Saucen, die oft auch als Namensgeber der Speise fungieren.

Eischnee (auch Eierschnee) Steif geschlagenes Eiweiß: Eier sorgfältig trennen, das Eiweiß zunächst langsam, dann stärker schlagen, bis sich Spitzen gebildet haben. Das Schlagen darf nicht unterbrochen und der Schnee muss sofort weiter verarbeitet werden.

Emulgieren Das intensive Vermengen zweier eigentlich nicht mischbarer, vorzugsweise flüssiger Stoffe, meist Fett (Öl) und Wasser. Durch Zusatz geeigneter Stoffe (Emulgatoren) wird die Entmischung, das „Brechen" der Emulsion, verzögert oder verhindert.

Entfetten Das Entfernen des überflüssigen Fettes: Bei rohen Fleischstücken schneidet man es mit der Haut ab. Bei Brühen, Suppen und Saucen wird die Fettschicht vorsichtig abgeschöpft.

Essigessenz Konzentrat mit einem Gehalt von mehr als 15,5 % wasserfreier Essigsäure überwiegend synthetischer Herkunft, die zur Verwendung als Lebensmittel bestimmt ist. Achtung – darf nur verdünnt verwendet werden!

Farce Eine Mischung aus Hackfleisch (alternativ: gehackte Geflügelleber oder beides) und Eiern, Sahne, Butter, Gewürzen, Kräutern sowie eingeweichtem Weißbrot (oder Brötchen) als Lockerungsmittel. Für Füllungen von Fleisch, Geflügel und Gemüse.

Filet 1. Es gibt Filet (auch Lende) von Rind, Kalb, Schwein, Lamm und Wild. Es gehört zum besten und teuersten Fleisch. 2. Die Bezeichnung wird ebenfalls bei Geflügel, Fisch und Zitrusfrüchten verwendet, siehe Filetieren und Fisch filetieren.

Filetieren 1. Bei Fisch versteht man darunter das Lösen der Seitenteile von den Gräten und der Haut, sodass ganze Stücke (Filets) entstehen. 2. Bei Zitrusfrüchten versteht man darunter das Herauslösen der einzelnen Fruchtscheiben (Segmente) aus der dünnen Haut.

Fisch enthäuten 1. Zum Enthäuten von Plattfischen, z. B. Seezunge, die Haut am Schwanzende schräg einschneiden und ein Stück Haut ablösen. Das Hautstück und den Schwanz mit je einem Küchentuch fassen, dann die Haut in Richtung Kopf hin abziehen. 2. Bei Filets von Rundfischen die Haut abziehen, indem man die Filets mit der Hautseite nach unten auf ein Brett legt und mit einem scharfen Messer behutsam zwischen Haut und Fleisch entlangfährt.

Fisch filetieren 1. Bei Plattfischen: Die Filets durch Einschneiden entlang dem Flossensaum und dem Kopf markieren. Dann das Fleisch entlang der Mittelgräte einschneiden. Das Messer so flach wie möglich halten und das Filet unmittelbar über den Gräten ablösen. Bei

den anderen Filets ebenso verfahren. 2. Bei Rundfischen: Entlang dem Rückgrat vom Kopf bis zum Schwanz einschneiden. Hinter dem Kopf bis zur Mittelgräte durchschneiden. Dann das Messer flach an der Mittelgräte entlangführen und das Fleisch von den Gräten lösen. Das untere Filet von der Mittelgräte trennen.

Fisch schuppen Fast alle Rundfische müssen geschuppt werden. Dazu den Fischschwanz mit einem Tuch festhalten und die Schuppen mit dem Messerrücken oder mit dem Fischschupper vom Schwanzende zum Kopf hin abschaben. Meist sind die Fische heutzutage schon geschuppt erhältlich.

Fleisch aufbewahren Das Fleisch locker in Klarsichtfolie wickeln und im kältesten Bereich des Kühlschranks aufbewahren. Innereien, Hackfleisch und Geschnetzeltes innerhalb eines Tages verbrauchen. Kleine Fleischstücke können 2–3 Tage, große Braten 5 Tage aufbewahrt werden.

Fleisch spicken Damit mageres Fleisch zusätzlich Aroma erhält und nicht austrocknet, kann man in Streifen geschnittenen fetten Speck mit einer so genannten Spicknadel durchziehen oder in kurze Streifen geschnittenen Speck in kleine Einschnitte ins Fleisch stecken.

Flomen (auch Liesen) Fettgewebe zwischen Bauchfell und innerer Bauchmuskulatur des Schweins. Siehe Grieben.

Fond Konzentrierter Auszug aus stark zerkleinerten Knochen und Fleischresten oder aus Krustentieren bzw. Fischen. Als Fertigprodukt erhältlich. Wenn man Fond selbst herstellen will, wird er zusammen mit Gemüsen, Wurzelwerk und Kräutern längere Zeit offen gekocht und dann gründlich entfettet.

Frittieren (auch ausbacken) Backen von Lebensmitteln bei 175–200 ℃ in heißem Fett schwimmend.

Frittierfett Zum Frittieren eignet sich ausschließlich Bratfett wie Öl, Schmalz

oder reines, gehärtetes Pflanzenfett. Sonst fängt das Fett an zu spritzen.

Garen Zubereitung von Lebensmitteln durch Erhitzen. Es dient dem Aufschluss von Nährstoffen, dem Erzielen einer bestimmten Konsistenz oder eines erwünschten Geschmacks.

Gelatine Ein klarer, aus Knochen und Fleischteilen hergestellter, leimartiger Gelierstoff zum Festigen von Speisen, beispielsweise Aspik, Sülzen, Cremes u. Ä. Ist als Blatt- und Pulvergelatine erhältlich.

Glace 1. Fleischextrakt: zu Sirup eingekochtes aromatisches, nicht gebundenes, ungesalzenes Kalb-, Geflügel-, Wild- oder Fischfleisch, das zum Verfeinern von Suppen und Saucen dient; erkaltet muss die Glace so dick sein, dass sie sich schneiden lässt. 2. Aus der französischen Küche das Wort für aus Zucker hergestellte Glasur. 3. Aus der französischen Küche das Wort für Gefrorenes.

Glacieren Das Glänzendmachen von Speisen mit Fleischglace, Sauce, Bratenfett, Aspik, Gelee, Zucker- und Schokoladenglasur.

Glasur (auch Zuckerglanz, -glasur oder -guss) Mehr oder weniger glänzender Überzug für Gebäck und Süßspeisen.

Gratinieren Das Bestreuen mit Semmelbröseln, geriebenem Käse und Butterflöckchen, damit Speisen im Backofen eine goldbraune Kruste erhalten.

Grieben Knusprige Rückstände, die beim Auslassen von Flomen entstehen. Werden für die Herstellung von Griebenschmalz verwendet. Siehe Flomen.

Grundsaucen 1. Braune Sauce: Sie besteht aus einer braunen Mehlschwitze. 2. Weiße Sauce: Sie wird mit einer leichten weißen Mehlschwitze zubereitet. 3. Buttersauce: Sie ist eine mit Butter und Eigelb aufgeschlagene Sauce, z. B. Holländische Sauce. 4. Ölgrundsauce. Sie ist auch unter dem Namen Mayonnaise bekannt.

Grundteige 1. Hefeteig. 2. Rührteig. 3. Blätterteig. 4. Plunderteig. 5. Mürbeteig 6. Obstkuchenteig. 6. Biskuitteig. 7. Brandteig – siehe jeweils dort.

Guss Süßer Überzug aus Ei, Milch und Zucker für Gebäck, Torten u. Ä.

Hagelzucker Granulierter Zucker mit besonders großer Körnung.

Hefe Hefe besteht aus mikroskopisch kleinen, für den Menschen unbedenklichen Pilzen. In Verbindung mit Flüssigkeit und eventuell Zucker „sprossen" diese Kleinstpilze bei entsprechender Temperatur. Dabei entsteht Kohlendioxid, was den Teig lockert und aufgehen lässt. Erhältlich zum Backen sind frische oder Presshefe (entwässerte gepresste Backhefe) und Trockenhefe in Pulverform. 7 g Trockenhefe entsprechen 25 g Presshefe.

Hefeteig Wird durch Zugabe von Hefe locker, mit der ein Vorteig zubereitet wird; alle Zutaten sollten Zimmertemperatur haben.

Hirschhornsalz So genanntes Lockerungs- und Backtreibmittel für flaches Gebäck, muss gut verschlossen aufbewahrt werden.

Huhn Die kleinsten Vertreter in der Küche sind die Stubenküken: Hähnchen, bei denen es sich um etwa 7 Wochen alte Tiere handelt (700–1150 g); Junghühner, Fleischhühner oder Poularden haben ein Alter von 8–10 Wochen (1,15–1,5 kg); Jungmasthähne sind meist zwischen 8 und 9 Wochen alt und haben ein Mindestgewicht von 1,7–1,8 kg; Suppenhühner sind 15–18 Monate alte Legehennen (1,2–2 kg).

Jardinière (auch nach Gärtnerinart) Mischung aus klein geschnittenen, einzeln gekochten grünen Bohnen, Möhren, weißen Rübchen und Blumenkohlröschen.

Julienne Sehr fein geschnittene Gemüsestreifen, die sich am besten mit einem Juliennereißer schneiden lassen.

Karamell Stark braun gebrannter Zucker, der mit Wasser aufgelöst wird.

Kasserolle Ein flacher Schmortopf mit Deckel.

Klären Trübe Fleisch- und Hühnerbrühen sowie Aspik und Gelee können wieder klar gemacht werden: Hierzu mischt man mageres, rohes Rindfleisch mit Eiweiß, Wurzelwerk und etwas Wasser und füllt die zu klärende Brühe dazu. Man lässt das Ganze unter häufigerem Umrühren aufkochen und gießt es nach einiger Zeit durch ein aufgespanntes Küchentuch. Bei Fischbrühen verwendet man Fischfleisch und etwas Eiweiß zum Klären.

Korinthen Die kernlosen und getrockneten Früchte einer kleinbeerigen blauen Weinrebe.

Kräuterstrauß Mischung von frischen Küchenkräutern zur Aromatisierung von Suppen und Saucen.

Kren In Österreich und Süddeutschland verwendeter Ausdruck für Meerrettich. In Österreich kennt man viele Mischungen von Meerrettich mit anderen Produkten, z. B. den Apfelkren.

Küchenfertig Lebensmittel, die bereits von nicht verwertbaren oder nicht essbaren Teilen befreit wurden und ohne vorbereitende Arbeiten sofort verwendet werden (z. B. Fleisch).

Küchengarn Besonders festes Baumwollgarn zum Binden und Zunähen von Lebensmitteln. Ersatzweise kann auch starker Faden oder Zwirn verwendet werden, jedoch kein Kunststofffaden, da dieser beim Erhitzen schmelzen und das Gargut ungenießbar machen könnte.

Küchentuch Zum Filtern von Flüssigkeiten, z. B. beim Einmachen, verwendet man ein sauberes, aber ungestärktes Tuch aus Baumwolle oder Leinen. Gut geeignet sind fadenscheinig gewordene Tücher. Das Tuch wird entweder an einem großen Gefäß an den Henkeln oder an den Beinen eines umgekehrten Schemels, in den das Auffanggefäß gestellt wird, verknotet.

Küchennetz Aus festem Baumwollgarn gefertigtes Netz, um Speisen, insbesondere Rollbraten, in Form zu halten.

Kuvertüre Überzugsmasse aus Schokolade – in heller Form mit mindestens 2,5 % fettfreier Kakaotrockenmasse und 31 % Kakaobutter, in dunkler mit mindestens 16 % fettfreier Kakaotrockenmasse und 31 % Kakaobutter. Wird grob gehackt im warmen Wasserbad geschmolzen und zum Überziehen von Back- und Konditoreiwaren verwendet.

Läuterzucker Mit Wasser gekochter Zucker, der sirupartige Konsistenz haben soll. Er dient z. B. zum Süßen alkoholischer Getränke und zum Süßen von zu konservierenden Kompotten.

Lebkuchen Süße und gewürzte Dauerbackwaren mit oder ohne Oblatenunterlage. Sie können auf ganz unterschiedliche Arten überzogen, belegt, bestreut, verziert, glasiert oder gefüllt sein. Einfache Lebkuchen ohne Belag oder so genannte Saucenlebkuchen werden zum Binden von Speisen verwendet.

Leinöl Aus Leinsamen gewonnenes Öl, das einen kräftigen Geschmack hat, aber sehr empfindlich gegen Licht und Wärme ist. Am besten nur kleine Mengen in Dosen kaufen.

Madeira Trockener bis würzig süßer, weißer Apéritif- oder Dessertwein von der gleichnamigen Atlantikinsel. Wird wegen seines ausgeprägten Aromas gern zum Kochen verwendet.

Maraschino Ein aus der Marascakirsche (Sauerkirsche) hergestellter, feiner, nach Mandeln schmeckender Likör, der auch in Desserts oder Backwaren zu finden ist.

Marille Böhmischer und österreichischer Ausdruck für Aprikose.

Marinieren Siehe Beizen.

Mayonnaise (auch Ölsauce) Emulgierte Sauce aus Speiseöl pflanzlicher Herkunft, Hühnereigelb sowie Gewürzen.

Mehlbutter Siehe Beurre manié.

Mehlschwitze Zum Binden von Saucen. 1. Helle Mehlschwitze: Für das Binden von 1/2 l Flüssigkeit 2 EL Fett zergehen lassen, 2 EL Mehl darüber stäuben und unter ständigem Rühren so lange braten („schwitzen") lassen, bis sich das Mehl und das Fett zu einer homogenen Masse verbunden haben, dann Flüssigkeit zugießen und unter Rühren 5–10 Minuten kochen lassen. 2. Dunkle oder braune Mehlschwitze: Für das Binden von 1/2 l Flüssigkeit 4 EL Fett mit etwa 6 EL Mehl unter Rühren goldbraun braten, weiter zubereiten wie die helle Mehlschwitze.

Mehltypen Vom so genannten Ausmahlungsgrad hängt es ab, wie viele Bestandteile des vollen Korns ein Mehl enthält – je höher der Ausmahlungsgrad ist, desto größer ist auch der Anteil der äußeren Randschichten des Korns und desto höher der Gehalt an Vitaminen, Mineral- und Ballaststoffen. Das gebräuchlichste Mehl zum Kochen und Backen ist das Weizenmehl Typ 405: Es ist weiß und fein, schwach ausgemahlen und hat wenig Eigengeschmack. Wenn der Mehltyp in den Rezepten nicht ausdrücklich angegeben ist, ist das Mehl Typ 405 gemeint.

Mengenangaben 1. Msp. heißt Messerspitze: Die Menge eines Gewürzes, die auf 1 cm Spitze eines kleinen Messers Platz hat. 2. TL heißt Teelöffel: 1 TL entspricht 5 ml. 3. EL heißt Esslöffel: 1 EL entspricht 15 ml.

Mostrich Ursprünglich der Begriff für Senf, der mit Most zubereitet wird. In Nordwestdeutschland wird allgemein Senf damit bezeichnet.

Mürbeteig Dieser Teig wird mit kalten Zutaten ohne Treibmittel zubereitet.

Muskatnuss Frisch geriebene Muskatnuss duftet süß und scharf zugleich.

Das Gewürz sollte sparsam verwendet werden.

Nachwürzen Speisen unmittelbar vor dem Servieren kosten und bei Bedarf noch etwas von den bereits verwendeten Gewürzen zufügen.

Obstkuchenteig Dieser Teig wird wie Mürbeteig zubereitet, jedoch mit etwas Backpulver lockerer gemacht.

Öl Das volle Aroma und die kostbaren Inhaltsstoffe eines Speiseöls werden erhalten, wenn es kühl und dunkel aufbewahrt wird. Bei Wärme und Licht kann das Öl oxidieren und ranzig werden.

Orangeat Die kandierten dicken Schalen der Bitterorange oder Pomeranze.

Palette Langes, breites, recht biegsames Küchengerät aus Stahl mit abgerundeter Spitze, das zum Wenden von Speisen (z. B. Omeletts) dient.

Panade 1. Bindemittel für Fleisch-, Geflügel- oder Fischfüllungen: aus Weißbrot (ohne Rinde) und Gewürzen, die in heißer Milch eingeweicht werden; aus Mehl, Wasser, Butter und Salz; aus Eigelb, Milch, Butter, Mehl und Gewürzen. 2. Kruste für Gebratenes und Ausgebackenes. Siehe Panieren.

Panieren Das Einhüllen von Speisen, hauptsächlich von Fleisch- und Fischstücken, mit Ei und Semmelbröseln, um sie in Fett zu braten oder auszubacken.

Parieren Das Vorbereiten von Fleisch, Geflügel, Fisch, Meeresfrüchten, Gemüsen usw. Dazu gehört das Entfernen von allen nicht essbaren Teilen, wie Fett, Haut, Schalen, Sehnen usw., sowie das gleichmäßige Zuschneiden.

Passieren Speisen durch ein feines Sieb oder durch ein Tuch streichen, damit alle festen Teile zurückbleiben.

Pastinake (auch Pasternake). Bereits in der Antike im Mittelmeerraum beheimatetes Wurzelgemüse. 2-jähriges Doldengewächs mit einer möhrenähn-

lichen Wurzel. Wird als würzende Zutat für Suppen, Saucen usw. verwendet oder als Gemüse zubereitet.

Pellen Das norddeutsche Wort für schälen, wird bei Kartoffeln allgemein angewendet (Pellkartoffeln).

Perlzwiebeln (auch Perllauch, Silberzwiebeln). Eine Zuchtform des Lauchs mit haselnussgroßen und schneeweißen Brutzwiebeln. Werden für Mixed Pickles u. Ä. verwendet.

Petersilie Kraus oder glatt erhältliches Kraut von leicht bitterem Aroma.

Pfeffer Beerenfrucht einer tropischen Kletterpflanze. Schwarzer Pfeffer wird aus grünen, unreifen Beeren gewonnen, die getrocknet werden. Weißer Pfeffer besteht aus den Körnern der reifen Früchte, die vor dem Trocknen vom Fruchtfleisch befreit werden. Weißer Pfeffer hat dabei ein stärkeres Aroma und sollte nur sparsam verwendet werden. Pfeffer entfaltet sein Aroma am besten, wenn er frisch gemahlen kurz vor dem Servieren zu den Gerichten gegeben wird.

Plunderteig Wird wie der Blätterteig verarbeitet, besteht aber aus einem leichten Hefeteig.

Pochieren Garen vor dem Siedepunkt, sei es in einer Flüssigkeit (Eier, Fische, Klößchen) oder im Wasserbad (Eierstich-, Fleisch- und Fischmassen). Das Wasser darf auf keinen Fall kochen.

Pökeln Haltbarmachen von Fleisch, Fleischerzeugnissen und Fischen mit Kochsalz (und meist mit gesundheitsschädlichem Nitrit), oft mit Lufttrocknen oder Räuchern verbunden.

Pottasche Wird als Backtreibmittel zur Lockerung von Teigen eingesetzt, die einen hohen Zuckergehalt haben und als Flachgebäck verarbeitet werden.

Pumpernickel Ein schweres, aus sehr dunklem Roggenmehl speziell hergestelltes Schwarzbrot.

Pürieren Zerkleinern eines rohen oder gekochten Lebensmittels zu einem Brei, z. B. mit dem Pürierstab oder mit einem Kochlöffel.

Quirlen Durch kräftiges Rühren mit dem Quirl oder dem Mixer verschiedene Zutaten, eine Flüssigkeit oder eine nicht zu feste Masse gut vermischen.

Rapunzelsalat Auch als Acker- oder Feldsalat bekannt.

Rosinen Beeren verschiedener Arten der Weinrebe, die abgestreift und dann luftgetrocknet werden.

Rösten Brot, Gemüse (Zwiebeln u. a.), Getreide, Nüsse, Zucker usw. werden ohne Zugabe von Flüssigkeit oder Fett durch starkes, direktes Erhitzen gebräunt, damit sich Aromastoffe entwickeln können.

Rühren Ein Gargut bei der Zubereitung mit Koch- oder Rührlöffel, Schneebesen, Quirl, Spatel, elektrischem Rührgerät oder elektrischer Küchenmaschine sanft zu einer homogenen Masse vermengen und vermischen, damit die Bestandteile nicht verkleben, sich keine Klumpen bilden und sich nichts auf dem Boden festsetzt.

Rührteig Muss lange gerührt werden: mit der Hand mindestens 30 Minuten oder mit dem Handrührgerät bzw. der Küchenmaschine 5 Minuten.

Sahne Die gebräuchlichsten Sorten von Sahne sind Schlagsahne mit mindestens 30 % Fett, Sauerrahm mit mindestens 10 % Fett, saure Sahne oder Schmand mit mindestens 24 % Fett und Crème fraîche mit mindestens 30 % Fett. Siehe auch Crème double.

Sämig kochen Suppen, Fonds, Saucen u. Ä. einkochen, bis sie die gewünschte cremige Konsistenz haben.

Sautieren (auch Pfannenrühren). Gemüse, Geflügel, Fleisch oder Fisch in kleinen Stücken wird unter ständigem Rühren in heißem Fett kurz gebraten.

Schalotte Eine büschelartig wachsende kleine Zwiebelart, die aus dem Orient stammt.

Schmoren Eine beliebte Garmethode für Fleisch, Geflügel und Wild in zwei Schritten. Zuerst wird das Schmorgut in heißem Fett ringsum angebraten. Dann gießt man Flüssigkeit hinzu und gart das Gericht im geschlossenen Topf auf dem Herd oder im Backofen. Umhüllt mit Speck- oder Schinkenscheiben, bleibt das Schmorgut saftig.

Schweineschmalz Aus Speck oder Bauchfett vom Schwein geschmolzenes weißes Fett. Lässt sich gut erhitzen und ist daher besonders zum Braten, Frittieren und Schmoren geeignet (Fleisch, Kohl und Sauerkraut).

Schwitzen Gemüse usw. in einem geschlossenen Geschirr bei schwacher Hitze in wenig Fett garen, bis es Saft abgibt.

Spicken Siehe Fleisch spicken.

Stärkemehl Stärkehaltiges Mehl zum Binden von Suppen, Saucen, Kaltschalen und Süßspeisen. Wird gewonnen aus Kartoffeln, Mais, Reis, Weizen und Pfeilwurz.

Sultaninen Getrocknete Sultana- oder Thompsontrauben, hell und kernlos, vom Stiel abgestreift.

Sülzenpulver Bereits gewürzte und gemahlene Gelatine zur schnellen Zubereitung von Aspik.

TK-... Abkürzung für „Tiefkühl...", beispielsweise Tiefkühlerbsen.

Trockenfrüchte Sie ergänzen den Speiseplan im Winter und können etwa ein Jahr gelagert werden. Zu den bekanntesten Trockenfrüchten gehören Pflaumen, Aprikosen, Äpfel, Birnen, Datteln, Rosinen, Sultaninen und Korinthen.

Überbacken Eine Speise bei starker Oberhitze im Backofen oder unter dem Grill erhitzen, bis sie braun wird.

Vorteig Teigansatz für Hefeteig aus Mehl, Milch, Wasser und Hefe.

Unterheben (auch unterziehen) Eine Masse (beispielsweise steif geschlagene Sahne oder Eiweiß) vorsichtig in eine andere Masse mengen.

Wacholder Blauschwarze und kugelförmige Frucht des Wacholderstrauchs. Die Beeren riechen würzig und haben ein bitter-süßes Aroma. Man kann die Beeren verschlossen 3 Jahre lang lagern. Sie werden ganz oder zerdrückt beim Kochen zugegeben.

Wasserbad Ein mit heißem Wasser gefülltes Gefäß, in welches man ein Gefäß mit Speisen setzt, um diese zu erwärmen, zum Kochen zu bringen oder am Kochen zu halten. Das Wasserbad verhindert bei empfindlichen Speisen das Anbrennen. Ein kaltes Wasserbad wird zum Abkühlen von Speisen verwendet.

Wurzelwerk Besteht aus Möhren, Sellerie- und Petersilienwurzeln und Pastinaken.

Zimt Gewürz, das gemahlen oder als Stange erhältlich ist. Letztere wird nur ausgekocht, nicht mitgegessen.

Zitronat Die kandierten dicken Schalen der süßen, bis zu 1,5 kg schwer werdenden Früchte eines speziellen Zitronenbaums.

Zitronen Sind von einer dicken Schale umgeben. Sie werden der besseren Haltbarkeit wegen (zum Schutz gegen Austrocknen) mit Wachs behandelt. Keine Zitrusfrucht ist so vielseitig wie die Zitrone. Mit ihrem Saft rundet man den Geschmack vieler Speisen ab (Süßspeisen, Fisch, Meeresfrüchte, Geflügel, Gemüse, Saucen, Suppen und Schmorgerichte). Darüber hinaus wird der Saft anstelle von Essig bei Marinaden verwendet. Die äußerste Schale von Zitronen (und Orangen) wird oft fein abgerieben und als Zutat gebraucht. Dabei sollte man keine chemisch behandelten Früchte nehmen. Behandelte Früchte müssen gekennzeichnet sein!

Bildnachweis

Foodfotografie: Fotostudio Teubner

Archiv für Kunst und Geschichte:
14, 32, 56 l., 66, 97 r., 112 (Erich Lessing),
142 u.l., 147 r., 196 l., 236, 341 r., 342

Bildagentur Geduldig: 254/255 Hintergrund

Bildagentur Huber:
18/19 Hintergrund (Gräfenhain),
72/73 Hintergrund (R. Schmid),
150/151 Hintergrund (R. Schmid),

278/279 Hintergrund (Gräfenhain),
306/307 Hintergrund (B. Radelt)

Claus Hansmann: 88

Interfoto: 12 l. (Sammlung Friedrich
Rauch), 69 r. (Zeit Bild), 101 r. (Archiv),
187 r. (Archiv), 214 (Archiv)

Mauritius: Einbandvorderseite o.
(Alexander Kupka), l. (Alexander Kupka),
210/211 Hintergrund (K.W. Gruber),

244/245 Hintergrund (Vidler)

Picture Press: 118/119 Hintergrund
(Thonig)

Bildarchiv Preußischer Kulturbesitz:
26, 40, 80, 140, 182 l., 204, 302, 305 r., 320

Reinhard-Tierfoto: 138/139 Hintergrund

Rudi Schmidt: 332/333 Hintergrund